ハイデガー「存在と時間」入門

渡邊二郎 編

講談社学術文庫

はしがき

　今日、時代の現実は、そのあらゆる局面において、激動をきわめ、すべてのものが流動のさなかにある。古い固定的な枠組みは崩壊の危機に見舞われ、新しいものが抬頭するかに見えながら、その実体も摑《つか》みがたい。近づきつつある二一世紀の跫音《あしおと》は、すぐそこまで響いていながら、耳をそばだてる者にとっても、定かには聴き取れない。

　現代の思想界も、その状況を反映してか、昏迷と乱立の様相を呈している。そうした時代であればこそ、今日人々は、時代の風雪に耐えて生き残った思想の古典に立ち帰って、立ち騒ぐ心を抑えつつ、心静かな熟読のうちから、改めて自らの思想的立場を模索すべきなのではないであろうか。

　ハイデガーの『存在と時間』という書物は、二〇世紀の思想界を決定的に色濃く染め抜いた、現代の古典中の古典である。本書は、この著作において企てられた哲学の革新を、できるだけ平易にまた正確に、その主要な論点において、解説することを狙った入門書である。『存在と時間』という書物は、現代においてとりわけ人間の問題を考えようとするとき必読の書物ではあるが、そこで企てられた新しいものの見方は、その決定的な新しさのゆえに、うに思われる。

屢々《しばしば》それに伴いやすい難解さを解きほぐすある種の手引きを、どうしても必要としているよ

本書は、ハイデガーの哲学に牽《ひ》き付けられ新しい感覚でもって『存在と時間』に取り組んでいる、新進気鋭の四人の若手の哲学者との共同執筆に成る、この書物への手引きにほかならない。編者の私も加わって、五人でそれぞれの執筆分担部分をあらかじめ定め、稿成ったのち、再度検討し直して、各自がさらに稿を改め、こうして成った全体に関して、さらになお、若干の加筆修正が施された。編者の私もその責任において種々意見を陳《の》べたが、基本的には、各執筆者それぞれの責任と個性において、各分担部分は執筆されている。それが、本書の特色をも成すはずである。

基本的術語の訳語に関しては、おおむね『存在と時間』(原佑・渡邊二郎共訳、一九七一年、中央公論社)に拠《よ》ったが、若干、違っているものもある。

分担執筆の労を取られた岡本宏正、細川亮一、寺邑昭信、三冨明の各氏に謝意を表するとともに、辛抱強くこの共同作業を推進して下さった有斐閣の澤井洋紀氏に、衷心から御礼申し上げる。

一九八〇年六月

渡邊二郎

目次

ハイデガー「存在と時間」入門

はしがき……………………………………………………3

第一章　『存在と時間』の基本構想………………渡邊二郎……11
1　はじめに　12
2　『存在と時間』の主題設定　26
3　『存在と時間』の課題と計画　46
4　『存在と時間』の方法態度　56

第二章　現存在の予備的な基礎的分析（その1）……岡本宏正……71
本章の課題と構成　72
1　現存在分析論の端緒　75
2　世界の世界性　88
3　世　人　112

第三章　現存在の予備的な基礎的分析（その2）……寺邑昭信……119
本章の課題と構成　120
4　内存在そのもの　126
5　気遣い　165
6　存在と真理　175
第四章　現存在と時間性（その1）……三冨　明……185
本章の課題と構成　186
1　現存在の全体存在　190
2　現存在の本来的な存在　207
3　現存在の本来的な全体存在と時間性　223
第五章　現存在と時間性（その2）……細川亮一……241
本章の課題と構成　242

4　時間性と日常性　246
5　時間性と歴史性　268
6　時間性と通俗的な時間概念　284
結び…………渡邊二郎…299
参考文献……302
用語索引……311

ハイデガー「存在と時間」入門

第一章　『存在と時間』の基本構想

渡邊二郎

1　はじめに

(1)『存在と時間』の重要性

一九二七年にハイデガーが著わした『存在と時間』という書物は、二重の意味できわめて重要な哲学書である。一つには、ハイデガー自身にとって、もう一つには、現代思想全体にとってである。

ハイデガーという人が、二〇世紀最大の思想家の一人であることは、言うまでもないであろう。一九七六年五月二六日、ハイデガーが満八六歳八ヵ月で永眠した時、日本中はもとより、世界全体が、新聞、雑誌、放送、テレビを通じて、彼の死を悼み、生前の業績を偲《しの》び、一時代の終焉を語ったことは、多くの人々の記憶になお新しいところであろう。そのハイデガーが、三八歳の折、大きな抱負をもって世に問うた著作が、『存在と時間』という書物なのであった。

折しも時代は、第一次世界大戦の直後、旧套《きゅうとう》を墨守する哲学が崩壊し、新しい二〇世紀哲学が澎湃《ほうはい》として盛り上がろうとする転換期に当たっていた。そうした時代的背景の中で上梓

された この書物は、ミッシュという人の表現を藉《か》りれば、公刊直後、世界の思想界に「異常な興奮を喚び起こし」「電光石火のごとく成功を収めた」と言われている。実際、この書物の発表後に、現象学的存在論、実存哲学といった潮流が、今世紀の大きな思潮として、激しいうねりを見せて抬頭することができるようになったのである。この書物が今世紀の思想界を色濃く染め抜く一大思潮の発火点を成していることは、何人も疑うことはできないであろう。

しかも、ハイデガーという人自身が、ほかならぬこの著作の公刊によって、思想界に初めて登場し、彼独自の思索の出発点を築き上げたのである。爾来《じらい》、死にいたるまでの半世紀間にわたって、ハイデガーは、幾多の著作を発表し、様々な変転を閲《けみ》しながら、問題的な波紋を投げかけて、二〇世紀の思想界を指導し、彼独自の思想世界を構築し、展開しようと、孜々《しし》として努力を続けた。その彼の思索成果は、一九七五年から、全七〇巻を超える厖大《ぼうだい》な全集刊行という形で、徐々にその全貌を見せ始めつつある。けれども、そうした彼の積年の思索と著述活動全体の最初の出発点を成し、その根幹を形作っているものは、やはりなんといっても、この『存在と時間』という書物なのである。

右の全集版で出ている『存在と時間』の編者ヘルマンも言っているように、「この著作を通り抜けてのみ、存在問題へも接近しえ、またハイデガーの後期の諸著作へも接近しうるのであり——そのことはハイデガー自身が繰り返し強調している通りなのである」。『存在と時間』を度外視しては、それを乗り越えて進んだハイデガーの後期思想やその全思索を理解することなど、とうてい覚束《おぼつか》ないであろう。

『存在と時間』は、こうした意味で、著者ハイデガー自身にとっても、また現代思想全体にとっても、記念碑的な著作なのであり、重要この上ない哲学書なのである。およそ現代思想や人間の問題を考えようとする人ならば誰でも、一度はじっくりと、この書物と取り組み、そこで提出されている問題と対決しなければならないと思われる。

それではこの著作は、何を論じ、いかなる問題を究明しているのであろうか。本書は、その内容をわかりやすく解説し、この書物の意義を明らかにしようとするものである。しかしそれに立ち入るに先立って、この著作を発表するにいたるまでのハイデガーの歩みについて、もう少し詳しく調べてみよう。

(2)　『存在と時間』の成立事情

ハイデガーの修業時代

マルティン・ハイデガーは、一八八九年九月二六日、西南ドイツのバーデンのメスキルヒという寒村に生まれた。父親は聖マルティン教会の聖祭器具管理人であった。恐らく、その教会の名を採って、ハイデガーもマルティンと名付けられたのであろう。両親はともにカトリック教徒で、ハイデガーは、早くからこの宗教的環境で育ち、後に大学に入学した時も、初めの二年間は神学部に籍を置いたほどである。

ハイデガーは、一九〇七年、高等学校《ギムナジウム》に通っていた一八歳の頃、父の友人で後のフライブルクの大司教、当時、コンスタンツの司祭であったコンラート・グレーバーという人から、フランツ・ブレンターノの『アリストテレスによる存在者の多様な意味について』（一八六二年刊）という本を贈られて読み耽《ふけ》り、いたく感銘を受けた。後年ハイデガーが述懐するところによれば、その時に、「存在への問い」に目覚めたという。『存在と時間』という本は、後で触れるように、ほかでもない「存在の意味への問い」を展開した著作であって、だからこの著作の発想の根は、遠くこのブレンターノの書物との出会いの頃にまで遡るわけである。

ハイデガーは、一九〇九年二〇歳の時、南独のフライブルク大学に入学するが、さきにも触れたように、初め神学部に学んだ後、一九一一年二二歳の時に哲学専攻に変わり、三年後の一九一四年に『心理主義における判断論』という学位論文《ディセルタチオン》を書いて、大学を卒業した。

ドイツでは、今日でもおおむねそうだが、大学の教職に就こうとする者は、右の学位論文を書いて博士号を取得した後、さらに、教授資格論文《ハビリタチオンスシュリフト》を仕上げねばならない。普通は何年もかかるこの教授資格論文を、ハイデガーは瞬く間に仕上げて、翌一九一五年夏学期に大学に提出、見事パスして、翌一九一六年にはそれに「結語の章」を付加して『ドゥンス・スコトゥスの範疇論と意義論』と題してこれを公刊したのである。また、教授資格を取得するためには、講義許可《ヴェニア・レゲンディ》を得るための試験講義《プローベフォアレーズング》をやっておかなければならない。ハイデガーは、これを一九一五年七月二七日に済ませて、その講演内容を翌一九一六年に、「歴史学における時間概念」として雑誌に発表した。

ともかく、このような具合で、ハイデガーは一九一五年夏までに修業時代を完全に終了し、同年冬学期からは、フライブルク大学の私講師になったわけである。しかし実質上は、前記の教授資格論文や試験講義を公刊し終えた翌一九一六年、彼二七歳の時に、ハイデガーは本当の意味で、今や独立した若き哲学者として、自分固有の哲学の道への出発点に立った、と言ってよいであろう。

『存在と時間』の成立に向けて

しかしハイデガーは、その年から一一年間も、表面上は全く沈黙のうちに時を過ごすのである。その沈黙の間に、彼は、独自の研鑽《けんさん》を積み、思索を重ね、想を練っていたわけで、その思索の努力が、遂に一九二七年に『存在と時間』という金字塔的著作となって出現するのである。この著作が生み出されるまでの経緯について、若干の重要な事柄を述べておこう。

既述したように、ハイデガーには元来から、カトリック的神学的な素地があるとともに、またブレンターノの著作から刺戟された古代ギリシアのアリストテレスの存在への思索につながる関心が、潜在的に強くあった。けれども、大学生時代、彼の学んだフライブルク大学には、ハインリヒ・リッケルトという新カント学派の有名な教授がいて、ハイデガーはこの人のもとで勉強したのである。それでハイデガーは当時、この新カント学派の学問論的・論理学的な哲学研究に打ち込んだのであり、その成果を盛ったのが、さきの学位論文や教授資格論文だったのである。

けれども、教授資格論文に後から付加した「結語の章」や雑誌に発表した「歴史学における時間概念」の論文の一部には、新カント学派的な問題設定を突破する方向が明らかに看て取れる。それは、形而上学的なものへの関心である。そしてその問題意識は、少年時代のハイデガーがその中で育ち、またおぼろに志向していたカトリック的な雰囲気やアリストテレス哲学的なものとも、明らかにつながっている。ある意味でハイデガーは、大学生時代に前景を占めていた論理学的研究を再び取り壊して、それによって一時覆われ背景に退いたかに見えた最初期の存在への形而上学的志向を、改めて一九一六年以降に、本格的に、厳しい学問的思索の中で考え直し始めるのだ、と言ってもよいくらいなのである。

それに拍車をかけた事情に、当時の第一次世界大戦とそれによる思想界の急激な変貌ということがある。全欧を席捲《せっけん》した戦争の嵐は、人々に近代思想への懐疑を喚《よ》び醒《さ》まし、この一九一四〜一八年の四年間にわたる戦乱とその後の一九二〇年代の、殊に敗戦国ドイツの政治的・経済的昏迷は、人々に危機の意識を煽った。多くの思想家が、新しい思想的苦悶を抱いて、現代的な考え方の基礎を模索したのである。その結果、一九世紀後半以来、一世を風靡《ふうび》した認識論的な新カント学派は、ちょうどこの第一次世界大戦を境に、凋落《ちょうらく》してゆくのである。

それに代わって新しい思想が澎湃として盛り上がってくる。実は、ハイデガーは、すでに一九一〇年以降、ニーチェ、キルケゴール、ドストエフスキー、ヘーゲル、シェリング、リルケ、トラクル、ヘルダーリン、ディルタイなどの著作の公刊やそれへの関心によって、大きな刺戟を受けていたのであり、このことは後年、彼自らが告白する通りである。時代の思潮は、認識論や論理学では飽き足らず、人間の存在の根底を赤裸々に見据えようという方向、そうした人間の存在に関する形而上学的な探究の方向に、変わりつつあったのである。

ハイデガーが大学を卒業した年に戦争が始まり、一九一六年に彼が哲学的出発を開始した時は、世界大戦の真っ只中であり、したがって当時のハイデガーは、私講師でありながら、種々の兵役上の勤務を強いられ、身辺も落ち着かなかった。しかしそうした中でハイデガーは、時代の変貌に耳を澄ましながら、自らの道を探究しつつあったと思われる。

フッサールとハイデガー

その点でさらに看過できないのは、なによりもハイデガーとフッサールとの関係である。

既述したように、ハイデガーは一八歳の時、ブレンターノの本を読んで感銘を受けた。そのブレンターノの最も有名な弟子がエトムント・フッサールである。フッサールは、二〇世紀の初めに『論理学研究』（一九〇〇～〇一年刊）を著わし、次第にその現象学的な独自の論理学的探究によって人々の大きな関心を呼びつつあった。それで実はハイデガーも、大学生になると同時に、このフッサールの本を大学図書館から借り出して、密かに勉強していたのである。さらにフッサールは、その後、『厳密な学としての哲学』（一九一〇～一一年刊）や『イデーンI』（一九一三年刊）を発表して、純粋ないし超越論的現象学の大規模な体系的組織化へと出発し始めていた。むろんハイデガーは、前述の学位論文や教授資格論文の中で、フッサールに好意的なばかりか、その論述を援用してさえいる。けれどもそれらはあくまで、書物の上での影響にすぎなかった。当時のハイデガーは、事実上は、新カント学派のリッケルトの支配下にいたのである。

ところが、いかなる運命の巡り合わせによるのであろうか、ハイデガーが哲学的出発を開始したちょうど一九一六年に、リッケルトはハイデルベルク大学へと転出し、その後任としてフッサールが、ゲッティンゲン大学からフライブルク大学へと移ってきたのである。それでハイデガーはこれ以後、フライブルク大学でフッサールに親しく接触し、その現象学を、フッサールの身近にあって深く摂取してゆくようになる。特には一九一九年頃から、彼はフッサールの助手をも勤めながら、現象学的研究に深入りしていったと伝えられている。ただしハイデガーは、その四年後の一九二三年、三四歳の時、マールブルク大学の教授に招聘《しょうへい》され、フライブルクを去る。けれどもフッサールとは深く関係を持ち、現象学的方法について思索を重ね、またアリストテレス研究を行なって、ハイデガー独自の現象学概念の基礎固めに向かっていった。

ところで一九二五年、ハイデガーは、ニコライ・ハルトマンの転出によって空席となったマールブルク大学哲学第一講座の正教授候補者となった。けれども、一九一六年以来一〇年近く、なんの著作も発表していなかったハイデガーは、文部当局から疑念を抱かれ、それで学部長の要請もあって、ハイデガーは、実はフッサールの斡旋《あっせん》で、すでに書き溜めていた『存在と時間』の草稿を、フッサール監修するところの『哲学および現象学的研究のための年報』に掲載してもらうことになったのである。

この現象学年報は、いうまでもなく、その一九一三年刊の第一巻の劈頭《へきとう》に、フッサールの『イデーンI』が掲載され、当代の現象学運動の中心的機関誌として、きわめて注目を浴びていた重要な発表機関であった。ハイデガーはここに発表の場を予定されたのである。そして『存在と時間』が一九二七年二月に年報に掲載された後、ハイデガーはマールブルク大学の哲学第一講座の正教授に移行できたと言われている。

ともかくハイデガーは、こうして、一部は一九一九年頃から講義し（環境世界分析ないし現事実性の解釈学）、また一部は一九二四年七月に講演した（時間概念）諸研究などをそのうちに含んだ形で、主としては一九二三年以来書き続けた独創的な研究草稿を集大成して、ここにフッサール現象学派の一人として、『存在と時間』を公刊するにいたったのである。

フッサールとハイデガーの関係は、きわめて微妙で、また問題的である。たとえば、『存在と時間』は、「尊敬と友情を籠《こ》めて、バーデンのシュヴァルツヴァルトのトートナウベルクで、一九二六年四月八日に、フッサールに献呈された」と、その冒頭に明記されている。その年の四月八日は、実はフッサールの満六七歳の誕生日だったのであり、フッサールは、春の休暇を、フライブルクからほど遠からぬシュヴァルツヴァルトの森と山の中のトートナウベルクで過ごしていたのである。ハイデガーは、一九二二年以来すでにこの地に山小屋を持ち、終生この山小屋を愛しそこで思索に耽《ふけ》ったのは有名であるが、実は一九二六年四月八日、公刊に先立つ一年前、ハイデガーは、仕上がったばかりの『存在と時間』の校正刷を花で飾った巻物にして、右の献辞を添え、フッサールを訪《とぶら》って、それを献呈したわけである。それればかりではない。一九二八年、フッサールはフライブルク大学を停年退官したが、その後継者の地位には、フッサールの推挙もあって、ハイデガーが就任したのである。以後、死ぬまでハイデガーは、終始、フライブルクで暮らした。

しかしフッサールは、翌一九二九年夏になって、ようやく『存在と時間』を仔細に検討した結果、これは方法的に本質的に斥《しりぞ》けるべき著作であることを人々に洩らし始めたと言われる。インガルデン宛のフッサール書簡集を繙《ひもと》くと、このことが明らかになる。さらに、ハイデガー晩年の『シュピーゲル』誌での対談によれば、一九三〇年代の初め頃、フッサールはある講演でハイデガーを批判したという。その頃から二人の間は冷却していったようである。一九三三年のナチス抬頭を挾んで、『存在と時間』で有名になってゆくハイデガーと、一九三八年の淋しい死にいたるまでのユダヤ人フッサールとの間では、たしかに家族間の交流をも含め、冷却はやがて断絶へと発展していったようである。しかしこれには、時代の情況による面も多く、きわめて不幸なことであった。

個人的なことは措いても、ハイデガーは、たしかにフッサールの現象学を摂取しながらも、それとは一線を画している。ハイデガーの関心の根本には、既述のように「存在への問い」があり、古代ギリシアの存在の思索や、また第一次世界大戦以降の思想的潮流、すなわち人間の存在の深淵を抉《えぐ》り出す形而上学的な、あるいは生哲学的な関心が、深く根を張っていたからである。

しかしまた、そうした関心を土台としたからこそ、新しい思索の冒険が、まさに『存在と時間』において見事に結実したとも言えるので、そのことによってハイデガーは、それ以後、今世紀の実存哲学や現象学的存在論や存在の思索の濫觴《らんしよう》となり、二〇世紀思想に大きな足跡を残し、今日においても、多くの創見に富むこの書物の問題提起は、人々をして人間に関する深い思索へと誘わずにはいないのである。まさにそれは、「事象そのものへ」と迫る現象学の精神を継承して、世界内存在する人間の在り方を鋭く剔抉《てつけつ》した画期的な哲学書だったのである。

(3)　『存在と時間』のむずかしさとやさしさ

しかしそれにしても、『存在と時間』という書物は、決して読みやすい本ではない。むしろ難解でむずかしい哲学書の一つに属するであろう。

三つの特色

この書物には、まず第一に、プラトンやアリストテレスという古代ギリシアの大哲学者はもちろん、デカルトやカントやヘーゲルといった近代の大哲学者のみならず、当代のディルタイやフッサールやその他大小さまざまな哲学者の著作が、実に数多く引用され、論及されている。ハイデガーがいかに西洋伝来の哲学史の流れに棹さしてものを考えているか、いかに彼が該博な知識やまた犀利《さいり》な洞察力や分析力や批判力を有しているかは、少しでも専門的な眼で見ると、驚くほどである。

彼は、西洋哲学の本格的かつ根本的な伝承の真っ只中に踏み入って、真剣に思索し、峻烈にこれと対決している。この本格的な哲学史的研究の素養の深さと透徹した理解と把握と批判の姿勢が、この書物を一般読者にむずかしくさせているとともに、逆に、ハイデガーを、以後、専門哲学者の間で、当代最高の学識豊かな博覧強記の大学者であるとともに常に独創的・天才的な炯眼《けいがん》を具えた真の哲学者として、畏怖せしめたものであった。

しかも第二に、右の犀利な洞察を盛り込み、おのれ独自の思索を展開するに当たって、ハイデガーは、きわめて固有な、比類を絶した言語を駆使した。ハイデガーぐらい新しいドイツ哲学の術語を数多く案出した人物はいないとさえ言っても、過言ではない。しかもその用語が、古くからの、また日常慣用の語義を、巧みに生かし返した形で、縦横無尽に駆使されるので、本当は、よくドイツ語ができないとハイデガーは理解できないのである。否、ドイツ人でさえ、冗談まじりに、ハイデガーを読むには、特別のハイデガー用の辞典が必要だと嘆息するほどである。

ただし、これは誇張であって、丹念に熟読すれば、決してハイデガーはむずかしくない。ハイデガーは『存在と時間』のある個所で、本当に事象を哲学的に捉えて言い表わすには、日常の言葉では「語彙」が足りないだけでなく、そもそも「文法」が欠けているのだ、という意味のことを言っている。ハイデガーは、言ってみれば、ものの見方の新しい「文法」を創り出したと言っても過言ではない。けれどもその際、全く恣意的に、新語や文法を作り出すわけにはゆかないであろう。だからハイデガーは、常用語の語源に立ち戻ったり、西洋的思考の源泉であるギリシア語の原義に遡ったりして、「最も基本的な言葉の力」を蘇らせながら、論述を進めるのである。

ハイデガーのこの鋭い言語意識は、真に瞠目《どうもく》に値する。晩年のハイデガーになればなるほど、この傾向は強くなり、その文章は、驚嘆すべき一種の芸術的完璧さと気品を漂わせている。『存在と時間』でもこのことは変わりはなく、その用語の斬新さ、事象を見抜く目差《まなざ》しの鋭利さ、それを表現する的確かつ細心精緻な論の運びは、刮目《かつもく》に値する。この言語表現の独創性と微妙さを素通りしては、ハイデガーは全く理解できないであろう。

しかし、哲学史的造詣の深さや、言語表現の剴切《がいせつ》さを超えて、第三に、なによりも忘れてならないのは、やはりハイデガーの透徹した、また首尾一貫した、犀利な哲学的洞察力そのものの持つ新鮮さと鋭敏さであろう。ハイデガーの明察の前では、すべての従来の哲学はことごとく皮相なものとして瓦解し去り、その底の浅さを暴かれ、顚倒《てんとう》せしめられる。

ハイデガーはかつて、ヘーゲルに仮託して、真の哲学の前では、日常見なれている世界の姿は「顚倒」されてゆくと語った。またハイデガーは、かつて「見る」ということが「一切の原理の原理」であると語った師のフッサールを承けて、「事象そのもの」を徹底的に見つめ抜き、その根底を射抜く。ハイデガーは、この現象学の本質洞察の目差しを、すなわち、ありのままに事象の本質事態を見る目差しを、人間の世界内存在の真相に向けたのであり、それを掘り下げ、剔抉したのである。この徹底的な峻厳さによって、まさに『存在と時間』は、今世紀の一大思想の源泉となって、汲めども尽きぬ珠玉の宝庫として、今日にいたるまで、多くの哲学者を魅了してきたのであった。

その影響について

『存在と時間』が及ぼした影響については、ここで今さら喋々するまでもないであろう。たとえば、一九六八年刊のザース編『ハイデガー文献』によれば、ハイデガーの翻訳書は世界中で一三六点、ハイデガーに関する論文、著述は、二二〇一点の多きに達している。また、ハイデガー六〇歳の記念に編まれた『ハイデガーの諸学への影響』(一九四九年刊)では、神学、心理学、人間学、解釈学、精神医学、美学、文芸学、実践論、理論物理学、哲学史等の諸領域へのハイデガーの影響を、多くの論者が縷々《るる》証言している。さらに、ハイデガー七〇歳、八〇歳の記念論文集や、死後の記念文集等を繙読《はんどく》すれば、世界各国から、ありとあらゆる領域での彼の甚大な影響が証言されているのを、目撃することができよう。

今さら、サルトルやメルロ＝ポンティへの影響等を指摘するのは、自明にすぎて憚《はばか》られるほどである。ともかく、『存在と時間』の哲学史上に占める傑出した位置については、もはや何人も疑うことはできないであろう。それは、すでに哲学の古典中の古典として、万人に読み解かれ、熟読玩味されることを待ち望んでいる現代の第一級の哲学書なのである。

2 『存在と時間』の主題設定

(1)　存在への問いの必然性

それでは、『存在と時間』という本は、どういう主題を、どんな方法で、追究しようとしている著作なのか。全体として、どんな構想と計画において立案され、どこまで遂行された哲学書なのか。このことをあらかじめ少し述べておかねばならない。幸いなことに、この著作にはその冒頭に長い序論が付いていて、その点の説明がなされているので、主としてそれに拠りながら、以下考えてみよう。

存在の意味への問い

この書物はその劈頭で、「存在の意味への問い」を改めて設定し、その問いを具体的に仕上げることが、この論述の意図であることを謳っている。ここに明瞭に、少年時代のハイデガーがブレンターノの著作によって受けた刺戟を、今や本格的に追究し闡明《せんめい》しようとしていることが看取できよう。そしてハイデガーの言うところでは、存在というものをおよそ一般に了解しうるための「地平」ないし視野が「時間」であることを示すのが、この書物の当座の目標だとされる。だからこの書物は『存在と時間』という標題を冠せられることになったわけである。

しかし今、時間のことは暫《しばら》く措《お》いて、存在の意味への問いという、根本的な主題設定のことを、よく考えてみよう。

「存在の意味への問い」——簡単には「存在への問い」と言ったり「存在問題」とも言ったりするが、そうした問い——のことを聞くと、一般には人は怪訝《けげん》な気持ちになるかもしれない。なぜなら、存在という言葉を聞いてなにも理解できない人はいないからである。しかし改めて、いったい、存在という言葉で私たちは何を考えているのかを明確に答えようとすると、誰もが答えにくく、また困惑するであろう。

かつて古代ギリシアでは、この問いは真剣に論ぜられ、後世にまで大きな影響を与えたが、今日ではこの問いは忘却されていると、ハイデガーは言う。それればかりではない。ギリシアでの発端以来、いつの間にか、この問いは、余計な問いだとされるばかりか、問わなくともよい問いだとする独断的偏見が蔓延してしまっていると、ハイデガーは指摘する。なぜなら、存在という言葉は、「最も普遍的な」概念で、だからまた「定義できない」概念であり、わかりきった「自明な」概念だからである。したがって、こんな問いを問う方が間違っていると咎《とが》められる始末になるわけである。

けれども、むろんのことハイデガーは、そうは考えず、むしろ右の事情は、かえってそれだけ、存在という概念が「最も曖昧な」ものであり、改めてその意味の問い直しを「要求する」ものであり、無理解のまましかも常用されている、謎を含んだこの存在の意味への問いを「繰り返す」ことの必然性を逆証している、と言う。

存在と有

いま右で、存在と訳したドイツ語の Sein（ザイン）は、普通には、「ある」という意味の言葉である。日本語で、「……がある」とか「……である」と述べられる時の「ある」が名詞化されたものが、ザインである。だから、この言葉は、「有る」すなわち「有」と訳出することもできる。ザインを「有」と「存在」のいずれをもって訳出すべきかについては、種々の議論がある。しかし本書では、存在と訳出しておく。そして、存在の語の中には、「がある」と「である」の二義がともに含まれていると、読者はお考えおき願いたい。

ただし、その二義を存在の語の中に含意させるのは、日本語として無理だと反駁する人があるかもしれない。たとえば、「ペンがある」（一般に実在判断と呼ばれ、この「がある」は現実存在の意だとされる）は、たしかに存在の語を使って、「ペンが存在する」と言い換えうる。しかし一方、ハイデガーも例示している「空は青いのである」や「私は嬉しいのである」（一般に属性判断と呼ばれ、この「である」は、主語と述語を結びつける繫辞《コプラ》としての存在の意だとされる）の「である」は、日本語の存在の語を使っては言い表わせない。つまり、「ある」ないし「有」の語のほうが、ドイツ語のザインに含まれる現実存在と繫辞《けいじ》との二義をともにうまく表現できるが、「存在」の語は、もっぱら現実存在しか言い表わせず、これを繫辞的表現にも用いるのは日本語として無理だ、というわけである。おまけに、

「存」には心の中に保持する意が強く、「在」は場所的意味である、と言う人もいる（以上に関しては、和辻哲郎の意見が参考になる）。

しかし、構文も語彙も異なるドイツ語と日本語とを、完全に対応させようというのが、そもそも無理な注文である。それに、考え直してみれば、「有」は「有《も》つ」という言い方で、人間の所有物を示す意味もあって、客観的な存在を表わす時には適切さを欠くという指摘も可能であろう。そのうえ、「有」の語は、一種特有な東洋哲学的な連想を伴いやすいうえ、現代人には日常馴染《なじ》みにくい用語でもあろう。それに反して、「存在」の語は一般に広く用いられている。そればかりか、「ある」の持つあの二義も、この「存在」の語に籠めて考えることも決して不可能ではない。たとえば後年のハイデガーは、ザインに、存続の意味と、明るみの開けた――開けて在る――場の意味とを含ませるが、そうした意味の「存在」は、なんらかのもの「がある」ことを、すなわち、さまざまなものとの全体的連関の開けて在る場の中でのなんらかのものの存続している現実存在を指すわけであろう。また、そうしたものが何「である」かというその在り方をも、「存在」の語は、存在の仕方・存在の様式の意味をも含ませて考えれば、含意することができるからである。

ともかく読者は、存在の語の中に、現実存在と存在の仕方、「がある」と「である」とを、ともに含めてお考え願いたい。実際、ハイデガーも、ザインの語が、「実在性」「事物存在性」「存立」「妥当」「現存在」「与えられる《エス・ギープト》」といった表現と関連すると述べながら、とりわけ、「事実的存在」Daßsein（「がある」と同義）と「状態的存在」Sosein（「である」と同義）との二つの中に支配しているものがザインすなわち存在なのだ、と述べている。

存在の意味を問い直す必然性

話をもとに戻そう。「がある」や「である」としての存在は、どんな存在者を考える時でも、当然前提され、すでに含意されているであろう。だから存在の語は、「最も普遍的」であると言われるわけである。しかし、この存在とは何なのか。むしろかえって人は、この「最も曖昧な」概念を闡明したくなるであろう。

また、その存在は、なるほど「定義できない」。定義しようとすれば、それは何々「である」と言わねばならないが、これは、定義すべき語を早くも定義の中で使うことであって、不合理である。別言すれば、存在は、なんらかの存在者 Seiendes の「である」や「がある」として、その「存在者を存在者として規定しているもの」であろう。つまり、存在は、その存在者の現実存在や存在の仕方として、その存在者がよってもって理解されるゆえんの「基盤」であろう。実際ハイデガーはそう述べている。

したがって、そうした存在は、存在者を規定しこそすれ、逆に、存在者を引き合いに出して定義されることはできないわけである。存在が定義できないとは、まさに、「存在は存在者のようなものではない」ということを言っているにすぎない、とハイデガーは述べる。したがって、定義できないからといって、存在の意味への問いを問わなくともよいということにはならず、むしろ、存在そのものを存在そのものとして問い明らめることを「要求している」、とハイデガーは考える。

さらに、存在は、存在者について何かを言い述べる時に必ず用いられ、――だから、自分以外の存在者についてなら、たとえば、「空は青いのである」と言い、自分という存在者についてなら、「私は嬉しいのである」と述べたりして――、誰にとっても「自明な」概念である。しかし、このように、存在者にかかわって言表し、存在を了解して発言するということは、謎を含んでいて、むしろ存在問題を改めて「繰り返す」べき必然性を逆証している、とハイデガーは主張するのである。

では、この存在への問いをどうやって展開したらいいのであろうか。その問いに答えるよりも、まずもって、その問い方を十分に固めねばならないであろう。

(2) 存在への問いの形式的構造

問いの三契機

一般に、問うということは三つの契機を持つ。たとえば、かりに金閣寺を見物しようとして道に迷った場合、まず人は、誰かに問いかけて、金閣寺に行く道のことを問うであろう。しかしその道を尋ねるのも、最終的には金閣寺に辿り着いて、その美しさが何であるのかを自ら問いたしかめるためであろう。このように、問いには一般に、問いの手懸りとなるなんらかの「問いかけられるもの」があって、これに問い合わせながら、問いの対象である「問われているもの」をまさに問い尋ね、そして最終的には問いの目標である「問いたしかめられるもの」を目指す、という構造がある。

さて、存在の意味への問いの場合には、問いの対象である「問われているもの」は存在であり、問いの目標である「問いたしかめられるもの」は存在の意味である。では、問いの手懸りである「問いかけられるもの」は何か。前述の通り、存在は常に存在者を規定するその基盤であって、存在者を在らしめている存在であるほかはないから、問いの手懸りは、その存在者になる。存在者が、いわばその存在に関して尋問されるわけである。

しかし、存在者といってもいろいろなものがある。私たちが語るもの、考えるもの、関係を持つものはみな、存在者であり、また私たち自身も存在者である、とハイデガーは言う。一体どの存在者が、出発点として「範例」に選ばれるべきか。それは次のようになる。

いま言ったように、存在の意味への問いを明確に設定して問うということは、まず、範例的「存在者」を正しく選び、その存在者へとあらかじめ正しく接近することを要する。次いで、その存在者の「存在」へと目差しを向け、それを正しく提示しなければならない。ハイデガーは「存在者」と「存在」とを峻別し、後年これを存在論的差異と呼んで重視する。しかしさらに、その存在の「意味」を捉えて、それにふさわしい概念的規定性を与えるよう努めねばならない。

ところで、このようにして、選び出したり、接近したり、目差しを向けたり、提示したり、概念的規定性を与えようとして問うということは、そう問うているほかならぬ私たち人間という存在者の在り方、存在であるよりほかにない。この「私たち自身がそのつどそれであるところの、問うという存在可能性を持った存在者」のことを、ハイデガーは「現存在」Dasein と名付ける。してみると、あの存在への問いを表立って遂行することは、おのずと、この私たち現存在という存在者の、問うという存在の仕方を浮かび上がらせてきている。存在への問いを明確に仕上げてゆくことは、そう問うている現存在の存在の仕方を浮き彫りにすることとつながっている。

端的に言い換えれば、存在への問いは、そう問うている私たち現存在の存在の仕方を、あらかじめ明確に把握することを、おのずと必然的に要求してくるわけである。だから、問いの手懸りとなるべき範例的存在者は、私たち現存在という存在者だ、という結論になる。存在への問いの形式的構造からして、このことが帰結するわけである。

しかし、これだけではまだ十分ではない。存在への問いが、現存在に定位してなされるべきだという事柄を明確にするためには、右ですでに暗示されている問われている存在と問うている現存在の存在との密接な関係という、この事態の内的構造を、もっと深く考え直さねばならない。そのことに向かう前提として、次の点によく留意しよう。

問われている存在と、問うている現存在の存在との、密接な絡み合い

一般に、問うことは、求めることである。問い求める時には、すでに、問い求められているものをおぼろにではあれ知っていなくては、問い求めることさえできない。たとえば、カルティエを買ってきてくれ、と言われた人が、カルティエの何であるかを知らなければ、どこに行って買い求めたらいいのかさえ見当がつかず、困惑するであろう。それはフランスの高級ライターだということを聞けば、ではパリに立ち寄った時買ってこよう、ということになる。それでもその人は、実際にカルティエを購入し手に入れなければ、本当にはそれの何であるかはよくわからないであろう。しかしともかく当座、おぼろにでもあれ、ライターの一種であることを心得ておけば十分であり、またその心得がなければ話は始まらない。

これと同様に、存在の意味への問いを樹《た》てて、これを求める時にも、すでに私たちは、存在のおぼろな意味を知っているはずである。さもなければ、それを問い求めることさえできない。実際、存在とは何であるのか、と問う時、すでに私たちは、「である」という存在の語を使用しているわけである。だからハイデガーは言う。私たちはいつもすでになんらかの存在了解の中を動いており、たとえそれを概念的に明確化できないとしても、この平均的な漠然とした存在了解を事実すでに抱いている、と。

むろんそれは、曖昧模糊としており、またそこには知らず識らずのうちに、伝来の存在理論が染み通っていたりするであろう。が、ともかく私たちは、この平均的な存在了解の中を動いている。それどころか、存在了解は、私たち現存在の本質機構に属するとさえ、ハイデガーは断言する。

実は、ハイデガーによれば、私たち現存在のみが、存在という言葉を使用して、それをおぼろにではあれ了解して用い、自分について、また自分以外のものについて、「である」や「がある」の語を用いて、それらを理解し、それらの存在者に種々の態度を採って、存在し、生きているのである。

樹木も岩石も動物も、こうした存在了解を持ってはいない。人間のみが存在了解を持つ。だから、この私たち現存在という存在者に手懸りをおかなくては、そもそも存在のことを問い求めることさえできないわけである。私たち現存在が存在を了解しつつ存在しているその在り方、そしてその存在了解をもっと明確にしようとして問おうとしているその存在の仕方を、まずもって明確化することを、したがって当然、存在への問いは要求しているわけである。

しかし、このように言うと、それは循環ではないのか、と言って反論する人があるかもしれない。なぜなら、存在を問おうとしているのに、そのためには現存在の存在をまず規定しなければならないというのは、答えられるべき存在概念を、もう最初から前提して持ち込むことではないのか、と思われるからである。

一見これは循環論証に思えるわけである。けれどもハイデガーは、ここには循環はないと言う。存在の意味の明確な概念なしでも、当座、現存在の存在を規定してゆくことができるのであり、また実際、漠然とした存在了解なしには、そもそも何も始めることはできないからである。だから、ここには、いわゆる論理学的な循環論証はないとハイデガーは言う。何かある原則を樹てて演繹的に論証することが、ここで問題になっているのではないからである。

むしろ、漠然とした存在了解にもとづきながら、存在の問いの根拠を提示しつつ開拓してゆくことが問題なのであり、そうした意味での解釈学的循環は不可避であって、その中に飛び込んでゆかなければ、問題は、一歩も前進しないのである。すなわち、現存在は本質的に存在了解を持っており、これにもとづいて、またそれを一層明確化しようとして、存在の意味を問い求めるほかはなく、しかもそのためには、存在了解を持って存在する現存在の存在の仕方を、まずもって解明せざるをえないわけである。ということは、まさに現存在において、問い求められている存在と、問い求めるという現存在の存在とが、きわめて深く交叉し合っているということであろう。

ここにすでに、現存在こそは存在問題への際立った関係を持つことが、すなわち、他のいかなる存在者にも優って現存在こそは存在問題の手懸りたるべきだというその優位が、予示されてきているわけである。

(3)　現存在に定位した存在への問いの優位

基礎存在論の必要性

しかしそれにしても、存在への問いは何の役に立つのか、疑問に思う人がいるであろう。それは、最も原理的な問いではあろうが、しかし同時に、果たして最も具体的な問いでもあるのであろうか。ハイデガーはむろん、そうだと考えている。どうしてであろうか。存在者 Seiendes の全体を、さまざまな区域に分けると、たとえば、歴史、自然、空間、生命、言語等々といった、一定の事象領域が成立してきて、この事象領域をそれぞれ主題的に探究すると、そこに種々の実証諸科学が成り立つ。実証諸科学は、存在者の事象領域を具体的に解明し、そこでの諸事象の知見を増大させる存在的 ontisch な問いかけを遂行するものである。

ところで、事象領域の区分の際には、必ず当該領域の根本概念がなんらかの形で伏在する。その根本概念は、初めは素朴で大まかなもので、学問以前の経験に拠ることが多いが、やがてその根本概念を明確化したり修正したり、当該事象領域の根本機構を再反省したりする必要が生じてくる。否むしろ、具体的な実証的研究の遂行によるよりも、当該科学の根本概念の危機に見舞われ、それを超克しようとすることによってはじめて、諸科学の基礎が固められたり、科学の進歩が真に起こったりする。ハイデガーは、現代を、まさに科学の基礎が再び問い直されている時代だと見ている。たとえば、数学でさえ、形式主義か直観主義かというその基礎をめぐる難問に苦しみ、物理学でも、相対性理論の登場によって古典物理学の再反省が迫られ、生物学でも、機械論か生気論かの二者択一を超えようとする動きが活潑になっている。

しかし、このような危機に直面して、当該領域の根本概念を基礎づけ直そうとすれば、どうしても、当該事象領域を、実証的研究に先立って、まず徹底的に考え抜かねばならない。それは、その事象領域の存在者を、その存在 Sein の根本機構に関して解釈しなおす試みとなる。これこそは、実証諸科学を指導する真の先導的論理学であろう。そしてこのような試図を遂行するものが、すなわち、最広義における存在論 Ontologie であると、ハイデガーは言う。つまり、存在者にかかわる存在的な実証諸科学を基礎づけるものは、それらの存在者の存在を解明する諸存在論にあり、この方がより根源的な問いなのである。けれども、この存在論的 ontologisch な問いを本当に探究しようとすれば、なによりもまず、その存在というもの一般が何を意味するのか、すなわち、存在一般の意味を明らかにしなければならない。さもなければ、存在論さえも、基礎づけられえない。したがって、存在一般の意味を明らかにすることこそが、実証諸科学に対してのみならず、その実証諸科学を基礎づける存在論に対しても、その可能性のアプリオリな条件なわけである。つまり、こうして、存在への問いは、諸科学の基礎である存在論さえをも基礎づけるのに役立つ、きわめて重大な任務を負った問いだということになる。これをハイデガーは、「存在問題の存在論的優位」と呼んでいる。

存在への問いは、いわばこうした学問論的な基礎づけの序列からしても、最も優先的に考究されるべき、原理的かつ具体的な問いのわけであり、結局それは、実証諸科学の基礎である一切の存在論をも基礎づける「基礎存在論」Fundamentalontologie の課題を背負うことになる。

それでは、この基礎存在論は、どうしたら建設されるのであろうか。存在への問いは、どうしたら具体化されるのであろうか。それはむろん、さきにも若干触れたように、現存在に定位した存在問題の遂行であるよりほかにないのである。これをハイデガーは、「存在問題の存在的優位」と呼んでいる。

その意味はこうである。存在問題を追究するに当たって、どの存在者に定位すべきかというと、現存在以外の存在者に定位するよりも、現存在という存在者に定位する仕方が、断然優位する、ということである。

存在的優位の存在的とは、どの存在者に定位すべきかを指示している言葉である。そして、この問題が論究されることによって、さきに問いの形式的構造の分析からすでに浮かび上がっていた、現存在に手懸りを求めるべき存在問題の遂行の仕方が、必然的なものとして、証示され終えるわけである。しかもその結果、「基礎存在論」は、「現存在の実存論的分析論」existenziale Analytik des Daseins にあるよりほかにないことが帰結してくるのである。どうしてであろうか。

現存在と実存

ハイデガーによれば、現存在は、ほかの存在者と単に同列に並ぶ一存在者ではない。現存在とは、当の「この存在者にとって、おのれの存在において、この存在そのものへとかかわりゆくことが問題である」ような存在者だという。おのれの存在へと態度を採る存在関係を有していることが、この存在者を他の一切の存在者から分かつ際立った特色だというのである。

現存在がこのように、「それに対してなんらかの態度を採りえ、また常になんらかの仕方で態度を採っている」このおのれの存在のことを、「実存」Existenz という。現存在は、おのれの存在をそのつど自分自身の存在として、これを引き受け、生き抜いて、自らおのれとして存在してゆかねばならないのである。換言すれば、現存在は、自分自身の可能性にもとづいて、自分を了解して存在してゆくほかはないのである。

ただしその際、本当に自分らしく存在するか（本来性）、あるいは自分らしさを喪失して存在するか（非本来性）、の二大可能性がある。この二大可能性の詳細な分析が、『存在と時間』全体を貫く根本内容になってゆくのだが、ともかくハイデガーは、現存在の本質を実存に求め、実存によってその存在を規定されている点に、現存在の、他の存在者と異なる、その際立った特色と優位がある、と考えるのである。動物も植物も山も川も、実存しない。人間のみが、実存という仕方において存在するわけである。

そして実のところ、ハイデガーは、右のように、おのれの存在においておのれの存在にかかわるという、その存在ないし実存の契機を強調しようとして、私たち人間という存在者を、あえて現存在と呼んだのである。私たち人間も存在者なのであるから、現存在者と呼んでもよさそうなのに、そうせずに、端的に現存在と呼んだのは、この私たち各自がおのれの存在を引き受けて存在してゆかねばならないその実存という存在の仕方を際立たせようとしたからなのである。

以前、私たちは、「私たち自身がそのつどそれであるところの、問うという存在可能性を持った存在者」のことを、ハイデガーが「現存在」と命名している旨に言及しておいた。このことと、今述べたこととは矛盾せず、むしろ連関している。なぜなら、問うということも、私たちが一つの存在の可能性を選び取って、まさに一つの存在の仕方を生き抜くことだからである。ともかくハイデガーは、現存在の語を、右の意味での「純粋な存在表現」として使用するのである。

現存在のもとのドイツ語 Dasein（ダーザイン）は、一般に二義を含み、一つには、あるものが現にそこにありありと出現し存在している事実を表わすとともに、二つには、特に人間の生活、生存を表わし、たとえば生存競争といった時にはこの語を使う。ハイデガーもむろん、この日常の語義を暗々裡に籠めて、しかしもっぱらこの語を人間という存在者にのみ使用する。後述されるように、人間を現存在と捉えて表現する時には、人間が世界内存在して存在してゆかねばならないその現事実性を予示しているとともに、その際、各自がおのれの生存を生き抜かねばならない可能性の追求の在り方も、そこに含意されているからである。

哲学的な術語としては、現存在の語は、既述のように、おのれの存在においておのれの存在にかかわりゆかざるをえない実存するところの人間の存在構造を暗示する言葉として、ハイデガーにおいて用いられる。後年のハイデガーはさらに、現‐存在、Da-sein（ダ・ザイン）というようにこれを表記して、様々な存在者が存在するその存在の真っ只中に――これを「存在の明るみ」と呼ぶ――現に立たされているのが、人間だという意味に、この語を使ってゆく（ただし、この考え方の萌芽は、『存在と時間』の中にも潜在している）。

実存的と実存論的

さて現存在は、右のように、おのれの存在に態度を採るのであるから、当然、なんらかの形でおのれの存在を自ら了解している。おのれの存在が自分になんらかの形で理解され、開示されている。存在了解ということが、現存在の存在規定性なわけである。

けれどもこの存在了解に二つの場合がある。一つは、その自己の実存の問題を、各自がそのつどなんらかの形で実際に解決してゆけば、それで問題はすべて済むのではないかという自己了解である。この自己了解を、存在的 ontisch、「実存的」existenziell な了解と呼ぶ。こうなれば、問題は各自自身の個別の人生問題になる。

もう一つは、右の実存の構造を、存在論的 ontologisch に解明しようとする了解の仕方で、この時には、実存を構成する諸構造の連関が、つまり「実存性」あるいは「実存範疇」Existenzialien が、分析され取り出されてくる。これを「実存論的」existenzial な了解という。

前者の実存的関心事のためには、むろん実存論的分析論は必要ない。しかし、「哲学的認識」があるべきかぎりは、そして存在という「基本問題」が問い直されるべきかぎりは、実存的なものは実存論的なものへと転化されねばならない。そしてまた、現存在の実存論的分析論は、現存在の構造からして当然可能であり、また、哲学的認識が必然である以上、必然でもあることになる。つまり、現存在は、存在了解を持つ以上、おのれの実存の構造についてすでに「前存在論的」vorontologisch な了解を持っているわけで、これを理論的に仕上げてゆけば、「現存在の実存論的分析論」が形成されうるし、またそうでなければならないのである。

現存在以外の存在者の存在論の根も、現存在のうちにある

そればかりではない。現存在は、おのれの存在に態度を採るだけではなく、おのれ自身ではない存在者、つまり現存在ではない存在者（たとえば、さまざまな道具や事物）にも態度を採る。なぜなら、現存在は、世界の中の存在であるから、世界や世界の中のさまざまな存在者と、どうしても交渉関係を持つからである。その時、現存在は、それらの存在者についても、前存在論的な存在了解を持っているはずである。それを仕上げてゆけば、現存在以外のさまざまな存在者に関するありとあらゆる諸存在論がやがて打ち樹てられうるであろう。現存在は、そうした諸存在論の可能性の条件をも含んでいるわけである。

したがって、以上述べてきたこと全体からして、一切の存在論の基礎を成すあの「基礎存在論」は、「現存在の実存論的分析論」のうちに求められねばならないことになる。実際、現存在こそは、その存在において存在へと態度を採る存在者なのであるから、存在への問いは、ひとえにこの現存在に本質的に属している前存在論的存在了解を、徹底的に追究し闡明してゆくこと以外には、展開されえないわけである。

こうして、存在問題は、現存在に定位して究明されるほかにないことが、明らかとなった。なにしろ、存在問題という哲学の根本問題を、まさになんらかの実存する現存在が、おのれの存在可能性として、存在的・実存的に引き受けて実行しなければ、この問いそのもの

も展開されえない以上は、問題はひとえに現存在に定位する以外にないこともまた、すでに明白だったのである。

3 『存在と時間』の課題と計画

(1) 『存在と時間』の展開過程

現存在への接近様式

いままでの論述から、現存在こそまず問いかけられるべき存在者であることは確定された。では、現存在に対しどのような接近様式を採ったらいいのであろうか。

この問題は、後述の解釈学的現象学の方法と関係するが、その詳細は後回しとして、ここでは、現存在の実存論的分析論の歩みの大筋と予定に関しハイデガーが考えていたことを省みよう。

現存在とは、私たち各自がそれにほかならないのだから、存在的には「最も身近な」存在者である。だから現存在は、自分の存在について、すでになんらかの了解や解釈を持っていることがありうる。けれども、それをそのまま手引きとして現存在の存在を安直に捉えうると考えてはならない。実は現存在は、存在論的には「最も遠い」存在者なのである。それでいて、現存在は、前存在論的には「見知らぬものではない」。ここに現存在解釈のむずかしさと危険がある。

実は後に詳論されるように、ハイデガーの考えでは、現存在は、自分の存在を了解する際に、当の自分固有の存在の仕方からこれを了解せずに、むしろ現存在が世界内存在するときに絶えずかかわっているところの道具や事物という存在者のほうから、おのれの存在を了解するという根強い傾向を持つとされる。これが後に「頽落《たいらく》」という存在様式として解き明かされるものである。

この頽落のおかげで、たいていはむしろ現存在は常にすでに、おのれを、事物存在性Vorhandenheitという存在観念で捉えてしまい、真におのれ自身の実存という存在の仕方にもとづいて、しかもその実存の本来固有の姿にもとづいて、おのれを了解することがきわめて困難になっている、とハイデガーは考えている。であるから、この誤った存在了解を破砕しなければ、現存在の実存論的分析論は本当は成功しないのである。このことが、後述する解釈学的現象学の、特に解釈学の持つ破砕の力ずくということと深く関係している。

ともかく右のことは、『存在と時間』を貫く根本的方法態度であることをぜひ強調しておきたい。つまり、現存在はあまりに身近で熟知されているため、誤った安易な理解によってその真相が覆い隠されてしまっているので、これを破砕して、そこから真の現存在の存在論的解釈を奪取しなければならないとハイデガーは考えているのである。

あるいは人はまた、こう言うかもしれない。現存在の在り方に関しては、哲学的心理学、人間学、倫理学、政治学、文学、伝記、歴史記述が教示を与えてくれるのではないか、と。しかしハイデガーは、いかにこれらによる諸解釈が、実存的には根源的であっても、実存論的に根源的であるかは疑問だと言い、それらに依拠せずに、何よりも実存論的解明を遂行しなければならないと説き、むしろそれによって初めて、それらの諸解釈の正当性も判定されうると主張する。

では、どのように現存在へと正しく接近してゆくべきか。まず言えることは、いかに自明なものであっても勝手な存在観やそれにもとづく範疇などを、現存在に、「捏造的独断的」に当てはめ押しつけてはならない。そうではなく、この現存在という「存在者が、それ自身において、それ自身の方から、おのれを示してくる」ような具合に、この存在者に接近してこれを解釈してゆかねばならない、というのがハイデガーの大原則である。これが後述の彼の解釈学的現象学の、特に現象学という方法態度の根本的に意味するものにほかならない。

平均的日常性からの出発

それでは、事象そのものをありのままに剔抉するこの方法によって、さらに現存在の分析論は、どのように進められてゆくのか。

現存在の存在を分析するに当たって、一定の実存の理念によって、これを無理矢理割り切っていってはならないのだから、当然、分析は、特定の実存の在り方の差別のない、無差別の、さし当たりたいていの「平均的日常性」の在り方における現存在を、その視座に据えねばならない。しかも、この日常性に即して、あれこれの任意の偶然的な構造を取り出すのでなく、その「本質的な存在諸構造」を解明しなければならない。つまり、事実上はさまざまに異なった在り方において実存している私たち現存在のどんな存在様式の中にも、その存在を規定するようなものとして貫通している本質的諸構造、すなわち、現存在の根本機構を究明しなければならない。そしてこの分析の結果、現存在の存在が、ひとまず「気遣い」Sorgeとして闡明されることになるのである。

この歩みが実は、現行の『存在と時間』の第一篇「現存在の予備的な基礎的分析」の内実にほかならない（本書の第二、第三章がこれに当たる）。

時間性の摘出

右の分析の際に、現存在つまり私たち人間の在り方が分析されるので、ここにはある意味で一種の哲学的人間学に類するものがあるとも言えるわけである。しかしハイデガーは、ここで現存在の完璧な存在論を展開するつもりはないと言う。むろん、ありうべき哲学的人間学やその存在論的基礎づけのための、本質的でなくはない若干の部分を、自分は提供したとは言う。しかし、現存在分析論を展開しつつも、ハイデガーの狙いはあくまで、存在への問いを仕上げることにあった。すなわち、最も根源的な存在解釈のための地平の開拓が、彼の目標なのである。

ということの意味は何か、と言えば、現存在の存在を解釈した予備的分析に続いて、今度はさらに、現存在の存在の意味を、「時間性」Zeitlichkeit として提示しなければならないのである。現存在の存在の意味といった時の「意味」Sinn とは、根本的には、当のものを可能ならしめる条件、基盤、根拠、基礎づけ、といったことを指している。つまり、現存在の存在構造はすべて、時間性の様態にもとづいて可能になるというのが、ハイデガーの根本的な考え方なのである。そして実は、現存在の存在意味を時間性として解明する歩みの全体が、現行の『存在と時間』の第二篇「現存在と時間性」の内実を成すものにほかならない(本書の第四、第五章がこれに当たる)。

テンポラリテートの解明に向けて

けれども、現存在を時間性として解釈することでもって、存在への問いの答えがもう与えられたというのではない。存在への問いは、現存在の存在の意味だけでなく、もっと広く、存在一般の意味を問うのである。では、その問いの答えはどこにあるか。その答えを獲《え》るための地盤はすでに用意された、とハイデガーは言う。

というのは、こうである。存在を了解するという在り方において存在している現存在の存在意味は「時間性」であるが、この時間性にもとづいて現存在は「時間」Zeit の概念を形成し、実はこの「時間」こそが、現存在のなす一切の存在了解、存在解釈の「地平」であると、ハイデガーは考えていたのである。

むろん、この時間概念は、「通俗的」な時間了解、時間概念とは異なる。したがって、「時間性」のうちから、時間概念や、また通俗的な時間了解が発現してくる仕組みが、解明されねばならず、それによってまた、通俗的な時間了解もそれなりの権利を持つことが承認されうる。これらの点は、実際、『存在と時間』第二篇の末尾で論究された。

けれどもハイデガーは、当初はさらにその先をも考えていた。およそ、古来から、存在論においては、時間的存在者（自然、歴史など）や超時間的存在者（永遠的なもの）や非時間的存在者（数学的関係など）や無時間的存在者（命題の意味など）等を、対照区分するというように、時間は、存在領域の区別の標識であった。そこからも予想されるように、時間の現象を正しく捉えることこそ、一切の存在論の中心的問題群だとハイデガーは考え、「時間」にもとづいての、存在およびその諸性格や諸様態の根源的な意味規定性」を「存在のテンポラールな規定性」と呼び、この「存在のテンポラリテート」の解明によって、「存在の意味への問いの具体的解答」が初めて与えられうる、と述べるのである。

テンポラリテート Temporalität とは、ラテン語のテンプス（時）から作られた言葉で、現存在の存在意味である「時間性」と区別して、存在一般の意味としての時間を表わすのに取って置かれた言葉である。ハイデガーはこうして、元来は、これらの点を、『存在と時間』の第三篇「時間と存在」の個所で論述する予定を持っていたが、しかしこの篇は遂に当初の予定通りには書かれなかったのである。したがって現行の『存在と時間』は、未完に終わっている。

(2) 『存在と時間』の未完の問題

『存在と時間』第一部の計画

『存在と時間』という書物は、当初の計画からすると、未完成に終わった著作である。この書物は、元来は二部から成るはずで、その第一部の総標題は、「時間性にもとづく現存在の学的解釈と、存在への問いの超越論的地平としての時間の解明」となっていた。そしてそれがさらに三つの篇に分かれる。そのうちの初めの二篇、すなわち前述の第一篇「現存在の予備的な基礎的分析」と、第二篇「現存在と時間性」とが、ちょうど右の総標題の前半、つまり「時間性にもとづく現存在の学的解釈」に当たる。残された第三篇「時間と存在」は、総標題の後半の「存在への問いの超越論的地平としての時間の解明」という課題を追うはずのものだったと見てよい。

そしてこの残された課題を当時追究した成果の一部が、『存在と時間』発表後の一九二七年夏学期のマールブルク大学での「現象学の根本問題」という講義（全集第二四巻として公刊済み）となった。このことは後年ハイデガー自身が、『存在と時間』の欄外注記で断わっているところである。けれども、最終的には、現行の『存在と時間』との連続の上に、残りの第三篇は完成されずに終わった。

『存在と時間』第二部の計画

しかしそればかりではない。実は『存在と時間』は、さらに第二部をも予定していた。それは、「テンポラリテートの問題性を手引きとする存在論の歴史の現象学的破壊の要綱」と題され、簡単には普通、「存在論の歴史の破壊《デストルクチオン》」と呼ばれる部分である。

ハイデガーによれば、すべての探究は、現存在のなす可能性の一つであるが、この現存在の存在意味は時間性であり、この時間性が、現存在の存在様式としての歴史性というものを可能にする。したがって、存在への問いも、当然、歴史性によって性格づけられていることになる。それは、自らを歴史的な問いとして理解せざるをえず、自らの問い自身の歴史を問い直して、おのれの位境を見定めざるをえない。しかもその場合、常に存在了解を持って存在する現存在には、既述の頽落という傾向と併せて、すでになんらかの伝来の存在解釈の中に陥りその中で育ってきてしまっているということが、不可避である。

ところが、伝統というものは、それが伝えているものをいつの間にか自明なものに風化させ、その由来を覆い隠し、忘却させ、歴史性の根を断ち、こうして、過去へと積極的に立ち帰り、過去を積極的かつ生産的に我が物とすることを不可能にしてしまうことが多い。だからこそ、もしも存在への問いが、おのれ自身の歴史性を隈《くま》なく洞察しようとすれば、こうした硬化した伝統を解きほぐし、伝統が生み出した隠蔽を剝離させねばならない。

これが存在論の歴史の破壊であって、それは、存在の諸規定の根源的経験を取り戻すものである。だからそれは、存在論的伝統を否定的に振り捨てたり、過去を無効なものとして葬り去ることを目指すのではない。むしろ、存在論的伝統を、その積極的可能性において、ということはそれなりの限界を具えたものとして、標示するという、積極的意図を持つのである。

こうした意図において、当時ハイデガーは、なかんずく存在解釈と時間現象との関連に着目しながら、存在論の歴史の三つの大きな宿場として、カント、デカルト、アリストテレスを取り上げて、順次、第二部において、「テンポラリテートの問題性の前階段としてのカントの図式論と時間論」、「デカルトのコギト・スムの存在論的基礎と、レス・コギタンスの問題性のうちへの中世存在論の継承」、「古代存在論の現象的土台と限界との判別基準としての、時間に関するアリストテレスの論述」という、三つの篇を仕上げる予定でいた。そして、これらの篇で扱うべき主要問題点の若干を、序論のうちで描き出し、また、従来の存在論の問い方や発見の仕方や行き詰まりを解明してこそ、存在への問いはその真の具体化を獲得する、と断言していた。けれども、結局この第二部も、当初の予定通りの形では書き上げられなかった。

未完の事実と転回問題

したがって『存在と時間』は、一九二七年に上梓された時、その第一部第三篇と、第二部の三つの篇とを予告しながら、これを欠如していたので、実は、「前巻」という表示が付き、やがて「後巻」が続くはずであった。しかしこれは遂に当初の計画通りには公表されないばかりか、一九五三年の第七版では、この表示は削除され、もはや後巻は、現行の『存在と時間』との連続においては書き継ぎえないことが宣言された。

ちなみに、ハイデガーは、『存在と時間』を書き終えた後、いわゆる「転回」Kehre の思索へと踏み入ったのであり、それはやがて、一九四五年以降に陸続として発表された後期の諸著作の中で打ち明けられるようになった。一般にそれは、「存在の思索」と呼ばれる。そしてたとえば、『存在と時間』第一部の未完の第三篇「時間と存在」の思索に踏み入るうちに、全体が逆転し、転回することになったと述べられ、ただしそれは立場の転換ではないと告白される。

未完に終わった「時間と存在」に関する後期ハイデガーの思索の成果は、一九六九年刊の『時間と存在』という講演原稿および演習記録の中で、纏《まと》まった形で呈示されている。一方、残された「存在論の歴史の破壊」の試図は、後期においては、大規模な形で、西洋の全形而上学に対する存在史的思索として、変貌した姿で結晶したと言ってもよいであろう。なお、『存在と時間』の全集版（クロスターマン書店、一九七六年刊）は、後年ハイデガーがこの書に加えた欄外注記を新たに収録していて、重要である。

4 『存在と時間』の方法態度

(1) 事象そのものへ

いままで、『存在と時間』で扱われる主題についてもっぱら概観してきた。すでにその中で、その主題を取り扱う方法態度についても若干のことが予示されていたが、ここで改めてこの方法について、基本的なことを省みておかねばならない。ハイデガーはこれを現象学の方法と表示する。正確にはそれは解釈学的現象学の方法と言われるべきものである。ここにむろん既述したような、ハイデガーのフッサールからの影響と乖離《かいり》とが、見届けられるのである。

さて、『存在と時間』の主題は、存在者の存在もしくは存在一般の意味の探究にあったから、これは広く存在論の課題を追究するものだと言ってよい。しかし、だからといって、歴史的に伝承されてきた存在論の方法を援用することは許されない、とハイデガーは言う。なんらかのすでに与えられている学科の課題を満足させるのが狙いではなく、むしろ、事象そのものの必然性にもとづいて問題設定をなし、取り扱いの方法態度を決め、これに憑拠《ひょうきょ》して一つの学科が形成されるというふうでなければならない。

では、存在の意味への問いの取り扱い方は何かと言えば、現象学的方法であると、ハイデガーは答えるが、ただし現象学といっても、なんらかの特定の立場や傾向のそれを指すのでなく、もっぱらそれは方法概念である。現象学とは、「事象そのものへ」という格率を言い表わすものだと、ハイデガーは言明する。実は、この格率の精神は、むろんフッサールのうちに激しく脈打っているものではあるが、それを右のように定式化したのは、まさにハイデガーだったのである。

しかし右のように言うと、それはあまりにも自明で、しかもどんな学問的認識もみなその原理に従うのではないか、と駁論する人があるかもしれない。だが、まさにこの自明性を、自分は問題化し明確化しようとするのだとハイデガーは言う。こうしてハイデガーは、現象学の「予備概念」を展開する。

ただし、当座彼が展開したのは、あくまで予備概念であることを忘れてはならない。ハイデガー自らも断わる通り、現象学的方法の問題は、本当は「真理」の問題とつながっていて、またその真理論をハイデガーは『存在と時間』の中でも論じているが、しかし、「存在」と「真理」の連関を究めてゆけば、やがてこの「予備概念」と違った形で「現象学の理念」が展開されうる中心的問題群に突き進むであろうことを、すでにハイデガーは『存在と時間』の中で暗示している。おそらくそれは、後期ハイデガーの問題にも関係するであろうが、ここでは措くことにする。

さてハイデガーは、現象学の予備概念を展開するに当たって、現象学すなわちフェノメノロギー Phänomenologie を、その語を構成する二要素である現象と学、すなわちフェノメン Phänomen とロゴス Logos とに分解して、それぞれをもとのギリシア語にまで遡って性格づけ、その後で、この二要素から成る現象学の意味を確定しようとする。こうしたところにも、既述したハイデガーの、「最も基本的な言葉の力」を蘇らせようとする思索態度が現われていよう。

(2) 現象の概念

現象・仮象・現われ・単なる現われ

現象の語のもとを成すギリシア語のパイノメノンという表現は、パイネスタイという動詞から来、これは「おのれを示す」という意味である。したがって「現象《フエノメン》」とは、簡単には「おのれを示すもの」das Sichzeigende、もっと詳しくは「それ自身においておのれを示すもの」のことである。実はパイネスタイという動詞は、パイノーという動詞から来、これは、白日にさらし、明るみに出すという意味を持ち、語源的には、光、明るさ、あらわになること、といった語義と関連している。だから現象とは、白日のもとにあり、明るみに出されえ、あらわとなるものの総体のことである。

　ところで、このようなものは、実はさまざまな仕方でおのれを示すことができ、そこにさらに「仮象」「現われ」「単なる現われ」等が成立してくる。それらの関係と相違を明確に摑むことが肝心である。

　まず「仮象」Scheinとは、何かが、それ自身においてはそうでないのに、そうであるかのように、おのれを示すことである。こうしたことはしばしば起こりやすいから、ギリシア語のパイノメノンは実際、現象と仮象の二義を含んでいた。けれどもハイデガーは、この二つを区別しなければならないと言う。すなわち、何かが、おのれを示そうとするからこそ、それは、本当はそうでないのに外見上そうであるかのように、おのれを示すことができるのであって、したがって、おのれを示すという根源的意義にもとづいてこそ、仮象の意義も可能になるからである。おのれを示すということが、むしろ仮象を基礎づけている。

　次にこれと違って、「現われ」Erscheinungというものがある。たとえば、病気の現われがそれである。これは、身体上の症状だが、その症状はおのれを示していながら、実はおのれを示していないなんらかの障害を暗示している。現われとは、このように、おのれを示さない何かが(病根)、おのれを示すものを通じて(表面に現われた症状)、おのれを告げることである。だから現われは、おのれを示すというより、むしろおのれを示さないことである。

このおのれを示さないの「ない」は、仮象に付着する「ない」とは違っている。現われという仕方でおのれを示さないものは、仮象することさえできないからである。

しかし大事なのは、この現われは、おのれを示すという現象にもとづいてのみ可能だという点である。なぜか。現われとは、何かが、それ自身は「現われず」に、しかし「現われ」てくることだ、と言う時、後者の「現われ」てくるとは、本当は、おのれを告げるという意味で、そこには、おのれを示さないものがおのれを告げるという構造がある。また前者の、それ自身は「現われず」に、と言われる時には、おのれを示すことなく、ということが含意されている。端的に言い換えれば、現われとは、おのれを示さない何かが、おのれを示すものを通じて、おのれを告げること、というように、そこには、おのれを示すという現象が構造的に染み渡っているからこそ、初めて成り立つわけである。

ゆえに、現象は現われではないが、現われは、おのれを示すという現象にもとづいて初めて成り立つ。それなのに、もしも現われの語を多義的に用いると、混乱が生ずる。現われは、時には、おのれを示さずにおのれを告げるという働きを意味しうるし、また時には、その告げているもの、つまり、おのれを示しながら、おのれを示さない何かを暗示するところのものをも意味しうるし、さらに時には、おのれを示すという真の現象をも意味しうる。これらを混同してはならないわけである。

もう一つ、「単なる現われ」bloße Erscheinung というものがある。これは、右の告げるものによって暗示されるものが、本質的に決してあらわになりえぬものである場合である。したがって、その告げるものは、それ自身はおのれを示しながらも、あの決してあらわになりえぬものからの放射、産出物にすぎず、あのものの本来的存在を構成していないのである。そしてそれは、あの決してあらわになりえぬものを、常に覆い隠して示さないのである。ただし、この「ない」も仮象とは異なる。単なる現われの根底には、秘め隠されて決してあらわにならぬものが伏在しているわけである。カントの物自体がこれである。

右の三つのうち、たとえば、現われと仮象が結合して、現われが単なる仮象になる場合もむろんある。たとえば、照明の具合で、頬が赤いかのように見え、その赤さは、熱の存在を告げ、熱の存在は、体の故障を暗示する、といったように受け取られる場合がこれである。

形式的な現象概念・通俗的な現象概念・現象学的な現象概念

さて以上述べたように、仮象・現われ・単なる現われはみな、おのれを示すものという現象、つまり或るものの際立った出会いの仕方、の上にはじめて可能になる。

ところで、このように、おのれを示すものとしての現象のことを、「形式的な現象概念」

formaler Phänomenbegriff という。それは現象の形式的・一般的な概念である。この現象概念をどう適用するか、すなわち、右で言われる、おのれを示すものをなんと捉えるかによって、「通俗的な現象概念」vulgärer Phänomenbegriff と「現象学的な現象概念」phänomenologischer Phänomenbegriff とが生ずる。

通俗的な現象概念とは、おのれを示すものを、存在者と理解するもののことである。ギリシアでも、現象《パイノメナ》は存在者《タ・オンタ》と呼ばれるものの全体と同義だったとハイデガーは言って、この通俗的な現象概念がごく自然に生じやすい旨を暗示させている。

しかし、それと現象学的な現象概念は異なる。これは、通俗的に理解された存在者の現象のうちに、たとえ非主題的にではあれ、そのつど先行的もしくは同伴的におのれを示しているものを、ことさら主題的に、提示しようとする時に生ずる。それは結局、存在者の存在にほかならない。実はハイデガーは、この存在者の存在という現象学的な現象概念を根本に据えて、これをまさに現象学的に探究しようとするのである。ただし、通俗的な現象概念も重要だと言っていることを、忘れてはならない。しかしこれらの点を正しく捉えるためには、さらに次に、現象学の学、すなわちロゴスの概念を省みておかねばならない。

(3) ロゴスの概念

ロゴスの原義

ハイデガーは、ロゴスを語りと捉え、ロゴスのもとのギリシア語に立ち帰って、これをデールーン、すなわち、語りにおいて語られているものをあらわすことと解釈する。そしてアリストテレスの見解を援用して、この語りの機能を、もっと鋭く、アポパイネスタイと明確化する。アポパイネスタイとは、語りにおいて語られているものを、語り手ないし相互に語り合いつつある者にとって、それ自身の方から（アポ）、見えるようにさせる（パイネスタイ）、ということだとする。提示しつつ見えるようにさせることが、ロゴスの機能なわけである。

語りとしてのアポパイネスタイは、やがてアポパンシス（語られたもの、文章、命題）となり、綜合の構造を具備するが、それは、あるもの（主語）をあるもの（述語）と一緒に結び付けて、あるものをあるものとして見えるようにさせるわけである。

真理の問題

右のようにして見えるようにさせる時、ロゴスは当然、真偽の問題と絡んでくる。ハイデガーのロゴス観の根底には、彼の真理観が伏在する。ハイデガーは、真理の概念を、そのもとのギリシア語のアレーテイアに立ち帰って考え直す。

アレーテイアとは、否定ないし欠如の意味を持った「ア」が、忘却・隠蔽の意味の「レーテー」の語に付加されたものと捉えられる。この点に関しては種々の論議があるのだが、ともかくハイデガーは、真理を、隠蔽・忘却の否定・剥奪というアレーテウエインという動詞形で把握する。したがって、ロゴスのなすアレーテウエインの働きは、語られている存在者を、まさにそれ自身のほうから見えるようにさせつつ、それをその秘匿から取り出して、秘匿されないものとして、見えるようにさせる、ということになる。逆に、ロゴスの偽とは、隠蔽するということ、つまり、あるものをそれがそれでないものとして言いふらす、ということになる。

アレーテイアとしての真理観は、『存在と時間』の中でも論究され、また後年のハイデガーにおいてさらに深く追究され、終生彼の思索の根幹を形作ったものである。ともかく、語りや命題や判断の根底にあって、これらを支えるものが真理の構造なのである。したがって、真理の場を判断に求めるのは正しくなく、また普通その証拠に引き合いに出されるアリストテレスもこの考え方を採っていず、後述のように、ハイデガーによれば、ひとえに、私たち現存在が、存在者に端的にかかわって、これをあらわに発《あば》き出しつつ存在するその存在様式そのもののうちに、真理の根源的現象があるとされる。この露呈、開顕、暴露の存在様式が、やがて語りとしてのロゴスとなって発露し、また結晶してくるわけである。ただしむろん私たち現存在には、隠蔽や秘匿への、すなわち非真理への傾向性も根深いことを、忘れてはならない。

したがって、ギリシアにおいても、人は、感覚《アイステーシス》において存在者を認知し、思考《ノエイン》において存在者の存在を捉えた。ロゴスは、存在者を見せしめ認知《フェルネーメン》せしめるからこそ、やがて理性《フェルヌンフト》にもなった。またロゴスにおいて提示されるものは、語りの根底におかれたから、やがてロゴスに根拠の意味も纏《まと》い付いた。さらにロゴスにおいてあるものとあるものとの関係が展開されるから、関係や連関の意義も加わるようになった。しかしこれらはすべて派生的語義であり、根本は、既述のアポパイネスタイにあるわけである。

(4)　現象学の概念

現象学とは内容的には存在論である
——形式的な現象概念・通俗的な現象概念・現象学的な現象概念の再論

さて以上述べた二つ、すなわち、フェノメンとロゴスを合わせると、現象学とは、アポパイネスタイ・タ・パイノメナ、すなわち「おのれを示すものを、それがそれ自身のほうからおのれを示す通りに、それ自身のほうから見えるようにさせる」ということになる。これが、現象学的探究の形式的意味であり、すなわち「事象そのものへ」ということにほかならない。現象学は、対象を提示し取り扱う仕方を言うわけである。屢々言われる記述的現象学の記述も同じ意味であり、証示することのない規定を遠ざけ、直接的提示と証示に依拠することの謂《いい》である。したがって、右の仕方による提示はすべて現象学だとも言える。

しかしハイデガーはさらに進んで、現象学はいったい何を表立って提示しなければならないかを示す。それは、さし当たりたいていおのれを示さないもの、つまりさし当たりたいていおのれを示すものに対して秘匿されているが、しかし同時に、さし当たりたいていおのれを示すものに本質上属し、しかもそれの意味と根拠を成すようなもの、だとする。

それでは、際立った意味において、秘匿されたり、隠蔽されたり、偽装されたりしているものは何か、と言えば、それは存在者の存在だとハイデガーは言う。それは今日忘却されて問われないほどにまで隠蔽されているからである。したがって、おのれを示すものという形式的な現象概念は、そのおのれを示すものを単に存在者と捉えるならば、通俗的な現象概念を生むにすぎないが、現象学的な現象概念は、そのおのれを示すものを、存在者の存在と捉え、この存在、その意味、存在の諸変様・諸派生態を、まさに現象学的に解明しようとするのである。現象学的な現象概念の内実を右のようなものとして結果せしめたものは、むしろん、存在者の存在こそ問うべきだとするハイデガーの存在観である。存在者のかげに隠れて、その実その意味と根拠をなすその存在こそは、あらわに提示されるべきものだというわけである。

ただし、この存在者の存在は、さらにその背後に何か現われないものを隠し持つことはない。しかしその存在の現象には、隠蔽が付き纏っているのである。

一般に、現象の隠蔽には種々のものがあり、まだ全く未発見という形で秘匿されている場合もあれば、以前は知られていたが再び埋没されてしまった場合もあるし、またその隠蔽が全面的でなく一部が見せかけの仮象の形で現われている場合もあり、この見せかけの偽装の場合こそは、欺きやすくきわめて危険である。しかも以上の種々の隠蔽は、さらに偶然的にか必然的にか起こるのであって、後者の必然的にとは、発《あば》き出されたものの存立様式のうちに隠蔽への必然的傾向が存する場合で、たとえば、初めはいかに根源的であった現象学上の概念も、おのれに対して批判的であることをやめると、空虚な理解としてやがて退化してゆく危険を常に孕む。

以上のようであるから、現象学とは、存在者の存在を解明するものであるほかはないが、その存在との出会い方は、その対象から、奪い取られ、かち取られねばならない。分析の出発点を定めてここから歩み出し、現象へと接近して歩み近付き、隠蔽を剝離させるべくそれを貫き通って歩み抜く、一貫した方法意識にもとづく歩み方の全体が、肝要なのである。現象学は、原的な直観に戻って現象を解明するものだと屢々語られるが、それは、ただ偶然的に直接的に、よく考えもせずに、ただ見ればよいという素朴さとは全く正反対のものであるとハイデガーは言う。

その際、忘れてならないのは、目標は、存在者の存在の現象学的解明にあるが、存在はあくまで存在者の存在であるほかはないから、あらかじめ存在者を正しく提出し、それに正しく接近してゆく必要があり、その意味で、通俗的な現象概念も重要だという点である。

右のようにして、現象学は、存在者の存在を解明するものとして、内容的には、存在論であるとされる。存在論は現象学としてのみ可能なわけである。現象学とは、存在者の存在という存在論の主題を取り扱う方法にほかならないというのが、ハイデガー固有の現象学概念なのである。

解釈学

しかし具体的にこの存在論は、既述のように、基礎存在論として、現存在の実存論的分析論から出発するほかにない。換言すれば、現存在という存在者の存在をまずもって現象学的に解明し、その上に立って、存在一般の意味への問いに向かわねばならない。

ところが、この現存在という存在者の存在の現象学的解明は、方法的に、解釈学 Hermeneutik という性格を持つのである。ハイデガーの現象学は解釈学的現象学なのである。なぜか。

現存在は存在了解を持っているが、この存在了解に対して、現存在の存在の根本構造や意味が、告知されてゆかねばならない。ところで、現存在の持つ存在了解に、その正しい了解の仕方を練り上げ形成して、それを告げ知らせる、ということが、まさに解釈ということなのである。しかも、現存在の存在了解は、日常大抵は、既述の頽落のために、誤った自明さの中に閉じ込められ、具体的には、事物存在性《フォアハンデンハイト》という存在理念の擒《とりこ》になっているので、この存在了解を破砕するという「力ずく《ゲヴァルトザームカイト》」の性格を右の解釈学は当然帯びざるをえないわけである。この点に、ハイデガーの解釈学的現象学の最も具体的な特色があることを忘れてはならない。

ともかく現存在の現象学は、右の解釈学という形で、現存在の実存論的分析論の展開となる。しかしむろんそれは、現存在以外の存在者の探究の視野をも拓くから、爾後の存在論的探究の条件ないし基礎を成す。また実存論的分析論の上にのみ、いわゆる歴史的精神科学の方法論としての解釈学も成り立ちうるのである。

哲学の規定

さて以上の意味で、哲学とは、「現存在の解釈学から出発する普遍的な現象学的存在論」であるということになる。しかしそこで探究される存在は、存在者を超え出たものであり、しかも現存在の存在は、そこにおいて存在問題を具体化すべき手懸りが含まれる際立ったものであるが、こうした存在の探究は、したがって超越論的認識になる。現象学の真理は、存在の解明を行なうものとして、超越論的真理なのである。超越論的とは、存在者を超え出、しかもそれの意味と根拠を成す存在へと向かって視野を開く、という意味である。

以上のようなハイデガーの現象学概念は、むろん、フッサールを受け継ぐものではあるが、それを超え出るものである。ここで両者の比較は断念するが、ハイデガーの現象学が、存在の現象を扱い、特には現存在の実存を解明する点で――だからまたそれは解釈学にもなるが――、フッサールの意識の現象学とは違ったものであることは、明らかであろう。ハイデガーは、自らも言う通り、現象学の新たなまた本質的な「可能性」を切り拓いたと言ってよいのである。

第二章　現存在の予備的な基礎的分析（その1）

岡本宏正

■本章の課題と構成

人間にとってなにより大切なのはおのれ自身の存在である。人間は常におのれの存在を気遣いつつ存在している。したがって「人間の存在」とは「おのれの存在を気遣うこと」にほかならない。人間はこうしたおのれの存在への気遣いを通してはじめて、およそ、存在するということ一般をも、素朴にではあれ、了解するものである。

そして、人間がこのような仕方で存在を了解するということは、言い換えれば、人間のなすおのれ自身の存在への気遣い（すなわち「人間の存在」そのもの）のうちでこそ、存在一般が初めてあらわに示されうるということにほかならないのである。それゆえ、存在一般の意味を究明するためには、まずもってこの「人間の存在」を分析し解明しておかなければならないところから、本章においては特に、この「人間の存在」の基礎的な様態である日常的な「人間の存在」を予備的に分析することが主題となってくるのである。

まず、人間は術語的に「現存在」と呼ばれ、人間特有の「可能的存在」は「実存」と名付けられる。そしてこの「可能的存在」との関連において、人間の在り方の「本来性」と「非本来性」とが明らかにされるのであるが、こうした実存とか本来性とか非本来性といったさまざまな人間の在り方がそこから浮き彫りにされてくるはずの基盤となるべき基本的な人間の在り方を、ハイデガーは「世界内存在」と捉える。この「世界内存在」というのは、さし当たりはまず日常、もろもろの道具的な性格を持つもの（これは「道具的存在者」と呼ばれている）との交渉関係において成り立っている世界の内で人間は存在しているという意味なのである。

ところで、日常的な「世界内存在」を究明するためには、何よりもまず世界というものの世界性を明るみへともたらさねばならないのであるが、世界内存在がいろいろな道具的存在者との交渉関係から成り立っている以上、こうした道具的存在者の存在の仕方（すなわち「道具的存在性」）を解明することによって、世界というものの構造（すなわち世界性）はおのずから明示されうるはずであろう。

さて、道具的存在者とは、「何々するため」の手段となるものであるが、この「何々するため」という特性は、もろもろの道具的存在者を連鎖的に「指示」する役割を果たしている。つまりあらゆる道具的存在者は指示連鎖をなして存在しているのであるが、この道具的存在者の指示と指示全体性とが、なんらかの意味で世界の世界性に関連を持っていると考えられる。

さらに、この「指示」という現象は、道具的存在者の適用の面から、改めて「適所性」として捉え直されるのであるが、この「適所性」の連関を逆に辿ることによって、順次に道具的存在者を有意義化する作用の連関が得られる。そしてこの「有意義化する

「作用」の連関全体は「有意義性」と名付けられ、この「有意義性」こそが世界性をなしているのだとされるのである。次に、「空間」が世界の実存論的な構成契機として論究され、世界内存在の空間性が有する「方向の切り開き」と「遠ざかり（の奪取）」という独特の存在性格が闡明されてゆく。

そして最後に、人間の日常的な世界内存在における他の人々との「共存在」が分析される。その際、人間がおのれ自身を見失って他の人々の意向に左右され支配される「世人」という在り方こそは、この「共存在」に根ざしているところの、人間の一つの典型的な日常的存在様態であることが明らかにされる。しかしながら、自己喪失を特色とする日常的な人間の在り方は、決して実在性の希薄化した消極的な人間の在り方なのではなく、むしろ人間の持つ根源的にして積極的な存在様式にほかならないことを忘れてはならないのである。

１　現存在分析論の端緒

人間は、おのれ自身が存在しているからこそ、苦しみ、喜び、愛し、憎み、生きんとし、また死なんとするのである。人間にとっては、おのれ自身の「存在」があらゆることを意味づけ、決定する究極的な根拠なのである。人間がこうしたおのれの存在を憂慮し、いとおしみ、ときとして嫌悪するということは、逆にいえば、おのれ自身の「存在」に人間がつき動かされ、翻弄されているということでもあるが、それゆえにこそ、おのれ自身の「存在」が人間にとって最大の関心事となっているのであり、したがってまたそうした連関において人間は、およそ一般に、存在とは一体何であるかを問いたずねずにはいられないのである。

人間が存在しているということは、取りも直さず人間が何ものにもましておのれの存在を「気遣っている」Sorgeということにほかならない。すなわち人間は常におのれ自身の存在にかかわりつつ存在しているのである。たとえ人間が他の人々や自然の事物や種々の道具類へのさまざまな心配ばかりに忙殺されている場合といえども、人間はそうしたもろもろのものへの気遣いを通して、究極的には、ただひたすらおのれ自身の存在へとかかわり続けているのである。

このように、人間の存在とは、おのれ自身の存在へと「かかわる存在」Zu-sein なのであるが、人間がおのれの存在にかかわり、それゆえにまた存在そのものを問題とし、存在の意味を明らかにしようと欲している以上、人間には、とにかく存在といったようなものが素朴な仕方でではあっても、すでに（前存在論的に）知られ（了解され）ているのでなければならない。もし存在が何者にも知られることがないとすれば、存在は隠蔽の闇にとざされたままにとどまっているであろうから、人間はおのれの存在にかかわることなどできなかったであろう。しかしながら存在は少なくとも人間に了解されているのであるから、人間に対して存在は遮蔽されることなく、隠蔽のとばりが開かれ示されているわけである。

存在は人間という存在者（存在しているもの）の存在（すなわち「かかわる存在」）においておのれをあらわに開き示しているのである（ハイデガーによれば、人間が何ごとかを了解しているということは、その何ごとかが開き示されている、すなわち「開示」Erschließen されているということにほかならないのである）。

人間にはおのれの存在とともに、またおのれの存在を通して「存在」がおのれ自身に開き示されているのであって、これが人間の存在に固有なことなのである。そしてこの「存在が人間に開き示されている」という点を重視するハイデガーは人間を術語的に Dasein（現存在）と呼称したのであるが、これは Da と Sein とからなる言葉であって、Da とは「そこに」とか「ここに」とか「現に」という意味であり、Sein とは「存在」のことである。つまり、人間とは、そこに「現」Da に「存在」Sein がおのれを告知している「場」なのであり、「存在」がそこに現におのれをあらわに示しているその「そこ」あるいは「現」が人間にほかならないのである。

したがってこの「現存在」Dasein という表現は、人間を指すと同時に人間へと開き示されている「存在」をも意味しているのである（現存在のこのような性格は、特に後期ハイデガーにおいて、ことのほか強調されてゆくようになった）。

存在はこの現存在と呼ばれる存在者の存在においてあらわに開き示されているのであるから、存在一般という概念を了解可能なものにするための地平を明け開くためには、現存在の存在を分析して、この現存在の諸構造を見通しのきくものにしなければならないのである。

こうして、現存在の予備的な基礎的分析が試みられるのであるが、その際、ハイデガーは自我とか主観といったものを手懸りとして前提することを避けている。というのは、自我とか主観とか霊魂とか意識とか精神とか人格といったものが土台となって現存在の存在を支えているのではなく、逆に現存在がまずもって存在しているからこそ、それらのものもなんらかの意義を持ちうる――現存在が存在しなければ、いかなるものも何の意義をも持ちえないであろう――からである。

現存在の存在こそがそれらのものに意義を付与する基盤なのであるから、それらのものの意味や性格は、現存在の諸構造が先行的に分析解明されて、初めて限界づけられ、確定されうるのである。それゆえ自我や主観などは現存在の分析論を主導するものとして、その発端に置かれてはならないのであって、むしろそれらのものの意義を理解するためにも、前もって現存在とは何かを明らかにしておかなければならないのである。

現存在とは何か

それではいったい、現存在とは何であろうか。このように問うことは現存在の本質を問いたずねることにほかならないのであるが、その本質なるものが、すべての現存在がそなえている諸性質を十把一絡げに概括してえられる現存在の共通した性質の類であるとするならば、そうした共通性の抽出をもってしては、現存在の本質を摑みそこなうことになるであろう。なぜなら、現存在は万人に共通する普遍的な本質に即して存在しているのではなく、それぞれ固有の自己自身として存在しているからであり、そのつどおのれ自身であることこそが現存在の本質でなければならないからである。

たとえば「理性を有する」ということが人間を人間たらしめる本質なのだとされることがあるが、人間は、石灰水が本質的にアルカリ性を有しているのと同じような意味で理性を有しているわけではない。もしかりにそうした意味で理性を有することが人間の本質なのだとすれば、人間は、人間であるかぎり、決して非理性的であることができないということになり、かえって人間が人間ではなくなってしまうであろう。しかしながら実際のところは、むしろいかに理性的な人といえども、常に理性的なおのれから脱け出て、非理性的でありうるのであり、非理性的な人も常に非理性的なおのれから脱け出て、理性的でありうるというのが人間の真に本質的な姿なのである。

つまり、そのつど性格づけられた（規定された）おのれ自身から常に脱け出て、新たなるおのれ自身で在りうること、つまり可能的に（新たなる）おのれ自身で在ること（すなわち可能的存在）こそが、人間の本質をなしているのである（このように、人間は、おのれの可能的存在を自己の本質としているという意味においても、人間と呼ばれるよりも、現存在と称されるほうが、その本質にふさわしい存在者なのである。なぜなら、現存在とは、「おのれの存在」に「現」に「かかわって」、それにいかに「態度を採るべきか」を絶えず迫られる存在者という意味において、とりわけ『存在と時間』においてハイデガーは、人間を「現存在」と命名したからである）。

現存在の本質は、この存在者の存在すなわち可能的におのれ自身で在ること（可能的存在）から把握されねばならないのであるが、この根源的に可能性を孕んだ現存在自身の「存在」を、特に「実存」Existenzと、ハイデガーは名付けるのである。

ところで、現存在特有の存在性格を、現存在以外の諸事物のもろもろの存在性格と対照しつつ明らかにするためには、これら双方の諸存在性格を、それぞれ峻別して区画づける必要があろう。ハイデガーは右の実存という根本性格すなわち実存性にもとづいて規定されるべき現存在独特の諸存在性格を「実存範疇」Existenzialien と呼び、一方、現存在以外の存在者すなわち「現存在とされるにふさわしくない存在者」（事物、道具等）の諸存在規定を「範疇」Kategorien と呼んで、両者を峻別している。

「かかわる存在」と可能的存在

前述のごとく、現存在とは常におのれの存在へとかかわりつつある存在なのである。たとえば医学生は、おのれのめざす目標としてのおのれの存在（医師であること）へとかかわっているかぎりにおいてのみ医学生でありうるのであるが、このようにおのれのめざす目標たる存在にかかわるということは、彼方にある目標（医師）として単に思いえがかれた（空想された）存在にかかわることではなく、ここに今あるおのれ自身の（医師となりうる）可能性すなわちおのれ自身の可能的存在（可能的に医師で在ること）へとかかわることにほかならないのである。「現存在は本質上そのつどおのれの可能性で在る」のである。

医学生が自己の目標へとおのれを投げかけ、そこへと没入し、医師でありうることをそのつどおのれのものとしているのに反し、医師であることを単に夢みているにすぎない人は、医師であることへとおのれをささげているのでもなければ、医師でありうる可能性をおのれのものとしているのでもない。彼はおのれのものならざる医師という存在を単に空想しているにすぎないのである。現存在が真におのれ自身として存在しうるためには、他人のものではなく、そのつどおのれのものである存在（すなわちおのれ自身の可能的存在）へとかかわりつつ在るのでなければならないのである。

しかし夢みつつ存在している現存在も、おのれ自身を摑みそこないつつあるという仕方で、やはりおのれ自身にかかわっているのであり、このおのれ自身にかかわっている存在は決して他人のものではなく、なんとしてもそのつどおのれのものすなわち別言すれば「私のもの」なのである。こうした「そのつど私のものであること」Jemeinigkeit が現存在に特有な存在性格の一つをなしているのである。

現存在は、そのつど性格づけられた（規定された）おのれ自身を脱け出て、常に新たなるおのれ自身でありうる可能的な存在であるがゆえに、おのれ自身のさまざまな在り方を選択したり、獲得したり、喪失したりすることができるのであるが、こうした可能性が現存在の本来性（本来的な在り方）と非本来性との母胎をなしているのである。

現存在の「本来性」Eigentlichkeit とは、現存在がおのれ自身の存在――それがどれほど苦悩と悲嘆に満ちていようとも――を引き受けつつ存在することであり、気ばらしや日常的営為への自己忘却からおのれ固有の存在へと呼び戻されている在り方のことであり、おのれ自身へと委ね渡されて在ることなのである。現存在がおのれの死から逃避せず、おのれの苦悩をおのれの苦悩として引き受け、おのれ自身の存在のあらゆる重荷と責任とを負わんとする在り方こそ、現存在のおのれ自身をおのれのものとしつつ在ることとしての「本来性」なのである。

これに反して、現存在の「非本来性」Uneigentlichkeit とは、現存在がそのつどおのれのものであるべき存在を真におのれのものとはしていない存在の仕方のことであって、たとえばおのれの死をまともに見据えることをせず、おのれの死から目をそむけ、それだけ一層、いわばわれを忘れて仕事に没頭したり、娯楽に耽ったり、あるいは世の中のひと全般の生き方に調子を合わせて、長いものには巻かれろ式に生きたりする在り方のことを指している。しかしこの「非本来性」は低下した存在を意味するものではなく、むしろ現存在をその多忙、活気、利害、享楽力といった彼の最も充実した具体面において規定する積極的な存在様態なのである。

ところでハイデガーは、現存在の実存構造を分析するに当たって、右の「本来性」と「非本来性」のいずれかを理想として掲げて分析に着手することを拒み、むしろ特定の実存の仕方の差別のない、無差別のさし当たりたいていの在り方を分析の出発点に据える。これが現存在の「日常性」Alltäglichkeit という無差別、すなわち「平均性」Durchschnittlichkeit と呼ばれるものにほかならない。

平均的日常性は、どうでもよいものではなく、むしろ現存在の積極的な現象的性格であるとされる。そしてこの平均的日常性においては、結局は、「非本来性」の様態において、現存在の実存性の構造があらわになってくるのだが（だから、実際は、「平均的日常性」は

「非本来性」の様態において出現してくるのだが)、そうした平均的日常性を分析の発端に置いて、そこから徐々に実存の形式的構造を取り出し、最終的には、「本来性」および「非本来性」の二様態の成り立つ仕組みをハイデガーは解明してゆく。というのも、現存在は平均的な日常生活においても、本来的なおのれの存在に直面しているからこそ、そこから逃避しているのであって、現存在はこうした逃避とか自己忘却といった仕方において、やはりおのれの本来性にかかわりつつ存在しているからである。

ハイデガーが、現存在の予備的な基礎的分析として、現存在がさし当たりたいてい採っている平均的・日常的な在り方を現象学的に明示しようと試みたゆえんは、すなわち、そうした誰しもが採っている平均的・日常的な在り方を分析の発端に選んで、偏ることのない、現存在の存在の本質的諸構造を、抉り出そうとするところにあったわけである。

世界内存在

以上のように、「実存」「そのつど私のものであること」「本来性」「非本来性」「平均性」といった現存在の諸存在規定が明らかにされたのであるが、ハイデガーによれば、これらの存在規定を統括しているのが「世界内存在」In-der-Welt-sein と呼ばれる現存在の根本的な「存在機構」Seinsverfassung なのである。それゆえ、現存在の個々の存在規定は、この「世界内存在」を全体的に解明してゆくことを通して、綜合的・立体的に明るみへともたらされねばならないのである。

ハイデガーはこの「世界内存在」の全体を解明するための契機として、次のような三重の着眼点を提示している。

①「世界の内で」。この契機によって「世界」の存在論的構造が考究され、「世界性」Weltlichkeit という理念が規定される（本章「2　世界の世界性」参照）。②そのつど世界内存在という仕方で存在している存在者。これはもちろん現存在のことであるが、この契機によって現存在の平均的・日常的な在り方が現象学的に明示される（同「3　世人」参照）。③「内存在」In-Sein そのもの。この契機によって「内ということ」Inheit の存在論的構成が分析される（第三章「4　内存在そのもの」参照）。

ハイデガーはこれら三つの契機をなす諸現象をそれぞれ主題的に分析するのに先立って、探究の方向を定めるために、第三の契機たる「内存在」そのものの特性をごく簡単に描写しているが、それによると、内存在というのは、たとえば水がコップの「内」にある場合のように、「事物的存在者」Vorhandenes が事物的存在者の中にあるという単なる空間的関係としての「内存性」Inwendigkeit のことではないのである。むしろ、内存在の「内」in は、「内に住む（滞在する）」という現存在固有の存在の仕方を表わす「内」なのであって、「内に住む（滞在する）」とは「（世界と）慣れ親しみつつ住む（滞在する）」という意味なのである。

したがって、内存在とは「これこれしかじかに慣れ親しまれているものとしての世界のもとで住んで（滞在して）いる」ということにほかならない――要するに内存在というのは現存在の世界内存在を指している――のである。

しかし、実を言えば、このように世界のもとで（bei）慣れ親しみつつ住むこと、すなわち世界の「もとでの存在」Sein bei とは、分析がもっと先に進めば明らかになるように（本書一二三、一六九頁参照）、本当は、現存在がおのれの本来的な存在から逃避して、世界のもとへと出向いていって、そこに親しみつつ没入するという、現存在の平均的・日常的な、そしてさらに言えば、非本来的な存在様態以外のなにものでもないのである。

世界内存在と認識作用

一般に人は次のように考えることが多い。すなわち、人間は、あらかじめ世界を世界として認識しているのでなければ、世界へと出向いていって世界に慣れ親しみつつ滞在することなどできないのではないか、だから、世界を認識することが世界内存在を初めて可能ならしめるのではないか、と。したがって、世界内存在の分析に先立って、人間の認識作用をまず闡明しなければならないのではないか、と。

しかし、ハイデガーによれば、このような考え方は、次のような先入見に由来するとして、批判される。すなわち、世界とは主観に対して外的に存在している或る種の客体である。換言すれば、世界とは主観がおのれの内面的な領域から外へと出向いていって、初めて認知されうるところの認識作用の対象である、という先入見である。実は、こうした考え方とは逆に、ハイデガーは、世界内存在こそが認識作用を可能ならしめるのだと説くのである。つまり認識作用に認識作用としての役割を授けるのが世界内存在だ、というのである。

彼によれば、認識作用とは、すでに存在的に表立たずに了知されているものや事態をことさらに概念的に把握する作用のことなのであるが、現存在は世界を世界としてことさらに概念的に把握するより以前に、常にすでに世界のもとへと没入してしまっているのであって、世界をおのれに対して外的な対象として認識しておいてから世界のもとへと出かけてゆくのでは決してないのである。それは、あたかも乳児が前もって母親を母親として、さらにその乳房を母親の乳房として認識しておいてから、母親の乳房へと出向いてゆくのではなく、常にすでに母親の胸もとへと差し向けられて（託されて）しまっているのと同様である。

現存在はそのつど出会われる「世界」へと常にすでに差し向けられてしまっているのであって、現存在の存在には本質上こうした「差し向けられていること」が属しているのである。

私たちが常にすでに慣れ親しみつつ滞在している最も身近な世界は、具体的に言えば、たとえば私たちの住んでいる町とか、その町の中にある道路とか学校とか駅とか家屋とか部屋とか椅子とか机といった、私たちにとって道具的な存在性格を持つさまざまなものの全体的連関からなる生活の場面であるが、こうした場面の内に在って、私たちはそれらの「道具的存在者」Zuhandenes を「事物的存在者」Vorhandenes としてことさらに認識するのに先立って、常にすでにもう、私たちはその生活の場面に住みつき、その内でそれらの道具的存在者を熟知し使用して暮らしてきたのである。たとえば私たちは通学に際して、認識作用によってあらかじめ電車の構造を詳しく概念的に理解把握しておいてから、はじめて電車に乗るのではない。私たちは電車に関する一切の認識作用に先立って、常にすでにふだんなんということなしに電車に乗り通学しているのである。

そして、こうした現存在の根源的な在り方、すなわちもろもろの道具的存在者をその内に含む世界のもとで、ことさらな認識作用に先立って、常にすでに道具的存在者とかかわりあいつつある存在を、ハイデガーは現存在の根本機構として、「世界内存在」と名付けたのである。

ところで、現存在の道具的存在者とのかかわり合いが認識作用に先立っているにもかかわらず、それが混乱したものとなったりしないのはなぜであろうか。それは現存在がそれらの道具的存在者とその存在様式とを見てとり見通しているからにほかならないのであるが、このように、現存在がおのれの世界内存在のうちで出会うかぎりにおけるもろもろの存在者とその存在とを見てとる作用を、ハイデガーは認識作用と区別する意味で「視」Sicht と名付けている。

2　世界の世界性

現存在の根本機構たる根源的な世界内存在を解明するための第一段階として、世界とは何か（世界の世界性）が明示されなければならないのであるが、根源的な世界内存在とは現存在がさし当たってたいてい（すなわち平均的・日常的に）世界に慣れ親しみつつ住んでいることを言うのであり、そのように現存在が住んでいる世界とはもろもろの道具的存在者をその内に含むところの「現存在をとりまく世界」（環境世界）なのである。

したがって、明示されるべきものは、現存在が平均的・日常的にその内で存在している世界の世界性なのであるから、現存在にとって日常的に最も身近に出会われる存在者であるところの道具的存在者がどのような在り方をしているのかということを現象学的に究明することを通して、環境世界の世界性を明るみへともたらすことが当面の課題となるのである。

しかしそれにはまず「世界」という語の意義を確定しておく必要があろう。

ハイデガーはこの多義的な「世界」という語の意味するところを整理して、その意義を次の四つに区分している。

①　存在的概念としての世界。これは世界の内部で事物的に存在しうる存在者の一切とい

う意味での世界である。

② 存在論的術語としての世界。これは①で示された存在者の「存在」としての世界である。

③ 前存在論的・実存的な意味での世界。これは現存在が実際にその内で生きているところの現事実的な世界のことであって、この意味での世界は公共的な「われわれの世界」Wir-Welt とか、私たちの最も身近な（家庭的な）「環境世界」Umwelt とかを指している。

④ 世界性という存在論的・実存論的概念を意味する世界。

以下においては、世界という表現は③で確定された意義を術語的に表わすものとされており、①の意味での世界は特に引用符号をつけて、「〝世界〟」というように表示される。さらに「世界的」weltlich という表現が現存在特有の存在様式を意味しているのに対して、現存在以外のあらゆるものが世界の内部において存在している様態（存在の仕方）を示すためには、「世界帰属的」weltzugehörig とか「世界内部的」innerweltlich といった表現が用いられている。

さて、根源的な世界内存在とは、なによりもまず道具的存在者とかかわり合いつつ在る内存在のことである。たとえば幼児にとっては、あらゆるもの――単なる自然的な事物でさえも――がさし当たってたいてい玩具（遊ぶための道具）として出会われるのであって、彼はその玩具を構成している素材としての金属とか木材とか合成樹脂といった事物的存在者をまずもって見出しているわけでは決してない。また私たちの肌がまずもって出会っているのは衣服なのであって、私たちは単なるセルロースとか蛋白質といった事物的存在者と肌を接しているのではないのである。さらに私たちは種々の物体によって区切られた純粋に物理的な空間の中にあるのではなく、まずもって家屋に住んでいるのである。まったく自然にできあがった洞穴といえども、そこに住んでいる人にとっては、単なる岩のなかの空洞なのではなく、道具的性格をそなえた住居なのである。

このように、道具的存在者とかかわり合いつつ在る現存在の日常的な世界内存在を、ハイデガーは、世界の内での、かつまた世界内部的な存在者との「交渉」Umgang と呼んでいる。そしてこの「交渉」の最も身近な仕方は、認識作用ではなく、処理し使用しつつある「配慮的な気遣い」Besorgen であるとされている。

道具的存在性と事物的存在性

Besorgen は、一般的には、「片づける」とか「おのれに何かを調達しようと心を配る」とか「(不幸や失敗を) 恐れる」といった意味の言葉であるが、現存在固有の存在様式 (を表わす実存範疇) としての Besorgen は、現存在の存在が「気遣い」Sorge として規定されるのに対応して、道具的存在者に対する現存在の (たとえば何かを製作する、何かを整理し世話をする、何かを役立てるといった)「配慮的な気遣い」を表わす術語なのである。

道具的存在者の存在（すなわち在り方）はその配慮的に気遣われるという存在性格において明示されなければならない。というのは、道具的存在者といえども、それを使用したり、製作したりするところの配慮的な気遣いから切り離されて、単にぼんやり眺められたり、認識作用の対象として理論的に考察されたりしている場合には、その道具的な存在性格を失って、単なる事物的存在者にすぎなくなってしまうからである。

たとえばハンマーという道具が使用されている場合、そのハンマーは道具的存在者として存在している（すなわち道具として生かされている）のであるが、こうした在り方は「道具的存在性」Zuhandenheit と呼ばれている。これに対して、このハンマーがぼんやりと眺められているにすぎなかったり、ハンマーとは何かということを解明するために観察されているような場合には、それはハンマーとしての役割を果たしてはおらず、ハンマーとしての道具的性格を喪失して、単に鉄片と木片とがくっつきあっているにすぎないところの事物的存在者と化しているのであるが、こうした存在様式は「事物的存在性」Vorhandenheit と呼ばれている。

道具的存在者とか事物的存在者といった名称はそれぞれの存在者に固着したものではなく、ある一つの存在者が場合によって、道具的存在者と呼ばれることもあれば、事物的存在者と呼ばれることもあるのである。ハンマーという道具が事物的存在者と化することがあるのと同様に、事物的存在者としての、ただの石ころも、それでもって釘を打つような場合には、立派な道具となっているのである。

ところで、単なる事物たる岩石を岩石として考察したり、ハンマーをぼんやり眺めていたりする場合も、現存在はやはり世界の内で存在しているのであって、世界から出てゆくわけではなく、ただ現存在が事物的存在者とかかわりつつ在るというにすぎないのであるが、道具的存在者とかかわりつつ存在することが根源的な世界内存在であるという意味からすれば、それは変様した世界内存在であり、世界内存在の第二次的な様態なのである。

世界は、現存在が根源的にその内で存在している世界としては、さし当たって道具的存在者との交渉からなる世界なのであるが、現存在の第二次的な世界内存在において出会われる事物的存在者もまた世界の内で存在しているのであるから、「世界は道具的存在者から〝成り立っている〟のではない」のである。むしろそうした意味においては、世界は道具的存在者や事物的存在者とかかわる現存在の在り方と深く連関して成り立っていると言わざるをえないのである。

道具的存在者 Zuhandenes・道具的存在 Zuhandensein・道具的存在性 Zuhandenheit は手 Hand とかかわる zu 存在者すなわち道具的存在者に関する諸表現であり、事物的存在者 Vorhandenes・事物的存在 Vorhandensein・事物的存在性 Vorhandenheit は手とはかかわることなく、単に手の前に vor あるところの、道具的な意義を持たない事物 Ding に関する諸表現である。しかしながら、道具的存在者とは、単に手でもって使用されるいわゆる道具 Zeug だけを意味するのではない。

道具的存在者とは、「配慮的に気遣われるもの一般」を指す表現である。たとえば農民が稲作のために梅雨を配慮的に気遣うという意味において、梅雨は空から降下してくる単なる水滴なのではなく、道具的存在者なのであるが、しかし梅雨はいわゆる手で用いられるがごとき道具では決してない。しかし道具は一つの典型的な道具的存在者であるところから、ハイデガーは、「道具」の在り方を現象的な手懸りとして、道具的存在者一般の存在様式を解明しているのである。

現象学的解釈作用

ところが、道具的存在者の存在を世界の世界性の解明の一環として追究しようとするハイデガーに対して、次のような疑問が投げかけられるかもしれない。すなわち道具的存在者（たとえば紙）の道具的な存在性格（道具的存在性）は、もともとは事物的存在者（ある種の植物性繊維）である物質を加工することによって人間があとからそれに付与した性質にすぎないのであるから、道具的存在性はそれ自体で存在している通りの存在者の存在の仕方ではなく、単に人間に対してのみ現われてくる（すなわち意味を持つ）相対的な在り方にすぎないのではないかという疑問である。

しかし、こうした疑念はすでに封じられているはずである。なぜなら、存在者のいかなる存在の仕方といえども、現存在に対して現われてこないかぎり、現存在には全く関知しえないのであるから、現存在に対して現われてこない存在様式を斟酌《しんしゃく》することは現存在にとって不可能であり、無意味でもあるからである。したがって、存在者がそれ自体で存在しているといった存在の仕方も、現存在に対して現われてくるかぎりでの存在者の根源的な在り方を意味しているのでなければならず、しかも現存在にとって日常的な世界内存在において根源的に出会われるのが、道具的存在者なのであるから、道具的存在性こそ、それ自体で存在している通りの存在者の存在論的な規定にほかならないのである。

しかしそれにしても、ハイデガーの現存在分析論も学問的な認識作用の所産であるからには、道具的存在性を分析解明するのには不適当であって、むしろそれは事物的存在性をしか明示できないのではないかといった批判に対しては、ハイデガーによる道具的存在性の探究は単なる認識作用によって遂行されているのではないということを確認しておく必要があろう。

ハイデガーによれば認識作用とは事物的存在者の諸性質をただ単に認知する作用のことであるから、認識作用によって道具的存在性を把捉することはできないのである。たとえば自動車の構造や機能をいくら認識したり考察したりしたところで、自動車の道具的存在性を捉えることはできない。自動車の道具的存在性はそれを実際に運転することによって初めて体験的に把捉されうるものなのである。つまり道具的存在者は認識作用によってではなく、である。

私たちが配慮的な気遣いのうちへと身を置き移すことによって近づきうるものとなるのである。

ところが、実際には、私たちは日常的にすでに常に配慮的に気遣いつつ道具的存在者とかかわり合っている（換言すれば、世界へと差し向けられている）のであるから、道具的存在性を解明するためには、私たちはことさらにこのかかわり合いのうちへと身を置き移して、そこで出会われる存在者の存在（在り方）を表立って現象学的に明るみへともたらさねばならないのである。こうした認識作用とは異なる方法を、ハイデガーは根本的に存在に着目する「現象学的解釈作用」phänomenologisches Auslegen と名付けている。

このAuslegen（解釈作用）の aus- は「何々から外へ（取り出す）」という意味の前綴であり、legen は「置く、横たえる」という意味の動詞である。したがって、この場合、Auslegen とは、道具的存在者の配慮的に気遣われているという目立たない在り方（この道具的存在者の目立たないという存在性格はやがて明らかにされるであろう）から、そうした道具的存在性をことさらに表立って取り出して明るみのうちへと置くことを意味しているのである。

指示と道具全体性

さて、厳密に解すると、一つの道具だけが孤立して存在していることは決してなく、一つの道具は常にある道具全体に属しているのである。たとえば油絵具は画筆、パレット、ペインティングオイル、油壺、画布、画架などのもろもろの道具全体の中で初めて油絵具として役立つことができるのである。そして道具とは、「何々するための（手段となる）あるもの」なのであるが、この「何々するため」Umzu という「手段性」には、「(何々するために）有用である」、「(何々するために）寄与する」、「(何々するために）役立つ」、「(何々するために）手ごろである」といったさまざまな在り方が属していて、これらのさまざまな手段性の在り方が「道具全体性」Zeugganzheit を構成しているのである。

この「何々するため」という道具の存在性格を具体的に見ると、たとえば、ハンマーは釘を打つため、釘は板を固定するため、板は舟を作るため、……というように、Aという道具は他のBという道具へと差し向けられることによって、そのBという道具を指し示し、その指示されたBという道具もまた別のCという道具へと差し向けられることによって、そのCという道具を指し示すといった形で順次に他の道具を指示してゆくという一種の波及現象が認められる。このように、「何々するため」という構造のうちにはあるものの他のあるものへの「指示」Verweisung が含まれており、こうした「指示」の連関もまた道具全体性をともに構成しているのである。

あらゆる道具は道具全体性への帰属性にもとづいて存在しているがゆえに、個々の道具に先立ってすでにある一つの道具全体性が出会われているのでなければ、いかなる道具といえども、それが何をするためのものであるのかを明確に捉えることはできないのである。たとえば野球をまったく知らない人にとっては、ボールやバットが何をするための道具であるのか正確にはわからないであろう。

このように、道具との「交渉」は多様な「何々するため」の「指示」に従ってなされるのであるが、そうした指示の多様性に適応することを導く「視」（見てとる作用）をハイデガーは「配視」Umsicht と呼んでいる。たとえば、鉛筆をナイフで削るといった単純な行為も、力学や物理学や生理学などの知識や理論や認識作用を頼りとして行なおうとすれば、かえってそれを円滑に遂行しえなくなるであろう。そうした知識や理論や認識作用に先立って、より生き生きとしなやかに鉛筆を削るための手順を、それを削りつつ見てとる作用——これは児童でさえも常にすでに行なっていることである——が「配視」なのである。

製品による公共的世界の暴露

ところで、道具でもって製作されるべき製品もまたそれ自身道具なのであるから、製品のうちにも、いろいろな「指示」が潜んでいるのである。まず製品（たとえばハンマー）はおのれを形成している材料（鉄と木材）を指示していると同時に、それが「何のため」Wozu に用いられるのかという、その「何のため」（この場合は釘）をもともに指示している。さらに製品はその製品の着用者や利用者への指示をも含んでいる。製品は着用者や利用者の身体に合わせて裁断され製作されるのであるから、着用者や利用者もその製品の成立にともに立ち会っており、したがって現存在もまた製品とともに出会われるのであるが、これは着用者や利用者が私たちとともに在る世界、すなわち、ハイデガーが「公共的世界」öffentliche Welt と呼ぶ世界で生活していることを示している。

そして公共的世界と共に私たちの周囲の自然（環境世界的自然）も露呈されているのである。たとえば、公共的世界の製品たる道路や市街や橋梁や建造物において、自然は配慮的な気遣いを通して露呈されている。屋根つきのプラットフォームでは悪天候に考慮が払われており、公共の照明設備では暗夜（太陽の位置）が考慮されているのである。

道具的存在性の喪失

道具類との日常的な交渉において、さし当たって配慮的に気遣われているのは、仕事の道具ではなく、その道具によって製作されるべき製品のほうである。

したがって製作のための道具は本来的に使用されていればいるほど、目立ってくることがなく、いわば身を退いておのれの道具的存在のうちへと埋没しているのであるが、仕事の道具というものは、それが損傷していたり、それの材料が不適当であったりする場合には、利用不可能なものとして出会われる。そしてこの利用不可能性によって、道具は「目立ってくる」のであるが、それはその道具に即して純粋な事物的存在性が現われてくることでもある。たとえば支障なく用いられているかぎりおよそ目立つことのない道具であるレールも、折れたり曲がったりして利用できなくなると、その鋼鉄（事物的存在者）としての脆《もろ》さや曲がりやすさと共に目立ってくるのである。

また私たちは手もとに存在していない道具を、その不在性において切実に見出すことがあるが、それが手もとにないことに気づかれる時には、当面の道具的存在者は「押しつけがましさ」という切迫した様態において出会われるのである。たとえば、施錠されたドアを急いで開く必要があるのに、そのドアの鍵が手もとにない場合のように、欠けているもの（鍵）が切実に必要となればなるほど、つまりそれが手もとにないという形で本来的に出会われれば出会われるほど、その道具的存在者（ドア）はますます押しつけがましくなり、ついには単なる事物的存在者（頑丈でびくともしない鉄の板）としておのれを呈示するにいたるのである。

さらに、もともとは道具的存在者なのであるが、配慮的な気遣いがそれにかまってはいられないもの、配慮的な気遣いがそれにかまける暇のないものは、邪魔なもの、場ちがいなもの、片づいていないものという在り方において私たちに「手向かってくる」のである。たとえば家が火事になり、急いで窓から避難しようとするとき、その窓の格子は私たちに手向かってくるのであり、この場合も格子はおのれの事物的存在性をあらわに見せつけてくるのである。

道具的存在者の世界適合性

以上のような「目立つこと」Auffälligkeitや「押しつけがましさ」Aufdringlichkeitや「手向かい」Aufsässigkeitなどにおいて、道具的存在者はいま一度、表立って痛切に出会われるのであるが、それと同時に道具的存在者の「世界適合性」Weltmäßigkeitもまた現われてくるのである。

すなわち道具がその有用性を失う時、現存在が配慮的に気遣いつつかかわっている世界にとって、その道具がいかに適合したものであったかが表立って明らかになってくるのである。そして世界はこの世界適合性の現われを通しておのれを告知するのである。つまり、必要な道具的存在者が手もとにないというのは、配視によってすでに見てとられている道具的存在者の指示の諸連関が破れることであるが、この時そうした指示連関によって構成されている環境世界が表立っておのれをあらわに示してくるのである。

しかしこのようにして表立って現われてこないからといって、環境世界は現存在にとって遮蔽されているわけではない。なぜなら、現存在はおのれをとりまく世界を認識したり考察したり確証したりするのに先立って、常にすでにそれを現存在固有の「視」によって見てとっている（すなわち了解している）からである。言い換えれば、環境世界は現存在において常にすでに「開示」されているのである。

かくして、すでに概観してきたところからも明らかなように、道具の存在論的構造（道具機構）をなしているところの指示と指示全体性とがなんらかの意味で世界の世界性と連関を有しているわけである。

ところで、指示することを極端に形式化すれば、これを一つの「関係づけること」Beziehen だと解釈することもできよう。しかしながら相互に関係のないものの間にさえ、無関係という一種の「関係」が存するという意味からすれば、「関係」というのは、あらゆる存在者の存在様式としての一切の連関を概括的に表わしうる極度に普遍的なカテゴリーなのであるから、指示という現象の研究にとっては、それを「関係」として性格づけてみたところで、得るところはなにもない。

ハイデガーによれば、むしろ逆に、そうした形式的・普遍的性格を持つ「関係」そのものが、存在論的には、「指示」のうちに基礎を持っているのである。つまり存在者の最も根源的な存在様式としての道具的存在性における「指示」が普遍化され概念化されて、「関係」というカテゴリーが生じてきたというのである。

適所性

道具的存在性におけるこの「指示」という現象を、ハイデガーは、次のように、道具的存在者の適用の面からも解き明かしている。

一般に道具的存在者（ハンマー）はそれでもってmitそれが適用されるあること（釘を打つこと）のもとでbeiおのれの適用されるべき所をうる、すなわちおのれの道具的存在性を全うするのであるが、このように、道具的存在者にとっておのれの適用されるべき所がえられることを、ハイデガーは「適所性」Bewandtnisがえられると称している。道具的存在者は「適所性」という存在性格を有しているのである。

適所全体性としての「何々でもって何々のもとで」という全連関（すなわち道具的存在者の全体的指示連関）のゆきつく最終目的は現存在の存在である。たとえばハンマーは（でもって）、打つことにおいて（もとで）適所性をえ、この打つことは（でもって）、固定することにおいて（もとで）その適所性をえ、この固定することは（でもって）、悪天候に対する避難所建設において（もとで）その適所性をうる。そしてこの避難所は、現存在がそこに宿るすなわちそこで存在するという「目的のために」Um-willen存在しているのである。

このように現存在の存在が適所全体性の最終目的なのであるが、現存在は本来的におのれ自身として「存在しうること」Seinkönnenをめざして（目的として）存在しているのであるから、結局、現存在の「存在しうること」が真の「究極目的」Worumwillenとして、一切の道具的存在者の適所性の全連関を規整しているのである。つまり、あらゆる道具的存在者はこの究極目的によっておのれの役割を授けられている——もし現存在が存在しえないとすれば、ハンマーや家屋がなんの役に立つであろうか——のである。

したがって、現存在がなんらかの道具を使用することができるのは、彼がこの究極目的へと収斂してゆくあらゆる道具的存在者の全体的な適所性の連関（適所全体性）を常に先行的に了解してしまっており、この先行的了解が適切な道具的存在者を指示するからにほかならない。そしてこうした「指示」を与える先行的な「了解作用」Verstehen がそのうちで行なわれる場が世界と呼ばれるものなのである。

有意義性

さて、「何々でもって何々のもとで」という適所性の連関においては、「何々のもとで」が「何々でもって」を意義あるものたらしめている。すなわち適所性の連関を逆に辿れば、現存在の「存在しうること」が、たとえば悪天候に対する避難所を意義あるものたらしめ（有意義化し）ており、この悪天候に対する避難所が（板などを）固定することを有意義化し、この固定することが（釘などを）打つことを有意義化し、この打つことがハンマーを有意義化し、……というように、適所性の全連関は現存在の「存在しうること」という究極目的を起点とするところの道具的存在者の存在を「有意義化する」be-deuten 作用の連関であることが明らかとなるのであるが、ハイデガーはこの有意義化する作用の連関全体を「有意義性」Bedeutsamkeit と名付け、この有意義性が世界の構造すなわち世界性をなしているのだとしている。

しかしながら、道具的存在者の存在を、このように意義あるものたらしめるのは、あくまでも人間なのであるから、「有意義性」とは、もともと客観的な対象の世界に存在しているものではなく、人間の意識（主観）がそうした客観的世界に付与するものであるにすぎないのではないか。したがって、「有意義性」が世界性そのものをなしているというハイデガーの見解に従うとすれば、人間の意識（主観）が世界の世界性を生み出したということになり、世界という客観的・実在的であるべきものを主観化し観念化してしまうことになるのではないか、――そうした疑念が首をもたげてくる。

しかし、こうした疑問もやはり、客観的な世界の中に主観としての人間がその世界を客体として意識し認識しつつ存在しているのだとする先入見に根ざすものである、と言わざるをえないのである。そもそも「有意義性」がその世界性をなしているとされているところの世界とは、すでに明らかなように、根源的に内存在している現存在が思考や意識作用や認識作用に先立って、常にすでに道具的存在者と配視的にかかわり合いつつ存在している「場」のことなのであるから、この世界は主観と客観とがいまだ分化していない段階における現存在の存在の基盤のことなのである。

そうだとすれば、主観と客観とがいまだ分化していない段階とは、いかなる局面をいうのであろうか。それは、取りも直さず現存在の根源的な世界内存在という在り方をいうのである。すなわち、根源的世界内存在において現存在がまずもって出会う存在者は道具的存在者なのであるが、道具的存在者は本来的（根源的）に出会われれば出会われるほど、ますますおのれを客観として示さなくなるのである。たとえば眼鏡は本来的に道具として用いられていればいるほど、ますます意識されることも観察されることも認識されることもなくなり、むしろそれはあたかも眼の前に存在していないかのような存在様態へと埋没してゆくのであるが、このように現存在がいまだ客観とはなっていない（あたかも眼の前に存在していないかのごとき）道具的存在者と本来的にかかわり合いつつ存在している「場」としての世界は、いよいよもって客観化されることはないのである。

しかし、だからといってそれは、単に主観的な世界だというわけでもないのである。ある意味ではむしろ、それは、いかなる客観よりも客観的な世界というべきものであり、すなわち、最も根底的な、ありのままの世界なのである。それゆえ、「有意義化する作用」とは、人間（主観）が客観としての道具的存在者に意義を与えることではなく、もろもろの道具的存在者が（したがってそれらを含む世界が）本来的に出会われていること、換言すれば、世界が世界として開き示されていることを意味しているのであって、それゆえにこそ、この有意義化する作用の連関全体すなわち有意義性が世界の構造（世界性）をなしているといわれるのである。

実存論的空間論

次にハイデガーは世界性の特有の存在性格を浮き彫りにするために、世界と空間との関係に論及し、世界内存在を基盤とする実存論的な空間論を展開している。

世界内部的存在者は常に空間性と共に構成されており、空間性なしには世界内部的存在者を思いみることさえできない。しかしながら、世界内部的存在者は空間の内に存在しているとはいえ、世界が空間の内に空間的な事物として存在しているわけではなく、したがってこの世界を包容している空間が世界の世界性を規定しているわけではないのである。むしろ世界の世界性こそ世界内部的存在者の空間性の母胎をなしているのである。なぜなら、空間といえどもやはり世界内存在において初めて出会われるものだからである。空間とは世界の内でまずもって道具的存在者の空間性として出会われるものである以上、空間の内に世界が存在しているのではなく、「空間がむしろ世界の〝内〟で存在しているのである」。

ハイデガーが道具的存在者の空間性としてまず挙げているのは、それが近くに存在しているということである。道具的存在者は「近さ」Näheという性格を持っている。道具のこうした「近さ」は道具の存在を言い表わすZuhandenheitという術語のうちで、つまり「手もとに」zur Handあるということのうちですでに暗示されている。

道具的存在者は近くにあると同時にある一定の方向に位置して存在しているのであるが、この道具的存在者の存在している方向を現存在が配視によって「見てとる」ことをハイデガーは術語的に「方向を切り開く」ausrichtenという言葉でもって表現している。そして彼によれば、世界内存在の空間性は、この「方向を見てとること」としての「方向の切り開き」Ausrichtungと「遠ざかり（の奪取）」Ent-fernungという独特の性格をそなえているとされている。

「遠ざける」と「近づける」

それではいったい、この「遠ざかり（の奪取）」とは、いかなる現象をいうのであろうか。まず道具が近くに在るとは、道具が現存在へと近づけられて在るということである。現存在は道具を近づけることができるがゆえに遠ざけることもできるのである。たとえば私たちは酒やたばこを遠ざける（すなわちそれから遠ざかっている）ことができる。ところが、一般に二つの事物は、二つの点と同様に、たがいに遠ざかっているわけではない。なぜなら、それらのいずれも他方を遠ざけることができないからである。現存在だけが遠ざけたり近づけたりすることができるのである。二つの事物の場合は、たがいに遠ざかっているのではなく、それら両者の間に距離的なへだたりがあるにすぎないのである。

これに反して、現存在が道具的存在者から遠ざかっているということは、そのものから現存在が距離的にへだたっているという意味ではない。たとえば、久しく健康を保っている人は、たとえ薬店や病院に住んでいるとしても、薬や病院から遠ざかって（つまりそれらを遠ざけて）いるのである。

このように、遠ざけたり近づけたりすることは現存在に特有の存在様式なのであるが、ハイデガーの説明によると、「遠ざけること〔遠ざかり（の奪取）〕はさし当たってたいていは配視的な近づけであり、調達したり、準備したり、手もとにもつこととして近くへともたらすことなのである」。

たとえば、入歯をしている人がものを食べる場合、さし当たってたいてい彼の義歯は遠ざけられているのである。その際彼に近づけられているのは彼が食している食物のほうなのである。およそ義歯ほど私たちに密着しながら私たちから遠ざかっているものがあるであろうか。義歯は道具的存在者として近くにあって支障なく用いられていればいるほど、ますます私たちから忘れ去られ遠ざけられているのである。しかし義歯は道具として身近にもたらされているという意味では、これ以上身近に近づけられているものもないであろう。

私たちが道具類を手もとに近づけつつ用いる場合、私たちに近づけられているのは、そうした道具類なのではなく、それらの道具によって製作されるべきものとか、それらの道具が適用されるところのもののほうなのであるから、私たちは道具類を遠ざけつつ近づけているわけである。すなわち「遠ざけるということは遠さを、つまりあるものの遠く隔たっていること（遠隔性）を消滅させることとすなわち近づけることを意味している」のである。

こうした現存在の不可分の存在様態であるところの「遠ざけること」と「近づけること」

とをその一体性において表現しうる言葉として、ハイデガーはEnt-fernungという語を用いている。この語がそれに由来する動詞entfernen（遠ざける）のent-は否定や奪取を表わす前綴であり、fernenは「遠ざける」という意味の動詞である。したがって普通の語義からすれば同じく「遠ざける」を意味しているentfernenは、fernenの否定（ent-）としては、「遠ざかりを奪取する」（近づける）をも意味しうるのである。あるいはまたentfernenは「遠ざける」を意味しつつ「遠さFerneを消滅させる」（近づける）をも意味しうるのだと言ってもよいであろう。それゆえ、Ent-fernungという名詞は「遠ざかり」と「遠ざかりの奪取」とを同時に意味しているのである。

「遠ざかり（の奪取）」と距離

「遠ざかり（の奪取）」の結果、道具的存在者が現存在から遠ざかっていること、すなわち道具的存在者の現存在からの「遠隔性」Entferntheitが成り立つが、こうした配視的な遠隔性は距離Abstandではない。距離とは事物的に存在するものの間のへだたりのことであって、これは測定できるし横切り渡ることもできるのである。

しかしこれに反して、たとえば入歯をしている人と彼の義歯との間のへだたりである「遠ざかり（の奪取）」は測定もできなければ横切り渡ることもできない。なぜなら、このへだたりは義歯を遠ざけつつ（忘却しつつ）そのつど常に近くへともたらしているという現存在固有の存在様式なのであって、決して距離ではないからである。さらにまたこの「遠ざかり(の奪取)」が距離ではないということは、この配視的遠隔性が「遠ざかり」であると同時に「遠ざかりの奪取」であるという矛盾を含んだへだたりであることからも明らかである。

したがって、こうした距離にもとづいて世界内存在の空間性を把握しようとすれば、世界内存在の根源的な空間性を摑みそこなうことになるであろう。というのは、たとえば最も近いと思われているものは、私たちからの距離が最も小さいものなのでは決してないからである。最も近いものは、足で達し、手で摑み、眼が届きうるもののうちで遠ざかっているもののうちに潜んでいるのである。それゆえ私たちは距離的には最も近いものをさし当たって常に聞きすごしたり見すごしたりするのである。

たとえば眼鏡をかけている人にとっては、眼鏡は距離的には眼に最も近いものであるが、彼は眼鏡を見ているのではなく、眼鏡を通して、より遠くのものを見ているのであるから、彼に近づけられているのは、その見られているもののほうなのであって、眼鏡は眼中にないほど遠ざけられているのである。環境世界的には、眼鏡はその人にとって最も遠いものなのである。

空間それ自体

距離としての空間性は、事物的存在性に属する空間性として、現存在にとっては道具的存在性を離脱した第二次的な意味の空間性であるにすぎないのである。つまり、そのときどきの空間性がさし当たって配慮的に気遣われている道具的存在者の目立たなさのうちで出会われるのに対して、距離的に測定されうる同質的な自然空間（物理学的空間）は、そうした配慮的な気遣いから解放された認識作用や単なる眺めやりに対して、はじめておのれを示してくるのである。

ハイデガーによれば、空間は本質上なんらかの世界の内でおのれを示してはいるが、あるものが純粋に空間的に存在しうる純然たる可能性をおのれの内に含んでいる「空間それ自体」はさし当たってまだ覆い隠されているのである。というのは、空間そのものは、空間的に存在する道具的存在者や事物的存在者の存在様式を持たなければならないわけではないし、ましてや現存在という存在様式において存在しているわけでもないからである。同様にまた空間は決して事物ではないから、空間そのものは「拡がりのあるもの」res extensa や「思考するもの」res cogitans として存在しているのでもないのである。

以上のように、ハイデガーは空間それ自体の存在様式については、単に「何々ではない」という消極的な形で述べるにとどまっているのであるが、とにかく彼が強調したいのは、空間それ自体もまた現存在自身の世界内存在における空間性に対応しつつ世界を共に構成しているということなのである。

3　世人

現存在は日常的な世界内存在において、ただ道具的存在者や事物的存在者とのみかかわり合っているわけではない。現存在はまた他の現存在ともかかわり合いつつ共に存在しているのである。そしてこうした他の現存在との「共なる存在」――これをハイデガーは「共存在」Mitsein と呼んでいる――に根ざしているのが、現存在の「世人」das Man という在り方なのである。

前にも触れたように、道具（製品）において他の人々が出会われるのであるが、そうした他の人々とは、私を除いた残りの人々全部のことではなく、むしろ私がたいていは私自身を彼らから区別していないところの人々、私もまたそのなかに構成員として属しているところの人々のことである。

たとえば電車や劇場や公園などは私と他の人々とを区別することなく無差別に、あらゆる人々の利用に供されているのであるから、こうした公共的な道具的存在者において出会われる他の人々は私をその同類として含んだ他人たちなのであり、私もまた他の人々と共に現にそこに存在しているのである。こうした「共に」をそなえた世界内存在を根拠として、世界はそのつどすでに常に私が他の人々と共に分かち合っている世界すなわち「共世界」Mitwelt なのである。

他の人々もまた現存在そのものとして世界の内で共に現にそこに存在している――換言すれば、他の人々もまた出会われ、開示されている――のであるが、こうした他の人々の存在は「共現存在」Mitdasein と名付けられている。そしてこの共現存在（他の人々）が開示されていることすなわち共現存在の開示性 Erschlossenheit が、有意義性（つまり世界の世界性）をも構成しているのだとされている。

ところで、現存在が「ひとりで存在していること」Alleinsein も世界の内での共存在（の一様態）なのである。というのは、他の人々との共存在が根底になければ、他の人々がいないとか知覚されないといったことは現象しえないからである。

他方、現存在は、多くの人間の間で存在しているにもかかわらず、ひとりで存在しているという場合もある。たとえば都会の雑踏をひとり歩いている旅人にとって、周囲に多くの人々がひしめいていることは彼がひとりで存在していることを除去しはしない。しかしこの場合、彼の周囲の人々は彼ら自身の存在に関しては、単に事物的に存在しているのではなく、やはり共に現に存在しているのであって、彼らの共現存在は無頓着や疎遠という様態においてではあるにせよ、やはり共現存在として出会われているのである。

顧慮的な気遣い

ハイデガーは現存在の共存在している他の人々への（たとえば衣食についての「配慮的な気遣い」とか病体の看護といった類の）気遣いを「顧慮的な気遣い」Fürsorge と呼んでいる。「顧慮的な気遣い」には、たがいに協力し合ったり、反目し合ったり、無視し合ったり、素通りし合ったりするといったさまざまな在り方があるが、平均的・日常的な「共存在」たる「相互共存在」Miteinandersein はさし当たってたいていたがいに無視し合うとか素通りし合うといった欠如と無関心との諸様態において存在している。

しかしながら、一般的に「顧慮的な気遣い」は二つの積極的にして極端な様式を有している。まず、「顧慮的な気遣い」は他の人々から気遣いを奪って、彼らの「配慮的な気遣い」を引き受け、彼らの代理をつとめることがある。その際、それら他の人々はおのれの地位から追い出され、身を退くことによって、配慮的に気遣われたものを意のままにしうるように仕上げられたもの（道具）として受け取るか、または配慮的に気遣われているものからまったく免れてしまう（たとえば電車の乗客は運転の労から免れている）のである。これが第一の様式の「顧慮的な気遣い」である。

これに対して、他の人々の代理をつとめるのではなく、他人が実存的に存在しうるという点において、その他人に手本を示す、換言すれば、他人をしてその他人自身の本来的な実存に目覚めさせるという様式の「顧慮的な気遣い」がある。より詳しく言えば、私たちは他人の意向に左右されることなく、おのれ自身の自主独立性を保持しなければならず、さらにまたおのれの実存におけるいかなる艱難辛苦をも他人のせいにすることなく、おのれ自身の責任において、おのれ自身のものとして引き受けねばならない（これこそ私たちが本来的におのれ自身であることにほかならない）のであるが、こうした本来的な自己存在（実存）を他人に悟らせる気遣い、これが「顧慮的な気遣い」の第二の様式なのである。

これは他人から気遣いを取り去るためではなく、むしろ本来的におのれ自身であろうとする気遣いをそうした気遣いとして他人へと返してやるための「顧慮的な気遣い」なのであるが、とりわけ両親のわが子への最も大切な気遣いは、子供の自立心を養うべきこうした「顧慮的な気遣い」でなければならないであろう。

世人

ところが、現存在が他の人々との共存在に没入しているとき——たとえば他の人々と同じように考え、同じように振る舞い、同じように暮らしているような場合——、現存在は本来的に自己自身として存在しているのではなく、他の人々の意向が彼の存在を意のままに支配しているのであるが、こうした「他の人々」が「世人」なのである。

世人としての「他の人々」とは、あらゆる他人のことであって決して特定の他人なのではない。さりとて、一切の人々の総計（単なる算術的合計）が世人であるというわけでもない。日常的な相互共存在において現にそこに存在しているにもかかわらず、この人あの人々と特定できない、まったく中性的なもの、それが世人にほかならないのである。

たとえば人物や職業や思想や宗教や芸術作品や政治状況などを世間の評判や風評にもとづいて評価し判断している現存在は、他の人々の趣味や習慣や倫理観や世界観や思惟傾向などの支配に服従することによって、おのれを世人たる他の人々の中へと埋没させて、世人の一員となっているのである。こうした世人の支配の実態を示す典型的な例としては、スポーツや趣味嗜好や決まり文句や服飾デザインや種々の商品などの流行を挙げることができよう。世人にとっては、無批判的に当然だとされているものや、ひとが通用させたりさせなかったりするものの平均性にかかわりゆくことが関心の的なのであるが、こうした平均性はいかなる例外をも許さず、独特な個性や独創性や自主的な思索や独自の行動などを容認しようとはしないのである。

かくして、根源的に問われるべき事柄は熟知のもの周知のものとされ、すべての戦い取られたものは、その困難と苦渋に満ちた戦いの歴史が忘却されて、手ごろでありふれたものとなり、あらゆる探究されるべき奥義はその力を失うのである。

世人は誰にでも通用するがゆえに、誰ひとりとして真におのれのものとはなしえない出来合いの判断や決断を前もって与えることによって、そのときどきの現存在から判断や決断を免除してやり、かくして世人は現存在がおのれのものとして負うべき存在の責任を取り除いてやるのである。しかも世人はこうした「存在免責」Seinsentlastung によって、現存在に安うけあいの傾向がひそんでいるかぎり、現存在に迎合するのである。

現存在の不断性と非自立性

現存在が「自己の不断の自立性」（すなわち不断に本来的な自己自身として自立していること）Ständigkeit des Selbst を失って、「自己の不断の非自立性」Unselbständigkeit という存在様態に堕しているのが現存在の日常的共存在における「世人」という在り方なのであるが、これは現存在がおのれの不断の自立性を完全に喪失している存在様態なのではなく、このような日常的非自立性のうちに現存在のいわば最も身近な不断性（すなわち本来的自己存在から逃避するという否定的な仕方でおのれの本来性に依然として不断にかかわり続けているといった仕方における不断性）がひそんでいるのである。平均的・日常的現存在は、本来的な自己存在を喪失しているとしても、世人としての自己すなわち「世人自己」Man-selbst としてはやはりあくまで、存在しているのである。

現存在が日常的に世人自己という様態で存在しているからといって、現存在の「実在性」が低減したり、希薄化したりしているのでは決してない。むしろ平均的・日常的世界内存在こそが、根源的な世界内存在である以上、世人という在り方は現存在の根源的な存在様式として、現存在の積極的な存在機構をなしているのである。

第三章　現存在の予備的な基礎的分析（その2）

寺邑昭信

■本章の課題と構成

前章までのところでは、現存在が世界内存在するとき、さし当たり、その「世界」とは何であるのか、また日常的な世界内存在の際に主役をなすものが「世人」である点などが、明らかにされた。さて、本章では、いよいよ、この世界内存在の在り方が、まさに、世界の「内に存在する」その「内存在」という本質的構造の解明を目指して、深く追究されてゆくことになる。

この内存在とは、簡単にいえば、この世の中で生きている私たち人間の在り方といってもいいのだが、しかしこの分析には、人間の在り方というとすぐ思い起こされる近代哲学の主観、理性、絶対精神、主体性、超越論的主観性などといった人間規定は登場してこない。それらの在り方は、人間の世界内存在の根拠の上にはじめて派生し登場しうるさまざまな可能性にすぎないだけではなく、むしろ現存在のありのままの姿を蔽い隠してしまうものだからである。だからここでは、従来の哲学の専門用語も半ば影を潜めている。

むしろハイデガーは、ドイツ語が日常語として持っている眠っていた意味に息を吹き込んで、内存在を規定する新たな術語として蘇らせるのである。だから読者は一見ありきたりに見えるそれらの用語に籠められた事象の意味を根気よく自分のものとしてゆく努力を怠っては、この内存在の構造を理解することはできないであろう。

さて、内存在の特色は、一語で表わせば、「開示性」ということである。開示性とは、もう少しあとでもっと詳しく説明されるが、簡単にいえば、現存在が自分の存在了解を持って自分と世界にかかわり、その結果、そこに明るみの場が開き示されてくるという事態を指している。以下の第４節はすべてこの開示性の諸構造の究明に当てられることになる。

その結果、開示性とは、「情状性」、「了解」、「語り」という、そのどれを欠いても開示性が成り立ちえなくなる等根源的な三つの構成要素からなることが明らかにされる。

まず第一に情状性とは、私たちが普通に気分と呼んでいるものを言い表わすハイデガー特有の規定であって、この情状性という在り方の中で、実は現存在がおのれの世界へと投げ出されてあるという、意のままにならない端的な存在の事実――これを現存在の「被投性」というが――が、受動的に開示されてくるわけである。

次に第二に了解と呼ばれるものは、現存在が絶えず自分を存在させてゆく力を持っていて、不断に可能性を企て投げかけ――これを「企投」という――実現してゆく自己超越の能動的運動として存在することを指している。この了解には、本来的了解と非本来的了解とがある。また了解の持つ認識の働きである「視」構造や了解を完成させる「解釈」構造が、了解には属しており、さらにその解釈からやがて「陳述」が派生することになるが、それらの詳細は、後段で説明されることになろう。

最後に第三に、語りと呼ばれるものは、普通は、言語活動といわれているもののことであるが、しかしハイデガーは、言語活動が成り立つゆえんの根本の基盤にまで溯って考えようとするのであって、その根本的基盤を、実は語りという構造として抉り出してくるのである。この部分は、ハイデガーの鋭く研《と》ぎすまされた言語意識が強く前景に出てくる個所だと言ってよいであろう。

ともかく、以上のように、現存在は、世界の内に投げ出された自分の存在を気分の中で重く感知しながら、しかし自分の可能性を将来に向けて企て投げかけるといった、「被投的企投」という構造において、世界の中に「内存在」していて、しかも、その自分の在り方を、自分に向かって、また他人に向かって、語り明かし、生きた言語的了解を形成しながら存在するわけである。こうしてこそはじめて、世界内存在の在り方が、ほかならぬありのままの姿において人間に開示され、切り拓かれ、明るく照らし出されてくる、というのが、ハイデガーの根本的な考え方である。

さらに、ハイデガーは、現存在がおよそ常に具有している以上のような開示性の構造が、特に現存在の日常性のうちでは、さし当たりたいてい、どんな形態を取って現われてくるかを明らかにしている。これが有名な「頽落」という在り方にほかならない。

すなわち、ハイデガーによれば、私たちの普段の在り方においては、特に右でも触れた「語り」、「視」、「解釈」という三つのものが、「空談」、「好奇心」、「曖昧性」へと変様し、こうして、日常的現存在は「世人」のうちに巻き込まれ、おのれ本来の存在へと向かわずに、「世界内部的存在者」に没頭し虜となっていることが指摘される。この日常的な在り方の構造が、「頽落」と呼ばれる「非本来的」な現存在の在り方にほかならないのである。

ところで、これまで以上のように個々の側面に即して分析されてきた世界内存在の在り方が、最後に、統一的・全体的な現象として締め括られ、捉え直されなければならないことになる。これが第5節の課題である。

その際、まず各要素を損うことなく全体としての現存在を開示するものとして、「不安」という根本情状性が取り上げられ、分析される。その結果、不安の中で、現存在は、単独化された本来的なおのれ自身に直面するからこそ、それから眼を背け、その無気味で居心地の悪いおのれの世界内存在そのものを回避して、自分の周囲の世界ないし様々な存在者のほうへと逃避し頽落するのだと断定が下される。

この断定はきわめて重要である。なぜなら、前章で示されていたように、「世界内存在」とは、さし当たりは、慣れ親しんで住むという意味とされていたが、ここにいたって、それは実は、頽落的逃避の結果であることが明らかにされたからである。むしろ本来の「世界内存在」は、無気味で居心地悪い不安なものとされるにいたったからである。そしてまた重要なことは、この分析の結果によって、前節で明らかにされた「開示性」の諸契機、特に「被投性」と「企投」の二契機と、それの日常的・非本来的な現われ方である「頽落」の契機とが、逃避という考え方によって繋ぎ合わされる道が拓けた点である。

そしてまさにその結果、ほかでもない、「被投性」と「企投」と「頽落」の三契機を締め括る形で、現存在の全体構造が「気遣い」として原理的に明らかにされることになる（語りの契機は、気遣いの特別の契機とは見なされていない、むしろ気遣い全体が語りとしておのれを語り明かすと解釈してもよいと思われる）。ここにおいて、『存在と時間』の第一篇は、現存在の存在を「気遣い」として解き明かす頂点に立ちいたったわけである。

なお『存在と時間』は、以上の解明に続けて、一種の補説の意味で「存在」と「真理」の問題を取り上げているので、それを第6節で簡略に触れておく。ここではまず、伝統的な存在理念である「実在性」は事物的存在者の存在規定にすぎず、気遣いに依存する派生的なものであることが示される。ハイデガーは、実存の存在理念を根本的なものと見なし、事物存在的な「実在性」「実体性」等の存在概念を破砕するわけである。

また、対象と判断の一致という伝統的真理概念が派生的なものであることも明らかとなる。ハイデガーにとって、真理とは、一般に、露呈すること、何かを露わにすることの意味とされ、こうした働きが可能となる根底には、現存在の「開示性」があるのだといわれる。「開示性」こそが根源的真理なのである。つまり、世界内存在する実存の在り方へと真理問題は還元されるわけである。

ともかく、この最後の第6節は、ハイデガーが従来の存在観や真理観を明確に退けて、彼本来の存在観、真理観を呈示するというきわめて重要な哲学的意義を持った部分となっているのである。

4　内存在そのもの

(1)　内存在と開示性としての現

私たちが身のまわりで出会う道具的存在者を手懸りに行なわれた前章までの世界概念の分析によって、世界内存在の「世界」とは、決して存在者の総体ではなく、むしろ現存在の意義づけの働きとともに前もって開かれていて、私たちがおよそ存在者と出会い理解できるための前提、有意義性の場であることがわかった。また、そこでの日常的な主人公が「世人」であることも、前章までで明らかになった。それで今度は、そうした世界内存在という在り方の、ほかならぬ「内存在」という契機そのものが、どのようなものかが、さらに立ち入って分析、解明されねばならない時宜《じぎ》となっているわけである。

さて、この内存在という在り方は、「情状性」、「了解」、「語り」という、等根源的な、つまりその中のどれかが基礎となるということなく同等な三つの契機からなる一体的な構造を持つものとして、解明されてゆくことになるのだが、それらの契機の個別的分析に先立って、ハイデガーは、これらの三契機を貫く全体としての現存在の根本的な特徴を次のように述べている。「現存在は、おのれの開示性 Erschlossenheit である」と。したがって、私たちは、まずこの開示性（原語は、「鍵で開く」意の erschließen に由来）の意味をおさえておかなければならない。

石も植物も動物も、世界を持たない。つまり、それらの存在者には、世界の内部で他の存在者に出会って、それらを理解するという可能性は、閉ざされている。それに対して、人間だけが、つまり現存在だけが、世界を基盤として世界の中で存在者に出会い、それらをあるいは道具、あるいは自然物として理解しえ、こうして、存在者をかくかくしかじかのものとして捉え、摑まえ、理解し開示することができる。

それだけではない。現存在は、たとえ漠然としたものであれ、おのれの存在、つまりおのれがこの世にあって生きているということを理解し、それにさまざまに態度を採っている。現存在には、おのれの存在が隠されているのではなく開かれているのである。

光の比喩でいえば、現存在は全くの闇の中になんの予感もなく太古からの化石のようにただあるのではなく、「世界内存在として……おのれの明るみ Lichtung であるというふうに明るくされている」わけである。このことを、簡単に、現存在の「開示性」という。

このように現存在がおのれの開示性であるとは、現存在がおのれの存在に対して了解を持つこと、そして自分と世界を自分に開示し、したがってまたその世界の中で他の存在者をも照らし出す存在であることを表わしている。現存在の現（Da　ここ）には、まさしくその開示の遂行の現場の意味が籠められているのであり、いわば、そこで人間のドラマが展開される照明された舞台をも指しているのである。

この開示性は、現存在が持ったり持たなかったりできるなんらかの性質なのではなく、現存在であることとは、すなわち、とりもなおさずおのれの開示の遂行状態ということなのである。ほかならぬ現存在のみに固有のこの開示性を、私たちは普通、人間の自覚的な意識の作用と考えがちである。しかしすでに見たように、現存在は、自分の存在へとかかわりゆく存在 Zu-sein、もしくは、世界の内の内存在 In-sein なのであって、ハイデガーはこれを意識存在 Bewußtsein という概念では捉えない。世界が存在者の総体に還元されなかったように、内存在も認識主観の意識作用へと解消されえないからである。むしろ認識主観や意識作用は現存在の開示性を基にした一つの派生的あり方にすぎないのである。

現存在の派生的あり方としての認識作用や意識作用は、実は、豊かな世界内存在の在り方が停止されて、ただもっぱら、生きた配慮的気遣いを殺して、ひたすら事物的存在者だけを傍観するところに成り立つものにすぎないとハイデガーは考えている。だから意識という狭い言葉を、現存在の深く豊かな生きた開示性の場面に押しつけるのはきわめて不適当だと言ってよいであろう。

(2) 情状性としての開示性

情状性と気分

さて、このように現存在が存在しているときには必ず、そこに、その「現」に存在している世界‐「内存在」の「開示性」の場が切り拓かれ、成り立っているのだが、その場面を構成する第一の契機は、「情状性」Befindlichkeit と呼ばれるものである。

「感覚」等の意味の古い用例はあるにせよ、ほとんどハイデガーの新造語と言ってもよいこの語は、接頭辞 be-（英語の by と同系）と動詞 finden（英語 find に相応）からなる動詞 befinden に由来する言葉である。この動詞は普通、sich befinden という再帰動詞の形で使われ、大別して①ある場所に居る、②ある状態にある、という二つの意味をもつ。すでに見たように現存在の「現」とは開示の場の意味でもあり、また、開示という状態でもあった。したがって、この Befindlichkeit という語は、右の事態を示すために選び考えられた巧みな造語と言えよう。

ところで、この情状性という新しい術語によって指示されているものは、実のところ具体的には、きわめてよく知られた日常的なもの、すなわち通常、私たちが「気分」と呼んでいるものにほかならないとハイデガーは明言している。この気分、あるいは感情《パトス》といった現象は、近代の哲学の伝統の中では世界の現象と同様、飛び越され軽視されあるいは無視されてきたと言える。

物（事物的存在者）の世界の法則性を正確に捉え基礎づけることを主眼とする近代の認識

主観にとっては、物のように数量化、対象化、客観化することのできない「気分」、「感情」という、ほかならぬおのれの持つ要素は、「単に主観的なもの」「非合理なもの」として、あるいは軽視されあるいは抑圧されてきたのである。近代の主観は、単に無世界的であるだけではなく、また、少なくとも外面は無表情でもあると言えるかもしれない。

では、情状性が考察の主題とされることによる「気分」という現象の復権は、合理性の専制に対する非合理性の反撃なのであろうか。否である。実存範疇としての「気分」とは、認識の合理性と対をなす何かなのではなく、そうした合理性‐非合理性の対立に先立つ現存在構造の根源的な開示性の在り方を指すのである。

すでに世界分析が明らかにしていたように、認識主観という在り方は、内存在のさまざまな可能な在り方の一つにすぎない。現存在は、認織主観という在り方を取ろうと取るまいと、さらには無気分（という気分）に落ち込んでいる時でも、およそ実存しているかぎり、そのつどすでに気分的に規定されているのである。このいわば開示性の基層とも言える「気分において、現存在は、すべての認識や意欲以前に、また認識が開示する射程を越えて、おのれ自身に開示されている」のである。

では、この気分の中で現存在はどのように開示されるのであろうか。もちろん、気分の開示は、現存在の或る内面的心理状態を認識対象として知覚的・反省的に目の前に見出すといった在り方ではない。むしろ、気分は現存在がかくかくの気分にあることを非反省的に露わにすることによって、現存在が存在しているという事実を端的に開示するのである。

たとえば、人は無気分のアンニュイの中で、なぜかはわからないが、ともかく自分がここに存在するという事実が自分に重くのしかかってくるのを感ずるであろう。また、私たちが、アルコール等によって高揚した気分に浸ろうとするのも、もとはといえば、この事実を避けようとするからなのである。気分にも種々のものがあるが、気分のうちでは、つまるところ現存在は、おのれが「存在しなければならないという事実」に根源的に当面するわけである。気分が露わにするこの存在の事実の重圧感は、およそ現存在が実存するかぎり、回避しようとしても付きまとう免れえない事態なのである。

現事実性と被投性

この情状性の開示の働きは、認識のそれに比べるなら、たしかに、より根源的なものと言える。しかし、それは、すべてのものを開示する働きなのではない。実際、気分の中では、現存在の「おのれがどこから由来し、どこへ帰属するのか」は閉ざされており謎にとどまっているのである。

このように自分があることが何によるのか、また、どこから来たのか不明のまま、欲すると否とにかかわらず生きているかぎり、「存在しており存在しなければならない」という気分的に開示された事実、つまり現存在が選ぶと選ばないとにかかわらず自分の現存在へと委ねられているという、意のままにならない情状的な事実性を、ハイデガーは、「現事実性」Faktizität と術語化している。この規定は現存在にのみ当てはまる実存論的規定であり、事物的存在者の単なる存在の事実性とは峻別されなければならない。

この委ねられているという現事実性のうちに暗示されている現存在の構造は、現存在が世界内存在するものとして、現に今、当の自分の現へと「投げ出されている」という「被投性」Geworfenheit という構造にほかならない。現存在はおのれの現でありながら、その現を自ら創造したわけでもなく、その現へといわば受動的に投げ入れられているのである。この気分の開示する「被投性」という投げの性格は、後述の「了解」の開示性が持つ能動的な投げの性格である「企投性」と呼応して現存在の存在の持つ動的性格を示唆するものである。

このようにして現存在は、情状性の中で気分づけられて存在するものとして自分を見出してしまっている。つまり、情状性は現存在を、被投性という在り方において開示しているのである。

気分と世界の開示

ところで、この開示射程の広いと言われる気分が開示するのは、現存在の被投的なおのれの在り方にのみ限られるのだろうか。そうではない。それでは、気分は、現存在の被投的な在り方のほかに、何をまた、開示するのか。

ハイデガーは、無反省な「〝単なる気分〟こそ現をいっそう根源的に開示するのだが、しかしまたそれに応じてあらゆる無知覚よりも現をいっそう執拗に閉鎖する」とも言っている（この事実は、開示の働きが、ただ漫然と何かを露わにするだけの消極的な働きなのではなく、閉鎖の働き、つまり覆い隠す働きに対抗して成り立つ積極的な働きであること、また何かを露わにできる働きとは、何かを覆い隠しうる働きでもありうることを示唆している）。

そのような閉鎖の働きを持つ「単なる気分」の例として、ハイデガーは「不機嫌な気分、不調な気分」Verstimmung を挙げている。たしかに、ある対象を知覚しないことも、その対象を覆い隠し閉鎖してしまうことができる。けれどもその場合の閉鎖の範囲はごく狭く、私たちはせいぜいその対象に気付かないという程度であろう。それに対して、「不機嫌な気分」、たとえば何かが思うように行かない苛立ちのうちでは、現存在が自分に対して盲目になるだけではなく、自分の身のまわりまでが、つまり「配慮的に気遣われていた環境世界がヴェールをかぶって」しまうのである。

このように気分の持つ閉鎖の働きが世界にまで及ぶことは、逆に気分の開示の射程も同程度に広いこと、つまり、気分の持つ開示の働きも世界にまで及ぶことを証示していると言える。さらにまた、気分は私たちが反省や自覚によって選び取れるようなものなのではなく、理論的・反省的態度以前の現存在をまさに襲うのだとすれば、気分が開示する現存在とは、まずは配慮的な気遣いの次元での現存在、つまり無反省的に世界に慣れ親しんで身を委ねている日常的な在り方の現存在にほかならない。

このように、情状性による開示は、単に現存在の被投的在り方のみの開示にすぎないのではなく、同時に、現存在が委ねられている世界をも等根源的に開示することなのであり、気分は世界内存在を一気に開示するのである。現存在は世界へと被投されたものとして開示されるのである。

ところで情状性の中で開示される世界とは、すでに見たように、およそ世界内部的存在者が有意義なもの（たとえば、何かのための道具）として私たちに出会うことのできるための基盤であった。だから、情状性によって世界が開示されるとすれば、そのことはまた、同時に世界内部的な個々の存在者も私たちに開示されるということにほかならない。実際、内存在があらかじめ気分的・情状的な在り方で世界へと開かれているからこそ、モノは単なるモノとしてではなく、ウキウキさせるもの、あるいは恐ろしいもの等として私たちに露わとなるのである。

ハイデガーは、こうした情状性の具体例として、また、後になされる「不安」という情状性の分析のための伏線を敷く意味で、「恐れ」Furcht を取り上げ、その機構を恐れの対象、恐れること、恐れの理由の三点から考察している。その考察によれば、恐れの対象は世界内部的に出会われる脅かす存在者であり、恐れることとはそうした存在者を有害な恐ろしいものとして配視的に見出すことであり、また、恐れの理由、つまり恐れが案ずるものは、危険に曝された現存在自身のわけである（たとえば、犬を恐がる子供の場合、恐れの対象は犬であり、恐れることとは、その犬を自分に危害をくわえるかも知れないものとみなすことであり、子供は自分の身を案じているわけである）。

このように恐れという情状性は、脅かしてくる存在者や、したがってそれが出会われうる場所としての世界や、さらには脅かされるところの内存在自身も開示しているのである。後節との関連で、ここで記憶に留めておくべきことは、恐れの対象はあくまで特定の有害性を持った一定の存在者であること、恐れにおいては現存在はたいてい、その恐ろしい存在者に囚われ我を忘れていることである。

内存在の契機をなす情状性は、これまで見たことから明らかなように、被投的な世界内存在を全体として開示するのである。また、この情状性は、現の根本様式として実存論的分析にとっても重要な開示機能を持つのだが、私たちは、後にそのことを根本的情状性と言われる「不安」の根源的な開示作用のうちに見るであろう。

(3)　了解としての開示性

開示性の第二の構造契機は、「了解」である。これまで見た情状性が被投的性格にもかかわらずそのつどのなんらかの内容、つまり了解内容を持つように、この了解も「常に気分的に規定された了解である」。だから、了解の働きは情状性の開示の働きと全く別個にあるのではないこと、了解は情状性と分かちがたく交差し、たがいに規定し合っている等根源的な開示性の在り方であることが忘れられてはならない。

このことからもわかるように、この現存在の存在構造としての了解は、総じて気分という現象を飛び越してしまうような認識主観が持つ認識能力の一つとしての、了解、理解、知解といった作用のことなのではない。実存範疇としての了解は、そうした理論的・知的能力としての了解（理解）が実はその派生態にすぎないような、基礎的な開示の在り方を指しているのである。

存在しうることとしての了解

この了解の原語 Verstehen という動詞は、英語の understand にほぼ対応しているのだが、ある解釈によれば（グリム・ドイツ語辞典参照）、「（何かをよく見るためあるいは支配するために）その物のまわりに立つ」という語源的意味を持つ。だからこの語は、何かを単に伝聞で知ったり観念的に理解するというよりも、実際にその何かの存する場に赴いて、それを捉えるという実践的理解という意味の側面を元来持っていたと言える。

現代のドイツ語でも、車の運転がわかる《フエアシュテーエン》とは、単に自動車の運転原理を知っているという意味ではなく、実際に運転できることを表わすのである。こうした場合の何かの了解とは、その何かを対象として認識することなのではなく、その何かをいつでも遂行できるという一つの状態、能力をいうのである。ハイデガーもまた実際、この「何かをなしうる」という日常的な了解の語義を、実存範疇としての「了解」の説明の糸口とするのである。

では、実存範疇としての了解がなしうるものとは何であろうか。それは「対象的な何か was なのではなく、実存するという仕方で存在すること」そのものなのである。つまり、この了解作用は、現存在の最も根本的な能力、世界の内で現存在が存在できること Seinkönnen、そのことをいうのである。

このおのれの実存を遂行することができるといういわば力としての現存在は、また、可能存在 Möglichsein とも呼ばれる（möglich と Macht「力」とは同根）。この現存在の持つ存在可能性は、たとえば、いつか金と暇ができれば海外旅行が可能になるといった実現するかもあるいは実現しないかもしれない偶然的な可能性とも、あるいは、「Aであり同時にAでないということはありえない」という矛盾律に違反しないがゆえに可能とされる論理的可能性とも全く異なっている。

現存在が存在できるという可能性は、現存在が将来いつかあろうと思えばありうるとか、その存在を頭の中で考えることができるといった添え物的な可能性ではなく、現存在のおのれの実存の根幹にかかわる可能性である。ちょうど空飛ぶ鳥が飛翔し続けるかぎり羽を休めることができないように、現存在は実存するかぎり存在することを欠き得ず、現存在の可能存在は絶えず発動しなくてはならない。つまり現存在が可能存在であるとは、現存在が岩塊のように単にあるのではなく、自分を不断に存在させている存在であることをいうのであり、この場合の可能性とは、いわば現在進行形の可能性なのである。

しかし、またこの実存できるという可能性は、おのれを思いのままに存在させうるような「宙に浮いた存在の可能」なのではない。すでに見たように、現存在は被投性を断ち切ることのできない存在なのであって、だからその可能性も実は「徹頭徹尾、被投された可能性」なのである。現存在は、可能存在として存在せざるをえないのである。

しかもこの存在可能性は、日常的次元ではそのつど、具体的なさまざまな可能性の形態を取っているのだが、その場合の可能性はたいてい私たちが自ら選んでそのようにあるものでも、また、意のままになるものでもなく、私たちはいつもすでに一定の可能性のうちへと委ねられ、しかも現存在は大抵そうした可能性へ「迷いこんでおり、おのれを見誤ってしまっている」のである。

とはいえ、この委ねられた可能性には、現存在が他の何かによってではなくおのれ自身からおのれとして在ることができるという卓越した存在可能性（本書一六八頁、および第四章参照）も属しているのであり、この意味で、現存在はおのれ自身を選び決めることへとも委ねられているのである。この卓越した可能性を、ハイデガーは「おのれの最も固有な存在しうることに向かって自由である可能性」と呼んでいる。

この現存在の存在可能という意味での了解の働き、それこそが狭義の実存ということにほかならない。実存するとは、存在することの盲目的な遂行なのではない。実存という在り方において、現存在は自分がどのような存在可能であるかを知っているのである。つまり、了解という在り方において現存在には、おのれ自身の在り方が開示されているのである。このような開示性の構造を持つがゆえに、了解は、世界を有意義性連関、諸々の物が出会われる場として、また、世界内部的存在者をそれぞれの可能性（たとえば有用可能性、利用可能性、有害可能性等）に即して露わとし、了解するのである。

企投性

ところで存在というと私たちは、生成変化と対立する何か静止的なものを考えがちである。しかし現存在の可能存在とは、岩塊のような単なる存在でも、植物の生長のような単なる生成でもなく、むしろ、そのつどおのれを新たな可能性のうちで存在させ自己を超えていく、また、それによっておのれを開示していく不断の自己超越の運動なのである。それは、現存在がおのれの前に可能性（おのれの可能な在り方）を投げかけ、その可能性としておのれを実現していくという絶えざる投げかけの運動という在り方であるとも言える。

この了解の投げの性格を、ハイデガーは「企投」Entwurf と呼ぶ。この語は普通、見取図、計画といった意味を持つ。しかし実存範疇としての企投は、頭の中でなんらかの可能性を思い浮かべ、未来の計画をたてるということではない。ピクニックの計画をたてようとたてまいと現存在は存在しうるが、企投なしには現存在は実存しえないのである。

このように企投は、絶えず将来に向かって動いていかざるをえない実存の根本的な存在遂行の在り方を性格づける言葉なのである。だから現存在は現存在であるかぎり、頭の中で計画を練るといったこととは無関係に、そのつどすでにおのれの可能性を企投してしまっており、おのれを了解してしまっているのである。反省的・主題的に後から捉えられるような可能性は、常に絶えず投げられていく生きた可能性のいわば屍にすぎないのである。

このように現存在がすでに企投された可能性にもとづいておのれを了解していく存在であり、またその可能性もあくまでありうることとして今の時点で完結しているのではなく、そうなるか否かの点で将来に開かれているとすれば、現存在とは「まだそれでないものである」とも言える。ハイデガーは、ピンダロスに溯りゲーテやニーチェも愛用したという語句、「汝があるところのものに成れ！」をこの文脈で引いている。

このような企投という動きを持つ了解は、おのれの存在を、おのれの究極目的めがけて、またそのつどの世界の世界性である有意義性めがけて投げ、おのれや他者や世界内部的存在を開示し了解するのである。もちろん、その際、企投の活動する場は、夢の世界やメルヘンの世界といったものなのではなく、あくまで現存在の現なのであり、すでに見たように、この企投が投げ開く可能な在り方はいつでも被投された可能性なのである。

本来的了解と非本来的了解

了解は、その企投のいわばベクトルの方向の違いによって、すなわち、現存在がおのれをおのれ自身の実存の最も固有な可能性から了解しているか、それとも日常性の中で事物や他者に心を奪われてもっぱら世界の方からおのれを了解しているかによって、本来的了解と非本来的了解とに区分される。

ここでの「非本来的」uneigentlich とは、単に「おのれからではない」(eigen は英語の own にあたる) という意味であり、「本来的」eigentlich という言葉に対するなにか劣った価値を表わしてはいないことに注意する必要がある。非本来的了解は、無理解とか誤解のような偽の了解なのでは決してないし、それが開示する世界も仮象の世界などではなく、まさに私たちの活動している生き生きとした日常の世界にほかならない。それどころか、おのれから発する了解、つまり本来的な了解でも極端な場合には、偽の了解になりかねないのである。

このことについて当時の講義の一つ『現象学の根本諸問題』の中でハイデガーは、現存在がわれを忘れて物事に情熱的に没頭するという日常的振る舞い（非本来的在り方）はたいてい本物でありうるが、本来的な在り方の一つといえる「心の中への度を過ごした没入はすべて極度に偽物たりうるし、途方もなく病的でさえありうる」と述べている。いずれにせよ、本来的（自己的）と非本来的（非自己的）とは構造上の区別なのであり、たとえ我を忘れたり世人のいいなりになっているとしても、非本来的ということは現存在の積極的な規定なのである。

視構造

ところで、了解が盲目的な企投ではなく開示性を持った企投であり、そのつど、おのれの存在を了解している、つまり「知っている」とすれば、了解には（無論、ただ眺めやるだけの理論的認識とは異なる）了解固有の認識の仕方が属しているであろう。それを、ハイデガーは現存在の「視」Sicht と呼ぶ。すでに見た配視（道具に対する視）、あるいは顧視（他者に対する視）の働きも、了解のこの「視構造」に基づくのである。また、特におのれの存在の認識にかかわる視は「透視性」Durchsichtigkeit と呼ばれる。この一種の自己認識の作用により現存在の諸構造がおのれに透明 durchsichtig となって見えてくるというのである。

現存在は、透視を中心とするこうした視構造を持っているために、おのれを知り、また、それと同時に世界、道具、自然、他者をも知ることが可能なのである。光があって視界が開けるように、この現存在の視は、現の開示性の「明るみ」に呼応して開いている。だが、この視は知覚的な見ることと同一視されてはならない。それは、視覚や直観や思考もその派生態にすぎないような、しかもそれらの根本をなす実存独特の「存在と存在者へのかかわりの通路」、すなわち存在と存在者を露わにする仕方なのである。

了解と解釈

さて、この了解の企投の働きは、「おのれを完成させること」、了解内容をいわば漠然とした状態からはっきりした形に練り上げ自覚化するという可能的あり方をもつ。それは、それ自身、了解のもつ可能性の一つなのだが、それをハイデガーは「解釈」と名付ける。その原語 Auslegung には、もともと「内に含まれたものを拡げて並べ置く」という意味があるが、ここでいう解釈も、了解されたものに何かを外から付け加え変形することなのではなく、「了解において企投された諸可能性を仕上げること」である。もともとフィルムに写っていた潜像が、現像の過程で浮き出てくるように、解釈の働きによって了解内容が了解の働きそのものにとって明らかとなってくるのである。

では、その解釈の仕組みはどのようなものであろうか。ハイデガーは、ここでは、もっぱら道具的存在者の了解の解釈に限って、話を進めている。

解釈の構造

日常私たちは、あらかじめ開示され了解されている世界の中で、あれこれの目的の実現に向けて可能性を企投し、そのための道具を使用している。その場合、普段、空気の存在に気が付かないように私たちは世界をことさら意識していないし、また、使用している道具についても改めてその用途を考えることなくすでに使用している。私たちはその道具の用途を前もって承知しているから使用できるのである。このように、実践的行為は、たとえ漠然としているとはいえ、その行為の場、道具連関等をすでに全体として了解しているのである。

さて、このすでにあらかじめ了解された実践的行為の場を一定の目的に従って動く配視が、使用されている個々の道具的存在者に着目するとどうなるだろうか。その存在者はいわば関心の的としてその場から際立ち、了解する目差《まなざ》しのうちへと再び入り込んでくる。この場合、当の道具的存在者は全く無規定のXとしてではなく、最初から実践的に先了解されていたその用途性に応じて「あるものトシテの何か」、つまり「何かのためのものトシテの何か」としてはっきりとしてくるのである。以前の漠然とした了解内容が、解釈の働きにより、道具が初めから持っていた用途性に応じた意義を持つ単位に分かたれ（つまり分節化され）、「何かトシテ」表立ち明確化される。この「……トシテ als（英語の as）の……」という形で道具の了解を仕上げ露わとすることが、原初的な解釈の構造をなしている。

ここで注意しなくてはいけないのは、このトシテは、言葉によって「AはBトシテある」と述べられる以前に、つまり前述語的に、すでに道具との実践的交渉のうちで保たれ解釈されていることである。たとえば、私たちはペンを使うとき、ことさらに「これは書くためのものである」という必要もないし、言いもしない。それは書く行為のうちですでに書くためのものトシテ了解され解釈されているのであり、だからこそ、私たちは書くためにペンではなくコップを取り上げたりはしないのである。何かを主題的に取り上げて言葉で何かトシテの何かと言うこと（述語づけ）が可能なのも、了解としての実存に原初的なトシテ構造が予め備わっているからである。

　このトシテ構造によって、問題の道具がまず、……（のための）……トシテ解釈し出され浮かび上がってくるのであり、言葉による提示、陳述（言明）によってはじめて……トシテの分節化が生じるのではない。

　ところで解釈は、すでにおのれが了解したものを改めて明確化して我が物とするという、いわば「了解」についての了解と言える働きだった。だから道具の使用に没頭している直接的な了解は必ずしも解釈によって明確化されている必要はないのに対し、解釈のほうは、解釈されるべきものが予め了解されているのでなくては不可能である。それで、まず了解内容をおのれのものとしようとする了解の働きは、解釈されるものを予め所持していなければならない（予持　Vorhabe）。

　だが予め所持されたものは、まだ漠然とした了解内容であり、いわばまだ包み覆われたままであって、我が物とはされていない。そこで次に、一定の解釈方向を先取りする形で、いわばどこからどのようにその包みを紐どくか予め視点が定められねばならない（予視　Vorsicht）。

また、このように、解釈されるべきものに対して予め解釈方向を示す刻み目が入れられているとすれば、いわばその包みの中味が何かおよその見当もついているわけである。つまり、解釈の結果明確な形で得られる一定の概念も、その胚の形で解釈以前に予め把握され準備され決められているのである（予握　Vorgriff）。

解釈によるトシテ構造の分節化は、実は、了解のもつこのような先行的構造、即ち「予持」「予視」「予握」からなる「予構造」Vor-Struktur に導かれて可能となるのである。このように解釈は全くの無から始まるのではなく、予構造という了解のいわば「先入見」に基づくのである。解釈の前提をなすこの「予」、「前に」という構造は、後に示されるであろう了解のもつ時間性格を示唆している。

実存範疇としての意味

こうした諸構造をもとに了解された存在者は意味 Sinn を持つといわれる。しかし厳密に言えば、その存在者が固有の性質として意味というものを持っているのではなく、むしろ現存在が、意味によってその存在者をかくかくのものとして了解するのである。だから意味とは、現存在に属する現象、現存在の在り方のうちで生じる現象である。この世に現存在が全く存在しないとしても、事物的存在者は相変わらず存在し続けるであろうが、しかしその場合、意味という現象はどこにも見当たらないであろう。

このようにハイデガーは、意味を現存在のみが持つ特有な現象、つまり一つの実存範疇と捉えているのである。「現存在だけが意味にみちていたり意味が空だったりしうる」のであり、それ以外の存在者は「非意味的なもの」である。だからここではまず単語の意味のようなものが問題なのではないことに注意しておこう。

さて、私たちが或る存在者を了解する場合、その存在者は、直接手で握って捉えられるのとは違って、いつでも何かとしての何かという形で捉えられる。了解の開示作用によってこのような形に分節化できるもの、また解釈においてそのように分節化されているもの、これが意味という現象である。この意味が分節化（解釈）に先立って予め存在者の了解可能性（意義）を保っているからこそ、そのものの了解、解釈が可能となるのである。

「等しきものは等しきものによって知られる」、これは古代哲学以来の認識原理と言われている。しかし、自分自身が了解されるものと等しいモノに直接なることの不可能な現存在は、意味という現象にもとづいてしか、存在や存在者に接近することができないのである。意味なしには、何ものも現存在に露わとされえないのである。だから意味とは、了解が勝手に作りあげて存在者に投げかけその存在者を了解するための手段なのではなく、むしろ逆に意味があるからこそ、それにもとづいてある物の了解が可能となるのである。つまり、意味が了解の分節化の可能性の根拠、了解の開示性の骨組みなのである。

このことをハイデガーは次のように表わしている。「意味とは予持、予視、予握によって構造化された企投の基づく基盤 Woraufhin であり、そこから、あるものがあるものとして了解可能となるのである」。

目に見える存在者とは違い、「ソレ」と直示することの不可能な「存在」は、なおさらのこと意味という形を通してしか了解にもたらされえないだろう。強く言えば、了解を了解たらしめているもの、つまり実存の根拠こそ意味と呼べるのである。ある意味では『存在と時間』という書物全体が、そもそも、存在の意味を、「存在そのものが現存在の了解可能性のうちへと入りこんでくるかぎりにおいて」学的に解釈仕上げてゆこうとする、存在一般の意味の解明を目指す一つの学的試みだったのでもある。

ところですでに見たように、了解の解釈作業は予構造に基礎を持っており、解釈されるものは予め持たれ予め視られ予め捉えられるという形で先取りされていなければならなかった。しかも先取りされたものといえば解釈を通して初めて明らかとなるのである。ここには、明らかに了解および解釈の循環構造が見られるであろう。

しかしそれを、「基礎づけようとするものをすでに根拠として前提」してかかる誤った循環論証の類と見なしてこれを非難するということは、実は、実存の構造に対する誤解を含んでいる。事物的存在者だけを扱い、あらゆる先入見、立場から自由な「無前提」を誇る精密科学からのこの非難は、了解の予構造に対する無理解に由来するからである。本当は、まず存在という事実があってそれが知られてゆくのであり、まず知があってそれが無から何かを構成するのではない。全くの無から新たに始めるということは、たとえば現存在のなした歴史的事実を対象とする歴史科学を見てもわかるように困難であり、また、そうできると思い込むことは、おのれの拠って立つ基礎への忘恩でもある。

大切なことは、この現存在の実存論的循環構造の中へと正しい仕方で入り込むことによって、先了解内容を解釈仕上げ、おのれのものとしてゆくことである。

解釈の派生態としての陳述

次にハイデガーは、伝統的な存在論において存在者の存在規定という役目を特権的に果たしてきた、また真理の在りか（これについては、一七八頁以下の「伝統的真理概念」の項参照）とされてきた叙述文、つまり、「ＳはＰである」という主語・述語の形で客観的事象についての判断を表わす「陳述」（言明）Aussageを取り上げて、それが実は解釈を原型とする解釈の派生態にすぎないことを明らかにする。解釈が、言葉で言い表わされる以前での、つまり前述語的次元での働きとすれば、陳述は、でき合いの言語によって存在者の有り様を叙述する言語表現の次元での働きである。

さて、ハイデガーによれば、陳述、すなわち何かを言葉で言い表わすことは、三つの機能的側面を持つ。その第一の機能は、陳述の対象（存在者）を示すこと、つまりその対象をそれ自身のほうから見えるようにさせるという提示の機能Aufzeigungである。さらに陳述には、提示されている存在者を主語‐述語の形で規定し限定する述語づけの機能Prädikation、そして第三に陳述者と陳述が提示するものとの関係を他者にも分かちともに見えさせる伝達機能Mitteilungが属している。そこで陳述は「伝達しつつ規定する提示」と定義される。

けれども、この陳述の持つ提示、規定、伝達の三機能は、その基礎を予持、予視、予握という了解の予構造のうちに持っており、その逆ではないのである。たとえば、何かについての理論的陳述が可能なのも、その何かが予めすでに了解の中で配視的に開示されているからなのである。陳述の提示の働きは、すでに了解の働きが露わにしている存在者の、二次的提示にすぎないのである。

このように解釈の予構造に基礎を持つ以上、陳述もトシテ構造を持っている。しかし、その構造は原初的な了解のトシテ構造とは異なったものに変様してしまっている。

解釈においては、道具的存在者が……のためのものトシテ、現存在の目的に応じた道具連関とともに了解されている。しかし、陳述はそうした道具を発言の対象とすることによって、それまでその道具を道具たらしめていたまわりの道具連関から切り離しそれ自体で単独に主題としてしまう。その結果、これまでの道具的存在者は、その用途性とは無関係に、それ自体での性質規定のできる事物的存在者へと変様してしまう（たとえば、誰かが黒板に字を書いている時にはチョークは目立たずにすでに書くためのものとして解釈されているのだが、別に書く用事のない他の誰かが、チョーク箱の中のチョークを指して「このチョークは白い」と言えば、このチョークは道具としてというより目的連関をはなれた規定の可能な事物的存在者と捉えられているのである）。

このように陳述の中では、解釈のトシテ（書くためのものトシテのチョーク）が、事物的存在性の規定のトシテ（白いものトシテのチョーク）へといわば平板化され、ものは使用の道具から規定の対象へ変わるのである。ハイデガーはこの陳述の派生的なトシテを原初的な解釈学的トシテと区別して命題的トシテと呼ぶ。

このように解釈から派生する陳述がもっぱら事物的存在者の規定、提示に適した働きであるとすれば、陳述命題、判断を要素として成り立つ伝統的論理学は、現存在分析論での適格性を問われ、疑問視されることになり、結局は、現存在分析は、根源的なロゴスの働きにもとづいて、現存在をそれそのものからして見えるようにさせてゆかねばならないことになる。実際ハイデガーは、現存在は、もともとそうしたロゴスの構造を持つと考えるのである。これが次の「語り」の契機にほかならない。

⑷　語りと言語

これまで考察されてきた原初的了解の作動している次元は、できあいの言語的表現や陳述などによってとうてい割り切れるものではなく、むしろ、そうした陳述的表現以前の、つまり述語づけ以前の次元である。いわば、そこでは、生きた意味が、言葉として形を整える以前に働いて、私たちの如実の世界内存在が、了解され、解釈されようとしている場面なのである。

この生きたパロールの場面をハイデガーは「語り」として捉え、この「語り」の上に初めて「言葉」が可能となると見る。つまり、いわゆる「言語」は「語り」という開示性のうちにその実存論的・存在論的基礎を持つわけである。それで今や、現の等根源的な開示性の一つと言われるこの「語り」とはどのようなものなのかを、もう少し立ち入って見なければならない。

語り

その原語 Rede は日常のドイツ語では、話、演説、言い回し等の意味を持つ。しかし実存範疇としての語りは、むしろ、ハイデガーの考える原初的な意味でのギリシア語のロゴス、それも、理性、判断、概念として普通解釈されるロゴスではなく、「デールーン」、すなわち語られているものを露わにさせる機能、あるいは、アポパイネスタイ、つまり語られている当のものを当のもの自身のほうから見えるようにさせる」という意味のロゴスのことにほかならない。だから語りとは、了解されうるものの、つまり「了解可能性の分節化」のことなのである。しかも、それは解釈が作り出すのではなく、解釈に先立っているのである。

そこで、語りとは、解釈以前に発動していて、了解内容にその意味という下図に従った区切り目をつけ、その分節可能なもの（個々の意義単位に分かれる以前の意義全体）を提示し、見えるようにさせることによって、解釈に意義を提供する働き、意味を露わとする働きと言えよう。先ほどの現像の比喩をもう一度使って言えば、潜像（了解内容）から映像（解釈内容）の定着への転換を進める現像液とでも言ってよいであろうか。

ここで注意すべきことは、語りは、了解の一様態なのではなく、あくまで、了解、情状性と等根源的な開示性であることである。了解が可能性の単に盲目的な企投ではないのも、また、情状性が内容を欠いた単なる被投性なのではないのも、おそらく語りが、分かち示す働きとしてすでにいつでもそれらのもとで発動しているからであろう。

ところで、開示性が世界内存在の開示性だとすれば、この語りもどこか宙に浮いた次元で働いているのではなく、被投性の世界と無縁ではありえない。実際、世界へと被投された了解内容の分節化の働きとして、語りは世界の中で世界に即して語らざるをえないし、また、その場合、世界という場に応じた在り方、一つの「世界的な存在様式」を取らざるをえないと言える。

では、そうした世界に応じた語りの姿は、どのようなものだろうか。ハイデガーは次のように述べる。「世界内存在の情状的な了解可能性が、語りとしておのれを言表する。……語りが外へと言い表わされたとき、それが言語 Sprache となる」。つまり、了解可能性（意義）を分節化する作用である原初的な語りは、その了解可能性が世界の中で語り出されるためのいわば衣である言語（記号）へと姿を変えるのである。言語、これが世界に即した語りの姿なのである。

この語りの言語化によって「この了解可能性の意義全体が語 Wort となってあらわれてくる」。だから、言葉がまずあって、それの組み合せによりはじめて語りが作られるのではなく、逆に、語りがまずもって了解可能な意義全体を作り上げているからこそ、それが、その後で、世界のうちで言語化され分化され表明されるのである。

このように外へと言い表わされいわば意味するモノ化した語りとしての言語は、あるいは伝達の道具として、あるいは辞書の中に保存された言葉、単語として世界内部的に存在することになる。だが、現存在が世界へと被投された存在であるかぎりこのことは避けがたく、語りは言語という形を採らないわけにいかないのである。しかも、ハイデガーが後年自用の『存在と時間』に書き込んだ自注の述べるように「言語にとり被投性は本質的である」わけであり、たとえば私たちは、おのれの語りを伝承されてきた日本語において表出せざるをえない。なぜなら、私たちは、そうした場面の中へと被投された存在者だからである。

語りの構造

この語りには次の四つの構成契機が属している。①話題 das Beredete（語ることは何かに関しての語りである）。②語られた内容そのもの das Geredete。③伝達 Mitteilung（相互共存在が了解内容をともに分かちあうこと）。④表明 Bekundung（語り自身を情状的抑揚、テンポ等によって表明すること）。これらの諸契機が口外化され世界化された語りとしての言語を可能としているのである。

聞くことと沈黙すること

さらに、語りには、実存論的可能性としての「聞く」hören ことが属している。語りが分節化し伝えるものは、了解されうるのでなければならず、語りに応じた了解する働き、いわば語りの自己了解としての聞く作用があってはじめて、語りは十全なものとなる。聞くことは語ることにとり不可欠の構成要素なのである。しかも、語ることが本来、言語以前の次元での働きとして、語、音声を必要としなかったように、この聞くこともさし当たり音声を不要とするのであり、それは、むしろ耳で何かを聞くことが可能となる根拠をなすものである。この分節化されたものを分節化されたものとしてその意義に応じて了解できることとしての聞く働きは、後に現存在のおのれ固有の存在が問題となるとき、重要な役割を果たすことになる（本書二一〇頁以下参照）。

いずれにせよ語ることも聞くことも了解の働きと一体となっている。このことは、私たちにとってなんの意義も示さない「純粋な騒音」のようなものを聞くのはむずかしく、私たちが世界の内で聞くどんな音も、たいていは何かの音として有意義なものとして聞こえてしまうことからも知れよう。

さらにまた、語ることは「沈黙する」という実存論的可能性を持つ。「雄弁なる沈黙」ein beredetes Schweigen あるいは「沈黙の抵抗」等の日常的表現が告げているように、沈黙は何も言うことを持たないのではなく、言うべき何事かを持っているから可能なのである。本来、音声を必要としないという語りが、口外されることにより道具化、事物化されてしまう危険を持つとすれば、むしろ沈黙こそが、分節されたものの「世界」化を防ぎ「言うべき何事か」を真に保持するに違いない。

あえて沈黙すること、すなわち黙秘は、こうした意味で、「語ることの様態として現存在の了解可能性をきわめて根源的に分節する」のである。

沈黙と聞くことを不可欠の契機として持つ語りは、陳述以前の場において情状的了解可能性を有意義なものへと分節しつつ働いているのだが、現存在は世界と一体の在り方をしているために、その分節化の働きもすでに久しく外化され、だから、ギリシア人の言ったように、人間は「ロゴスをもつ動物《ゾーオン・ロゴン・エコン》」、「理性的動物《アニマル・ラチオナーレ》」と捉えられてきている。しかし、「現存在が言葉をもつ」ということは、世界と現存在自身を露わに見えさせ露呈するという在り方において、「人間は語る存在者としておのれを示す」ということにほかならないのであり、決して、ただ単に声高にお喋りする動物という意味ではない。

すでに触れたように、ハイデガーによれば、陳述、判断という意味でのロゴスの学、論理学は、事物的存在者の存在論に依拠するいわば事物的存在者のロジックである。だから、この論理学は、語りの根源的現象を問おうとしないのである。したがって、そうした論理学を範とした文法学が、現存在の存在を事象に即して表現できるかどうかも問題となる。

このように、根源的意味での語りの次元の闡明によって、言語学を存在論的により根源的な基礎の上に置き換え、文法学を旧来の論理学から解放するという課題が生じるのだが、この『存在と時間』では、そうした新たな言語哲学の展開は断念されている。

いずれにせよ、この語りとしてのロゴス、あるいは言葉の問題はその後、一貫してハイデガーの関心の的であり続け、後期の存在思想において中心的位置を占めるにいたるほど深化されることとなるのである。

⑸　現の日常性と頽落

これまでの分析は、「情状性」、「了解」、「語り」を中心とする「開示性」の性格づけを主眼としていた。今度はその成果を踏まえて、現存在の日常的な存在様式、つまり「日常性」が学的に解釈される。

その場合、主題となるのは、「空談」、「好奇心」、「曖昧性」という現象である。これらの現象は、それぞれ「語り」、「視」、「解釈」に対応しているが、現存在の日常的在り方（世人）の取る実存論的様態なのである。それらの現象に即しての分析を通じ、私たちには「頽落」という非本来的現存在の根本様式が看取できるものとなるのである。

空談

ハイデガーは、「語り」の外化された日常的な在り方、非本来的ではあるが決して偽物ではない在り方を、「空談」Gerede（普通、雑談、無駄話の意）と呼ぶ。馴れ親しまれた世界の中の道具との交渉 Umgang の中で、日常語 Umgangssprache としての言語も、世界、共存在、おのれの存在等を了解内容として開示している。しかし日常言語は、詩人等の持つ創造的言語とは異なり、了解内容を完全にその始源から分節化し言表するのではなく、世間に流通する既製の解釈のパターン、被解釈性に依拠して、それを利用していると言える。日常的な現存在は、大抵そうした平均的な了解の型へと委ねられているのである。

とはいえ、この日常的語りも、やはり何かを提示する働きであるとすれば、それはどのような存在様式を持つのだろうか。

すでに見たように「語り」は伝達という機能を持っていた。この伝達とは、語られるものを他者（共存在）に提示することにより、話者と語られるものの間の原初的提示関係を、聞き手にも共に mit 分かち teilen 共に了解させることだった。だから真の伝達、つまり真の共了解においては、私たちは、話者の語りの開示するものをいわばオリジナルに聞き、話者と同じように了解できるであろう。

ところが、世人の支配する日常的な平均的了解としての日常的伝達のうちでは、語りの対象となる存在者と現存在との間の「第一次的な存在連関」、つまり、語りが提示しようとするものとの直接的な出会いが欠けている。したがって、この語りの開示する存在者は根源的には我が物とされえないのである。

このように存在者との原初的関係を離れいわば一人立ちした語りの内容は、希薄化し、語り広められ語り真似られる（マスコミの発達はそれを促進する）。こうして地盤を持たない空談、あるいは空文 Geschreibe が、成立するのである。空談は、平均的な了解の場、世人の公開性を活動の場とする。だから空談の中では、現存在はそのつどいちいち真正に了解するという面倒から解放されており、したがってまた、誰も傷つくこともない（臨場感あふれるテレビ報道、週刊誌のゴシップ記事等々）。

すべては世間という了解の既製パターンの中で平均的に了解可能である。しかも日常、私たちは、この空談の支配のうちにどっぷりと漬っているのである。

しかし、この「すべて」の開示とは、実は真正の開示の覆い隠し、閉鎖にほかならない。空談は、語りの糸口とされた地盤へと溯ることを中止するという特徴によって、初めから一つの閉鎖なのである。空談の中で本当は、現存在は、世界、共存在、内存在自身との「第一次的で根源的に真正な諸連関から断ち切られている」のである。だから空談のうちの安心の背後には、地盤喪失の不気味さが隠れているのである。

好奇心

了解の視構造に、日常性の次元で対応するのが「見ること」へと向かう日常性の存在傾向、「好奇心」Neugier（語源的には、新たな欲望の意）である。この好奇心は、道具との配慮的交渉を導いている配視が、本来の仕事の拘束から解放されて、いわば休息状態に入った時に生じる。その時、配視の目差しは消滅してしまうのではなく、負荷を除かれたモーターの空まわり《アイドリング》のように動き続ける。本来の義務を、つまり一定の目的に従って道具との交渉の場を近づけ確保する役目を免れた配視は、いわば独り歩きを始め、「最も身近な道具的存在者から離れて遠い無縁な世界のうちへと向かう」。

もはや現存在は、ある目的に縛られた道具連関へと赴く必要はない。それに伴って配視の露わとする対象も、了解の必要のないもっぱら外見において眺められるだけのものとなる。今や現存在は、道具との交渉の休止の中で、おのれ本来の存在へと方向をむけるのではなく、好奇心の導くままに、目くるめくまでに変わる外見としての世界へと引き渡され、自分を回避しているのである。配慮的に気遣われた環境世界のひと所に滞留しないこと、新しい可能性への気散じ、自分の留まるべき居所の喪失が好奇心の特色である。

日常性の次元では、この好奇心と空談は手をとりあって、言わば噂が興味をそそり、興味が噂を求めるといった具合に、現存在におのれが生き生きとし、充実しているという思い誤りを起こさせる。

曖昧性

すべてを見てとり開示すると思い込む好奇心と、すべてを語り了解すると思い込む空談とは、共に存在者との第一次的連関、根源的開示性にかかわる地盤を喪失しているため、それらのうちでは、「何が真正の了解のうちで開示されているものであり、何がそうでないものかは、もはや決定できなくなる」。この「曖昧性」Zweideutigkeitは、単に世界との日常的なかかわりに付き纏うだけではなく、了解の企投の働きそのものにもすでに根づいてしまっているのである。

つまり、日常性の中の曖昧な了解は、空談と好奇心のうちで自分がすでに知っていると思い込んでいる諸可能性を企投するのだが、それは現存在がおのれ自身へと立ち帰ることを強いる強制をなんら伴わない、真の充実を欠いた可能性の企投なのである。そうした世人としての現存在の了解は、おのれの真の可能性を不断に見損じている。しかも空談と好奇心とは、それらが持つ曖昧さそのものにも気が付いていないのであり、このようにして、曖昧性は日常性の隠された構造をなしているのである。

頽落の構造、その動的性格

空談、好奇心、曖昧性という現存在の日常的な姿の分析を踏まえて、今や日常性の根本様式が「頽落」Verfallenとして明らかにされる。このさし当たり道徳的意味とは無関係な頽落とは、現存在が馴れ親しんでいる「〝世界〟」のもとにあること、「〝世界〟」へと没入していることを指す。日常性の中で「現存在は、本来的な自己存在できることとしてのおのれ自身から、さし当たり常にすでに脱落してしまい〝世界〟に頽落してしまっている」。

そしてこの埋没は、「世人の公衆性の中への自己喪失の性格」を持つ。「〝世界〟」と「世人」とへの自己喪失的埋没を指すこの頽落という概念は、したがって実存の「非本来性」を言い表わしているのである。

今、私たちは、日常性の三つの特色を振り返って見ることによって、この非本来的な頽落の内実を見定めることができる。

まず、日常的現存在が空談の中で自分を喪失し世界へと頽落する可能性を自分に与えていることは、ほかならぬ現存在自身が頽落へ向かう不断の誘惑を有していることを示している。「世界内存在はそのもの自体で誘惑的なのであり」、現存在は、空談という自分の在り方の魅力に弱いのである。

さらに、空談と曖昧性とは、万事を見てとり了解してしまっているという思い込みのために、現存在が頽落のうちにあるかぎり安全であり真正であり充実しているという思い誤りを作り上げる。頽落しつつある現存在は、誘惑的であると同時に、「おのれ自身にとって……安らぎを得させるもの」である。

この安らぎの内実は静止や無活動ではなく、好奇心と空談のデュエットによる絶えざる活動である。誘惑的な安らぎによる安全保証は、むしろ頽落のポテンシャルを高めるのである。多面に亙《わた》る好奇心と多識、これが世人の知的生活の理想かもしれない。しかし、そこでは本来的に了解されるべきおのれの最も固有に存在しうることは不問に付され忘れられたままである。例えば最も縁遠い fremd 異国文化に我を奪われている現存在は、実は本来のおのれと疎遠 fremd となり疎外されているのである。「頽落しつつある世界内存在は、……同時に疎外させるものである」。

けれども、この疎外は現存在がおのれならぬ他者へとおのれを引き渡すことではなく、むしろ本来性を閉鎖することによって非本来性としてのおのれへと現存在を押し込めること、現存在がその固有の動きに従って「おのれ自身のうちで捕縛されること」なのである。

この「誘惑」、「安らぎ」、「疎外」、「捕縛」という現象が示す頽落の動的性格、つまり動性を、ハイデガーは「転落」Absturz と呼ぶ。「現存在は、おのれ自身からおのれ自身のうちへと、つまり非本来的な日常性の無地盤性と空虚性のうちへと転落する」のである。

この転落という事態のうちで、了解は本来的な諸可能性から不断に捥《も》ぎ離され、しかも万事を心得ているという安らぎの思い誤りへと引き込まれる。こうした捥ぎ離しと引き込みという頽落の動きが、「旋回」Wirbel（渦巻）である。情状性のうちで現存在は、世人として、おのれを不断に世界へと引き渡しおのれを回避しているのだが、この回避の動きの基礎には旋回の運動があるのであり、また、この旋回の動きは、被投性の投げの軌跡をも露わとしているのである。

ところで、現存在とは「おのれの存在へとかかわりゆくことが問題な存在者」であった。しかし、その現存在が、日常性の頽落のうちでおのれを喪失し、おのれから引き離されて生きているのだとすれば、頽落という非本来的な在り方のうちでは、現存在はおのれの実存性を失い、単なる事実的存在者へと転落するのではないのかという疑念が生じるかもしれない。だが、頽落はあくまで日常性という在り方の現存在の積極的な規定であり、非本来性という様態ではあれ、やはり現存在が世界内存在しうることの一つの在り方にほかならない。しかも私たちは、さし当たりたいていは、この非本来的日常的在り方を、しかも生き生きとして取っているのであり、すでに見たように、本来的在り方との間に何ら価値上の優劣があるのではなかった。

頽落の分析は「日常的現存在についての道徳的批判とは……無縁な」存在論的分析である。本来的在り方は、なにか理想形態とか仮象に対する本質として、非本来的在り方の背後に隠れ潜んでいるのではない。「本来的実存は……そうした日常性が変様されて摑みとられたものにすぎない」のであり、両者の関係は、一方から他方への、また、他方から一方への相互転換の関係なのである。

では、なぜ現存在は普通に非本来的な在り方を取ってしまっているのか。その理由は、不安という根本情状性の分析の中で示され、さらに現存在の全体性の究明において明らかとされるであろう。

5　気遣い

統一的現象としての現存在の存在

これまでの分析によって、世界や他者に心を奪われている現存在の平均的・日常的な在り方は、「頽落しながら開示され被投されながら企投する世界内存在」と規定されうるであろう。

ところで、「被投性」（現事実性）、「企投性」（実存性）、「頽落」という現存在の諸契機は、現存在という存在者がまずあって、それが身につける属性なのではなく、それらの在り方が一体となって現存在を成り立たせている実存範疇にほかならなかった。こうした契機からなる統一構造を一気に見取ることの不可能な私たちは、統一現象を爆破しないよう注意しつつ、各側面を順々に辿ってきたのである。今やこの現象をそれらの側面を含む統一的全体として再び捉え直すことが問題である。

この統一的全体の把握は、諸構成契機の単なる代数和の形では不可能であり、非常に困難な課題のように見える。しかし、この全体性が、何ら理論的要請でも空想の産物でもなく、存在的にも事実としてそうなのだとすれば(現存在は、ある時は了解作用、ある時は情状性というようにあるのではなく、いつでもそうした諸契機の全体としてあるのだとすれば)、そうした全体性をそっくりそのまま露わに提示しうるような卓越した開示性の在り方が、ほかならぬ現存在のうちに確認できるはずであろう。そして実のところ、ハイデガーによれば、そうした「最も広範な最も根源的な開示性」をなすものこそは、ほかでもない「不安」という根本情状性なのである。

不安の開示性

不安、その原語は、「狭い」eng と関連のある Angst であり、元来、何かのために息づまる状態を表わした語である。

この不安と類似した気分に恐れがあり、しかも両者は完全には等しいものではないことを、私たちは日常の体験でもすでに知っている。根本情状性としての不安は、恐れの現象とは明確な相違点を有している。すでに見たように、恐れの対象、つまり私たちがそれを前に恐れるものは、特定の存在者だった。それと対照的に、不安の対象は、実はいかなる世界内部的存在者でもない。ちょうど精神医学において、高所恐怖、刃物恐怖など、恐怖感が強迫的に一定の対象と結びつく恐怖症に対して、漠然として対象のない不安感を来たす不安神経症が区別されているのと同じように、不安の中には、有害な特定の対象はどこにも見出せない。「不安の対象は完全に無規定的なのである」。

このように不安の対象は、総じて存在者ではない以上、名付けるとすれば「無」とでも呼ぶほかはない。この無の中には、世界内部的存在者は不在でありおよそ意義を示しえない。だから不安の中では存在者の適所全体性、したがって有意義性は役に立たなくなり、世界は「完全な無意義性という性格を持つ」ことになる。

しかしこのことは、現存在の明るみが暗転し、世界が霧散して、現存在が石のように閉じた一箇の事物的存在者に変わることを意味しない。むしろそうした完全な無意義性として、これまでは存在者の有意義性の諸連関を支える地として隠れていた世界そのものが、不安の中で露わとなるのである。

不安の対象が無であるとは、存在者つまりモノではないがゆえに、不可解な無としてしか体験しえない世界そのものが不安の対象であることを指しているわけである。不安はあらゆる反省的・理論的開示の仕方に先立って、根源的・直接的に「世界を世界として開示する」のである。

また、世界が無として露わとなったからといって、現存在は無世界的になるわけでなく、あくまで世界内存在としてあるのである。だから、世界が不安の対象であることは、「不安の対象は世界内存在自身であるということにほかならない」。

このように不安は無としての世界（内存在）に対面しての不安であるが、では不安は何を気遣って不安がるのであろうか。つまり、不安の理由は何か。

それは特定の存在者と結びついた現存在の特定の在り方が脅かされるからではない。世界の無化とともに、およそモノは姿を消しているのである。むしろ、不安なのは、不安の中での世界の無意義化によって、現存在が居心地のよい世界への頽落の可能性と、世界内部的存在者から自分を了解する可能性とを奪われ、無の中に只一人とり残されるからである。つまり不安なのは、日常性とは違った本来性の在り方を示し出した世界内存在ということそのもののゆえである。

不安によって自分以外のものとの連関から切り離された、つまり単独化された現存在は、おのれの最も固有な存在、本来的なおのれに当面するのである。不安は、現存在を単独化の中でひとえにおのれ自身から存在しうる可能存在として開示する。この可能存在とは、現存在が自分以外のものに囚われて自分を失う（頽落）ことなく「何かに向かって自由である」という本来的可能性である。しかし、この単独化された現存在はまた、自分以外の何ものをも支えにできない、自分自身へと委ねられた被投的可能性としての存在でもある。

このように卓越した開示性としての「不安」による開示とは、自分の本来的在り方（実存）と非本来的在り方（頽落）とを巡っての世界内存在そのものの動揺の気分的な、すなわち情状的（現事実的）開示なのである。

たとえば、私たちが遠い旅からやっと我が家へ帰り着いた時など安堵を感じるのに対し、現存在が不安という在り方のうちで単独化された本来のおのれに直面する時には、自分の世界内存在そのものが、なぜか（その理由は、最も固有の可能性としての「死」の分析の個所で明らかとなろう）「不気味に」unheimlich、そして「居心地がよくない」un-zuhause (at home でない）ものと感じられるのである。日常的な内存在の持つ我が家のような居心地のよさ、世界との親密さは崩壊してしまう。沈黙の支配する縹渺《ひょうびょう》たる荒野に、冷たい月の光に照らされて一人佇立《ちょりつ》しているような、堪《たま》らない気持を考えてみるがよい。だからこそ現存在は、そうしたおのれを回避して、世界内部的な存在者へと逃避するのである。

というのも「世界内部的存在者こそ、配慮的な気遣いが、世人のうちへと喪失してしまって安らぎを得た親密さの中でそのもとに引きとどまることのできる存在者なの」だからである。しかし、「不気味さの方が安らぎよりも根源的な現象である」ことが、あくまでも忘れられてはならない。これこそが、つまり不安のさなかに置かれた世界内存在としての現存在こそが、最も根源的なものであり、赤裸々におのれを振り返れば、このことが看取できるはずだというのが、『存在と時間』における、ハイデガーの根本的な人間把握だからである。

不安はたしかに稀《まれ》にしか起こらない。しかし、この現象の持つ根本的開示性は否定できないものである。不安は現存在を単独化し、現存在をその頽落から連れ戻して、本来性と非本来性とをおのれの二つの可能性として現存在に露わにするのである。

気遣い

不安の学的解釈により明らかになったことは、次のように形式化される。「不安がることは情状性として世界内存在の一つの在り方であり、不安の対象は被投された世界内存在であり、不安の理由は世界内存在しうることである」。したがって世界内存在という一点において三つの側面を同時に示している不安という現象は、「実存性」、「現事実性」、「頽落」のどの規定をも欠くことなく、統一のうちで開示していると言える。それゆえ、不安は現存在の構造全体性を捉えるという目下の課題に大きな手懸りを与えてくれるわけである。

それで今度は、この構造連関の統一の性格づけが問題となる。そのためには、不安が示す全体的なまとまりと、三契機相互の連関を考慮しながら、もう一度これらの契機を見直すことが必要である。

存在了解を持つ現存在とは、「おのれの存在へとかかわりゆくことが問題な存在者」と言われたが、この「実存性」の特色を最もよく示しているのは了解という能動的な契機である。この特色はいまや、おのれの本来的在り方である「最も固有な存在しうることへとおのれを企投しつつかかわる存在としての了解」という定式の形でより豊かに規定されうる。そして「最も固有な存在しうること」は、不安により単独化されおのれに帰った現存在の持つ自由、つまり、頽落の安逸、自己喪失に甘んずるのではなく、自分で自分を選び取ってゆく厳しい自由のうちで根源的に開示されている。

さて右の定式は現存在特有の一つの関係を表現している。それは、ある物と他の物との関係などではなく、現存在がおのれ自身にかかわる関係、いわば動作がおのれ自身に帰る再帰的関係であり、実存の遂行状態である。この企投の関係をさきに私たちは現存在の不断の自己超越の運動と捉えた。このような運動として現存在はいつでもおのれの可能性をおのれに対してすでに企投してしまっており、あるいは解釈の仕上げに先立っておのれをすでに了解してしまっているのであった。

この先へ先へと動く、言葉で言い表わしがたい実存の運動をハイデガーは、現存在が「おのれに先んじて存在すること」Sich-vorweg-sein と特色づける（この単純かつ難解な言葉の意味は、後の時間性の解明とともに明らかとなろう。とにかくこの「おのれ」を実体化して固定した物と取ってはいけない。そうすると未だ存在しない物が、いま存在している物より先に存在するというなおさら奇妙なことになる。また、先にあるおのれを観念、表象として先にあると考えたり、この運動を「意識の流れ」と考えるのも誤解である。すでに見たように了解とは意識ではなかったのだから）。

ところでまた、この現存在には、現存在がおのれ自身に委ねられ世界のうちに被投されているという「現事実性」が属していた。すでに情状性の分析で、もろもろの気分の開示する現存在の重荷感が指摘されていたが、今、私たちが見た不安の「不気味さ」は、この現存在の意のままにならない被投性をはっきりと告げているのである。

実存の企投はなんら宙に浮いた観念の世界での存在可能などではなく、私たちが欲すると否とにかかわらずすでにそのうちへと投げこまれたものとして自分を見出してしまっているこの世の中での企投であった。だから、おのれに先立って存在することは、全くおのれの恣意のままに、あるいは全くの零から企投を行なうことなのではなく、「なんらかの世界のうちですでに存在していることにおいておのれに先んずる」Sich-vorweg-im-schon-sein-in-einer-Welt ことなのである。これは実存性が、現事実性によって本質上規定されていることを示している。

さらに、このように現事実的に実存する現存在は、おのれの本来的在り方から離反して配慮的に気遣われた有意義性の世界や世人へと没入して「頽落」し、世界内部的存在者の虜となっていた。その程度は、不安という、卓越しかつ稀な開示性によって初めて、頽落状態の居心地のよさが動揺させられることになるというほど、徹底したものだった。だから、「世界のうちでおのれに先んずる」という上述の存在機構には、「配慮的に気遣われた世界内部的な道具的存在者のもとでの頽落しつつある存在」という契機が含まれていると言える。

そこでこれら三つの特色から、世界内存在の実存論的全体の骨組みが浮かび上がってくるのだが、このいわばレントゲン透視された現存在の全体の姿は、形式的には、次のように分節された統一構造として捉えられる。すなわち、「(世界内部的に出会われる存在者の)もとでの存在として、おのれに先んじて（世界）の内にすでに存在していること」Sich-vorweg-schon-sein-in-(der-Welt-) als-Sein-bei (innerweltlich begegnendem Seienden)（この定式のハイフンで結ばれた単語を目の前を順番に通過していく貨車の一輛、一輛のように見てはならない。それはあくまで、同時的・動的な生き生きとした全体として捉えられなくてはいけない)。

この分節化を持つ現存在の存在構造の全体を、ハイデガーは「気遣い」Sorge と名付けている（この語は、関心、憂慮とも訳される。普通にはこの語は、「心配」「配慮」という二つの意味を持つ。もちろん、ここでは存在論的術語として用いられていて、普通の心的状態とは直接関係はしないのだが、この語の原義は生かされていると言える。たとえば、「配慮的気遣い」Besorgen、「顧慮的気遣い」Fürsorge という語とは、明らかに関連している。また、『存在と時間』以前にはハイデガーは、このゾルゲの代わりに Bekümmerung という語も使用していた)。

この気遣いは、現存在の根源的な構造全体を指すものとして、あらゆる心的態度に先立って存在するのであり、意欲、性癖、渇望といった存在的な次元の心的諸作用には還元しえないのであり、これらと気遣いを同じレヴェルで考えては誤解となる。

とにかく私たちは、存在一般の意味の究明のための予備的基礎分析とはいえ、決して平坦とはいえない現存在分析の道を辿ることによって、現存在の全体構造理解のための要となる「気遣い」という現象に逢着《ほうちゃく》した。

けれども、この出会いは、まだ現象記述的な出会いにすぎない。一語一語をとれば単純な言葉によって綴られたあの奇妙な定式の意味は、私たちにとり、まだ定かとは言えないし、気遣いの骨組み（それは静止した構造ではなく不断に運動する構造だった）をとりまとめ、それにいわば養分を与え支えているものまでは見えていないのである。そこでさらに、この気遣い（「現存在の存在」）の「構造上の多様性の統一と全体性を……支えている」もの（「現存在の存在の意味」）が問題となるのだが、この三重性の統一の根拠の――それはむろんのこと、「時間性」として、やがて明らかにされるが、その点の――解明は、『存在と時間』第二篇の課題となるのである。

しかし、それに先立って、従来の存在論が存在者の「存在」と考えてきた「実在性」の概念が、気遣いの観点から再検討され、また、存在問題と密接な関連を持つ「真理」の概念について、新しくかつ大胆な解釈が提示されて、第一篇は終わるのである。それで私たちも以下に簡略にその点を展望しておこう。

6　存在と真理

実在性と気遣い

ハイデガーは、真理の問題を扱うのに先立って従来の存在論で「存在」一般の理念とされてきた「事物的存在性」つまり「実在性」の概念が、実は派生的なものであることを、「気遣い」の観点から確証している。

ハイデガーによれば、「実在性」Realität（ラテン語の res モノに由来する語）は、世界内部的な事物的存在を指すものにすぎない。そうだとすれば、こうした意味の実在性が、優位も持たなければ、「世界や現存在を存在論的に適切に性格づけることもできない」ことは、もはや十分に明らかであろう。なぜなら、そうした実在性という存在規定を持つ存在者（実在的なもの）は、すでに開示された世界（世界内存在）があってはじめて見出され露呈されうるものだからである。

デカルトに始まる近世哲学も、実在性を存在のモデルにしているのだが、そこでは、その実在が絶対に疑いえない存在者である「意識」と、その実在を疑おうと思えば疑える意識外の存在者（外界）とに、存在者が区分されてきた。この立場では、疑う意識そのものの存在は疑いえないが、意識の外の世界の存在を保証する確実なものはなく、極端な場合、外界はすべて意識による想像の産物とさえされてしまう。そして、意識の外の存在者、外的世界の存在（実在）をどのように証明するかは、さまざまな試みにかかわらず不成功に終わり、哲学のスキャンダル（躓《つまず》きの石）とさえ言われてきた。

しかし、この外的世界の存在（実在）の証明問題も、ハイデガーの立場から見れば、世界内存在を飛び越して、まず内部としての認識主観を拠り所として実体化して（一つの実在物とみなして）立て、次に意識を除いた残りの外部世界を対象として立てて、それから両者の結合をはかろうとする、いわば、初めから仕切りのないところにまず仕切りをつけて、次にそれを壊さずに外へ出ようとするような誤った問題設定に由来するわけであり、実は、ハイデガーによれば、もともと現存在は、世界のもとに、すでに存在していたわけであり、外的世界を証明しようなどということが、元来、倒錯だったわけである。

結局、実在性は、世界の開示性、さらには現存在の開示性を根拠にしてのみ把握されうるのである。つまり実在性は気遣いに依存している。とはいえ、この依存関係は、気遣いが事物的存在者を意のままに存在させたり消滅させたりできるという意味のものではない。たとえ現存在が存在しなくても、事物的存在者、あるいは自然は存在し続けるであろう。

ここで問題となっている実在性とは、事物的存在者そのものなのではなく、そうした存在者についての存在規定であり、現存在の持つ存在了解内容に属しているのである。しかも、この存在了解内容は、現存在（気遣い）があるかぎりでのみ与えられている。この意味で、実在的なもの（存在者）ではなく実在性（存在）が、存在了解内容を持っている気遣いに、依存していると言えるのである。

真理の問題

このように、気遣いと実在性との関係は、単に後者の派生性だけでなく、存在と存在了解内容（あるいは了解作用）との切り離しえない連関をも明確にしている。したがって存在問題の探究では、存在了解内容が真に存在を言い当てているかどうか、つまり「真理」の問題が重要な意味を持つ。そればかりではなくまた歴史的にみても、伝統的存在論では、なによりも「真なる存在」の把握が中心課題だったのであり、この意味でも存在と真理は密接な連関のもとに考察されてきたのである。

ところですでに見たように、伝統的存在論の存在理念である実在性は、現存在の存在を言い当てるよりもむしろそれを覆い隠してしまう。とすれば、そうした実在性を前提した真理概念もその根源性が疑わしくなる。そこで、現存在の存在の観点からの真理概念の再検討、根源的真理の解明、さらに存在と真理の必然的結びつきの理由の究明が必要となるのである。

伝統的真理概念

普通アリストテレスに溯ると伝えられる――ただしハイデガーによれば、これは誤りなのであるが、そうした――伝統的な真理概念は、共通して次のような特徴をもつ。まず真理が問題となる場は、或る対象ないし事態についての陳述もしくは判断であること、そして、真理の本質は判断とその対象との「一致」(知性と事物との一致)にあること、これである。たとえば、「ハイデガーは『在存と時間』の著者である」という陳述命題は、事実と正しく対応ないし一致しているかどうか確かめられるがゆえに、真か偽を述べうるのだが、「『存在と時間』を読みたまえ!」という命令文や「『存在と時間』を原書で読みたいなあ」という願望文の場合、それらと一致する客観的事態はなくその真偽を決定することはできず、この意味でもっぱら「AはBである」式の陳述命題(判断)が真理の在りかとされてきたのである。これはまた、私たちの常識的な真理観でもある。

しかし、数や合同図形の一致のような単純な同等性の意味での一致とは異なり、この真理の一致関係は実は、複雑かつ曖昧である。本来、同じでありえない知性(観念)と事物(実在)の一致、あるいは判断内容と判断対象の一致という真理構造の解明のためには、真理をもっぱら認識の問題として扱う判断論や認識論の枠を越えて、なによりもまず認識や一致といわれるものの在り方、つまりその存在論的基礎を問う必要があるというのが、ハイデガーの根本態度である。しかも、ハイデガーは、この一致関係を固定した二項の関係として静態的に眺めるのではなく、或る判断が真といわれるときの判断作用、認識作用そのものの確証の具体的在り方を問題とする。

たとえば、誰かが壁に背を向けて「壁にかかっている絵は斜めだ」と述べるとしよう。この人は、そう陳述するとき何にかかわっているのだろう。一般に判断（陳述）には、リアルな心理的過程である判断の遂行（表象作用）とイデアールな判断の内容（表象内容）とが区別される。つまり実際の判断が成立するには、判断する行為と判断される中味とが不可欠とされる。しかし、陳述している人は、実は自分の目下の陳述の遂行状態を考えているのでも、あるいは、陳述している内容はこうだと表象内容を考えているのでもない。むしろ陳述者は陳述されている当の存在者そのもの（壁の絵）を直接、志向しているのであり、それ以外のものを問題にしているのではない。つまり、陳述することは存在する物そのものにかかわる現存在の在り方なのである。そして、振り返ってその絵を知覚することによって決着がつけられることを考えてみれば、陳述が指していたのはその存在者（絵）そのものだったことは、明らかであろう。

このように陳述とは、存在者を提示すること、つまり「おのれがかかわっている存在者を発見的に露呈する」entdecken（英語の discover に相当。また、発見する、暴露するという訳語もある）ことなのである。だから、陳述は何かを発見的に露呈するという現存在の在り方の一つである。また、陳述が真であるとは、陳述によって露呈される存在者が、そのあるがままの姿で見えるようにさせられることなのである。

そこからハイデガーは、「陳述が真である（真理）とは発見的に露呈しつつあることである」と結論する。真といわれるのは、陳述する（発見的に露呈する）という仕方で存在者にかかわる現存在の在り方なのであって、露わに見出される物、あるいは陳述内容と、陳述対象との間の関係なのではない。つまり「第一次的に〝真〟であるのは……現存在にほかならない」のである。ただし、この露呈することには露呈される存在者が相関しているので、後者の存在者があるがままに「露呈されていること（被露呈性）」Entdecktheit は二次的、派生的な意味で真と言われるのである。

根源的真理

この露呈する働きは陳述の次元だけが持つ働きではない。しかも陳述の露呈作用（提示作用）が可能なのは、すでに見たように陳述に先立つ配慮的気遣いがいつでもすでに（将来、陳述の対象となりうる）世界内部存在者を露わにし開示しているからなのである。つまり陳述の露呈作用が成り立つためには、より根源的な露呈の仕方が前提となっているのであり、それこそが「さらにいっそう根源的な意味で〝真〟と名付けられねばならない」ものなのである。すなわち厳密に言えば、ハイデガーは、世界内部的存在者を露わとすることに露呈という語を限定し、現存在のそれを開示と呼び区別しているのである。

それで、「真理の最も根源的な現象」とは、世界内部的存在者の露呈を成り立たせる根拠となっている世界の開示性、つまり現存在の「開示性」Erschlossenheit という在り方にほかならない。この意味で現存在がおのれの開示性であるかぎり、「現存在は〝真理の内で〟存在している」とも表現できる。そしてこの開示性が本来的開示性として特に現存在の本来的なおのれの最も固有な存在を露わとするときは、それは「実存の真理」とも呼ばれる。

しかしこの開示の働きは、あくまでその反対の働き、閉鎖の働きとの緊張関係のうちで可能となる（ハイデガーは、他の著作で、「覆い隠さない暴露」という言葉を使っており、したがって、何かを覆い隠してしまう暴露、開示の仕方もあるのである）。「現存在の現事実性には、閉鎖性と隠蔽性が属している」のである。日常性の中ではすでに見たごとく現存在は、おのれの本来の姿を開示するのではなく、むしろ覆い隠しているのである。だから、現存在が頽落（非本来性）という存在構造を持ち自分の本来性を隠蔽できるかぎり、「現存在は……〝非真理〟のうちで存在している」とも言える。現存在は、被投された企投としてあるために、おのれの開示性の在り方に応じて真理でも非真理でもありうるのである。

また、そのことに対応して、存在者の被露呈性も、隠蔽と秘匿の諸傾向に逆らってはじめて獲得される事態であることに注意しなくてはならない。entdecken、つまり発見的に露呈するとは、もともと「覆いを剝ぎ取る」という意味である。ハイデガーは、ギリシア語の真理「アレーテイア」も、欠如を示す「ア」と忘却の意味の「レーテー」とからなり、隠されていないこと、非秘匿性を示すものと解釈する。

このように最も根源的な真理を現存在の開示性とするハイデガーの真理観に従えば、旧来の一致としての真理概念も、露呈する働きを忘れて成り立つ派生的なものであることになる。結局、「陳述が真理の第一次的な〝在りか〟なのではなく……最も根源的な〝真理〟こそ陳述の〝在りか〟」、つまり陳述を可能とする場なのである。

ところで、いま見たように真理が露わとすること一般とされると、私たちは存在するものをそのまま存在していると受け取るだけの学問以前の素朴な立場への逆行、あるいは命題の真理を無視した歯止めのきかない思弁への傾斜という危険に曝されることにならないだろうか。真理とはなにか揺ぎないもの、客観的で確実なものであるべきではなかろうか。こうした観点から、ハイデガーの真理観は真理概念の不当な拡張であるという非難のあることも事実である（たとえば、トゥーゲントハト）。

たしかに、そこでは知識の確実性、普遍妥当性は二の次とされる感がある。けれどもまた、確実性に固執するかぎり、狭い認識主観（あるいは伝統的人間観）の枠を超えることはできず、認識主観が対象とする事物的存在者が見えるだけである。やはり私たちは、あえて確実性信仰の呪縛を断ち切ってハイデガーが私たちに開示する存在の次元の新鮮さ、豊かさを無視することはできないであろう。

この現存在の開示性（明るみ）としての真理概念も、後年、露呈と隠蔽との抗争を孕んだ存在の明るみの生起の思想へと発展していくのである（詳しくは、たとえば『芸術作品の根源』参照）。

いずれにしても、このハイデガーの立場に身を置けば、なぜ、私たちが真理を欠きえないのか、「真理を前提せざるをえない」かが理解できるものとなる。それは、根源的真理が、私たちが存在するかぎり欠きえない開示性に等しいからである。ハイデガーにとって、それなしには現存在が現存在ではありえなくなる必要条件、つまりおのれに先んじて存在せざるをえないという在り方が、そもそも根源的な「前提」現象なのである。だから、露呈する開示性は、それなしにはおよそおのれや存在者が露わとなりえない根源的前提、存在者同士の（AはBに基づくといった）前提関係の了解を可能とする「あらゆる前提の前提」にほかならないということができるのである。

また、この真理（開示性）は、現存在の存在遂行の在り方にほかならないのだから、現存在が存在しているかぎりでのみ、真理が与えられているのである。逆に、存在の了解は開示性によってはじめて可能となるのだから、真理（開示性）が存在するかぎり存在が与えられているとも言える。現存在の存在が開示性であり、この開示性が真理の現象にほかならないならば、「存在と真理とは等根源的に存在する」のである。このように存在と真理とが開示性を介して重なり合うとすれば、両者の連関の必然性も、この背景から理解できるであろう。

もし存在と真理とがこのように切り離せないものならば、現存在の本来性という在り方には、本来的な開示の仕方、つまり本来的真理が対応しているはずである。それでは、これまでの分析で解釈し出された「気遣い」という在り方は、どの程度まで現存在のおのれを露わとしているのだろうか。現存在の日常性（非本来性）に立脚して示されたこの現象は、果たして「現事実的な現存在の最も根源的な全体性を与えるのだろうか」。

こうして問題はおのずと、『存在と時間』の第二篇に入り込んでゆくことになる。

第四章　現存在と時間性（その1）

三冨　明

■本章の課題と構成

以下で扱われるのは、『存在と時間』の第二篇である。ここで現存在の実存論的な学的解釈は新しい領域に踏み込む。

これまでの学的解釈はその照準を、現存在の「日常性」に合わせていた。というのも、本書の四九、八二頁で記されていたように、実存論的分析論の当初では、まずもっぱら、現存在を、特定の在り方においてではなく、平均的で無差別な在り方においてまなざしの内に収め、現存在の存在の形式的な構造を抽出することが、目指されていたからである。この目的はいちおう達成せられはした。とはいうものの、これまでの学的解釈はなおいくつかの不備な点を残している。それは未だ根源的なものとなってはいないのである。

一つには、学的解釈の照準が現存在の日常性にのみ合わせられていたため、結果的には、視野に映じてくるものが、非本来的な現存在に限られてしまった。なぜかと言えば、「世人」や「頽落」の分析から明らかとなったように、現存在はさし当たりたいていの場合、つまり日常的には、非本来的に存在しているからである。また二つには、やはり同じことが原因となって、視野に現われてくるものが、非全体的な現存在に限られてしまった。日常性に眼を集めている際には、現存在を、その全体存在という在り方において把握することができないのである。

そこでいまや、日常性からいわゆる非日常性へと視線を転回することが、是非とも必要となってくる。これまで等閑に付せられていた現存在の「全体存在」と「本来的な存在」とを明らかにし、さらには両者の「可能的な連関」を解明することによってこそはじめて、現存在の存在の実存論的な学的解釈は根源性を獲得するにいたる。いや、そればかりではない。このことによって、「現存在の存在意味の或る根源的な学的解釈のための現象的に十分な地盤もまた、確保せられ」ることになる。現存在の存在の「意味」は結局「時間性」として解き明かされる

本書のこの章は三つの節から成る。

第１節の主題は現存在の「全体存在」である。全体存在とは、そもそもなんの謂であろうか――。この概念は、現存在が実際に終わり（死）に到達した結果として生ずる、その客観的で事物的な存在の総体（砕いて言えば、誰それの一生の出来事の全体）を意味せず、未だ終わりに到達していない現存在が、いわゆる生の真っ只中で、おのれの終わり（死）へとさき駆けて、おのれの可能性の全体へと意識的・自覚的に態度をとる在り方を指す。したがって、全体存在の分析には、「死」という現象の分析が必須となる。

死はさし当たり現存在の「最極限の未了」と特徴づけられる。全体存在は、これをより限定して捉えれば、死という最極限の未了へと意識約・自覚的に態度をとる存在、つ

まり「死へとかかわる存在」である。死へとかかわる現存在の存在は、「気遣い」によって構造づけられている。また、この存在は本来的と非本来的という二様の在り方をとることができるのだが、現存在はさし当たりたいていの場合、死へとかかわる非本来的な存在の内におのれを持している。死へとかかわる本来的な存在は、「先駆」と呼ばれる。死へと先駆する時、現存在は「頽落」から身を翻し、ひいては日常性の軛《くびき》から自らを解き放つわけである。
だが、現存在は本当に日常性から脱却して、死の内へと先駆することができるのであろうか――。

この問いかけとともに、第2節の扉が開かれ、「証し」の問題が登場する。実存論的な学的解釈は、先駆の境地があらゆる現存在にとって実際に体験可能であることを、「証し」して見せねばならない。そのためにはまず、現存在の「本来的な存在」について同一のことを「証し」しておく必要がある。

この証しを与えるのは、「良心」という現象である。良心の学的解釈は、この現象が気遣いの構造を帯していることを明らかにし、さらには良心の呼び声に応ずる「良心を持とうと意志すること」の機構をあらわにする。「良心を持とうと意志すること」は現存在の「本来的な存在」にほかならない。

以上の学的解釈の過程で、あらゆる現存在が本来的にも存在しうるということが、

「証し」せられることになる。現存在の本来的な存在（良心を持とうと意志すること）は、あらためて「決意性」と命名せられる。

しかしながら、決意性という現象と、さきに提示せられた先駆という現象との間には、どのような「連関」が存するのであろうか——。

この問題は第3節の劈頭で究明される。これら二つの現象を結び合わせるのは、ほかならぬ現存在自身である。決意性という在り方をとって実存するや否や、現存在は死の内へと先駆することを余儀なくされる。決意性（本来的な存在）はおのずと先駆を志向し、先駆に達することをもってはじめて、その本領を発揮する。先駆（全体存在、死へとかかわる本来的な存在）はすなわち「先駆的決意性」（「本来的な全体存在」）以外のなにものでもない。また、このことが示されるにいたって、先駆（先駆的決意性）についての証しが完了する。

第3節の後半部では、現存在の存在の「意味」という現象が究明される。現存在の存在（気遣い）の「意味」は「時間性」であり、これが気遣いの三つの契機を、根底において締め括っている。ここでは、とりあえず、時間性の一般的な構造と基本的な特徴が描き出されることになる。

1　現存在の全体存在

全体存在の実現可能性についての疑問

現存在の「全体存在」Ganzsein を論ずる際、まず問題にしなければならぬのは、そもそも全体的に存在するということが現存在にとって事実上可能であるかどうかということである。実際、現存在の存在が「気遣い」であることを惟《おも》う時、現存在の学的解釈に全体性、ないしは完結性といった観点を持ち込むことは、不適切であるかのように懸念せられる。

気遣いには、その構成契機として、「おのれに先んじて」ということが必ず含まれている。「おのれに先んじて」が指意するのは、現存在とは、どこまでもおのれの存在しうることへと態度をとる存在者、存在しうることの「うる」ということ（可能性）を追究し続けて行く存在者だということであった。つまり現存在には、おのれが未だそれになってはおらず、やがてそれになるであろう「未了」Noch-nicht というものが、絶えずつきまとっているわけである。このような存在者でありながら、全体として存在し、かつその有り様を概念的に把握するなどということが、どうして可能になるのか、疑問に思われもするであろう。

この疑いは、「死」Tod という現象を考慮に入れる時、さらに高まってくる。死は現存在の「終わり」として、その全体性を境界づけている。死へと達することによって、現存在はおのれの未了をことごとく食い尽くす。言ってみれば、全体になる。けれども、それと時を等しくして、現存在は、ほかならぬ現存在というその在り方を喪失してしまう。おのれの死を、また死と共に達成せられるおのれの全体性を、「経験的に捕捉する」ことは、当の現存在自身のなしうるところではない。これは説明を要せぬ厳然たる事実であろう。

　このように現存在は、現存在として存在するかぎり、死に極まるおのれの存在の総体を経験的に捕捉することができない。気遣いという在り方自身がそのことを許さぬのである。

　だがそうはいっても、他者の死であれば、現存在はこれを経験することができるのではあるまいか――。一考したところでは、できそうな気がしないでもない。ここに、全体存在を把握しようとする試みに対して、一つの抜け道が開かれてくる。自分自身の全体性を問題にする代わりに、「終わりに到達してしまった他者の現存在を代用主題として選んで」みたらどうかというのが、それである。

　しかし、この抜け道はたちどころにふさがれてしまう。よく考え直してみればわかるように、他者の死に際会した人々の経験する喪失感（これには、永遠に他界してしまった他者の全生涯についての感慨や評価といったものが含まれていよう）は、死亡する当人の蒙る喪失感（死に面座した者の覚える存在喪失の感）と同じものではありえない。前者を手引きとして後者を推し量ってみることなど、とてもできぬ相談であろう。

ちなみに言えば、右の打開案の根底には、「代理可能性」という考え方、つまり「おのれに固有の現存在ではあくまでも経験できないことは、他者の現存在で近づきうるものになる」という見解が潜んでいる。しかしながら、およそ「死」に関しては、「代理」ということが成り立たない。事実、いったい、誰が「他者からその死亡を取り除いてやる」ことができようか。

さきに、現存在の「実存」について、「そのつど私のもの・おのれ自身であるという性格」が挙げられていたが（本書七八、八一頁参照）、現存在の「死」もまた、「それが〝存在する〟かぎり、本質的にそのつど私のものである」。現存在はおのれの「死」を、「自らが身に引き受けなければならない」。それゆえ、「死」、および「全体存在」という現象の学的解釈は、あくまでも「おのれに固有な現存在」に定位しつつ、これを推し進めて行かねばならぬわけである。

現存在にふさわしい未了と死

右で確認されたのは、気遣い（その一構成契機である「おのれに先んじて」）という在り方をとる存在者は、おのれの全体性（存在の総体）を経験的に捕捉することができないということであった。しかし、この事実は「全体存在」と「気遣い」が両立せぬことを、ひいてはまた、現存在が全体として存在しえぬことを、立証するものであろうか——。

問題はひとえに、現存在の全体性を枠づけている「死」という現象を、どのように取り扱うかにかかっている。どのようにと言ったのは、この現象を「純粋に実存論的に」把握するか、それともこれを日常的・通俗的な理解に委ねてしまうか、という意味なのだが、ここではもちろん、前者の方向が採られねばならない。

　これまでに明らかになったところから、「死」という現象はさし当たり以下のように規定されうる。現存在が未だそこへといたっていない、しかもそこへといたるや現存在という在り方を喪失してしまう、絶対に代理不可能な未了、すなわち、現存在各自の「最極限の未了」äußerstes Noch-nicht――。もとより死という現象はさらに立ち入った性格づけを必要としているのだが、その性格づけは、右の規定の内に畳み込まれている、「現存在各自の」、「未了」、「最極限の未了」の三者について、まずは禁止的な形で、砕いて言えば、それはこれこれの意味ではないというふうにして試みられる。

「死」はあくまでも現存在各自の終わり（最極限の未了）である。ハイデガーは生きものの終わることを「終焉」Verenden と呼び、人間の生命 Leben 一般の終わることを「落命」Ableben と呼ぶ。終焉とは、たとえば花瓶に活けられた薔薇が枯れ凋《しぼ》んで朽ち果て、元素へと解体することを意味し、落命とは、人間が病気なり事故なりで、ある場合には長い闘病生活の末に、ある場合には束の間の内に命を落とすこと、寿命を終えること、生から離れることを意味する。

けれども、これらはともに「実存論的な現象」とは見なされえない。死という現存在各自の終わりは、終焉は言うに及ばず、落命からも遠く隔たっている。なぜかと言えば、落命（日常的にはこれが「死」と呼ばれているのだが）ということで思い浮かべられているのは、「事物的に出来《しゅったい》するもろもろの死亡事例」、つまり「他者の死亡」に関する経験から引き出されてきた一般的な知識にすぎぬからである。

次に、死が帯びている「未了」という性格は、「未済」Ausstand のことではない。未済ということがそれについて語られうるものには、たとえば道具的存在者がある。道具的存在者の未済（道具的存在者において未済になっているもの）とは、その存在者に帰属すべきはずではあるが、未だ一緒に集まってはおらず、やがて外部から持ち来たらされるであろう諸部分のことである。ハイデガーの挙げている例では、まだ受領していない貸金清算の残額が、これに当たる。

かような「未済」が現存在の「未了」に等しからざるものであることは、一考して明らかであろう。未了はもともと現存在に帰属しているのであって、あとになってから現存在に「継ぎ足され」るような代物では決してない。別の言い方をすれば、「現存在にはおのれの未了が属しているというように、まさしくそのように、現存在はそのつどすでに常に実存している」のである。

未済ということは、道具的存在者についてばかりでなく、事物的存在者についても語られうる。たとえば、人は次のように言うことができよう。「満月になるまで、月にはまだ最後の四分の一が未済のまま欠けている」、と。この場合、月の欠けている部分はもともと月に帰属しているのだから、この点では、事物的存在者の未済は現存在の未了と一致する。とはいえ、一致するのはこの点だけで、なんといっても両者の間には根本的な差異が存している。

　事物的存在者の未済（事物的存在者において未済になっているもの）とは、その存在者に帰属しており、すでに事物的に存在しているのだが、まだ経験的に「捕捉」せられていない部分のことを言う。ところが、現存在の未了は「自他いずれの経験にとっても、当分、また時折近づきえないものにとどまっているばかりではなく、この未了は、そもそもまだ〝現実的に〟〝存在して〟いないのである」。

　未済という現象が道具的存在性、もしくは事物的存在性に基づいているのに対して、未了という現象は「おのれに先んじて」という現存在の存在様式に基づいている。未了とは、およそまだ存在してはおらず、しかも現存在が「おのれに先んじて」というふうにして、おのれ自身のほうからそれに成ら werden ねばならない当のもののことである。したがって、未了という現象の性格を際立たせるためには、この現象を、「生成 Werden ということが存在様式に属している存在者」、たとえば果実という存在者の「未熟」と比較してみるのが、効果的であろう。

　未熟な果実はその成熟に向かって行く。その過程で、果実がまだそれになっていないものが外部から果実に継ぎ足されるのでは断じてない。未熟という未了はいわば将来の可能性として、果実の存在の中にあらかじめ含み込まれている。のみならず、この未了は「果実の種別的な存在様式における果実それ自身のこと」を言ってもいる。おのれが未だそこへと熟成していない将来のおのれの姿の原型を、おのれの内に潜めている果実は、それ自身未熟である。現存在の未了に関しても、同様のことが言われうる。「現存在もまた、存在しているかぎり、そのつどすでにおのれの未了である」。

しかし、現存在と果実との一致は両者の「終わり」にまで及んではいない。未熟な果実の終わりは「成熟」であり、未了である現存在の終わりは「死」、すなわち「最極限の未了」である。果実は成熟に達すると共に未熟を返上し、「おのれを完成する」。ところが、現存在は死（最極限の未了）に達したところで、おのれを完成したりはしない。

なるほど、たしかに現存在は「おのれの死と共におのれの〝経歴〞を完了してしまいはする」。けれども、このことは、現存在がおのれの諸可能性（未了）を汲み尽くしたということを意味せず、おのれの諸可能性をことごとく奪い去られたということ、言い換えれば、未了の（未完成の）存在者の姿で「終わった」ということを意味している。たとえ現存在がいわゆる人生の絶頂時、その快感の極まりし頃に、めでたく大往生をとげたとしても、この点に少しも変わりはない。現存在の「終わり」（最極限の未了としての死）は、果実の「終わり」に固有な「完成」という性格を、全く帯びてはいないのである。

死の予備的概念と死へとかかわる存在

ここでは、「死」（現存在各自の最極限の未了）という現象に対して前段で与えられた禁止的・消極的な規定が、積極的なものへと転化され、「死」、および「全体存在」という実存論的概念の輪郭が浮き彫りにせられる。

さて、「未了」とは、現存在がおのれ自身のほうからそれに成らねばならず、また現存在がそのような存在者として、そのつどそれであらねばならない当のもののことであった。未了に関するこの第一の規定（未了は現存在にもともと帰属しているということ）は、死という最極限の未了に対しても、そのまま当てはまる。死は、あらかじめどこかに潜んでいて、突如現存在に襲いかかるといった類のものではない。「未済」Ausstand ではなく、「切迫」Bevorstand が死を特徴づける。死は現存在の外部に Aus 佇立しているのではなく、現存在の内で胎を結んでおり、そのつど不断に「現存在の中へと」、ないしはその面前に Bevor 立ち現われて来て、現存在を脅かす。死（最極限の未了）とは、現存在自身の内で養われており、現存在がやがてそれに成らねばならぬところのもの、実存論的に解すれば、現存在が実存しつつそれへと態度をとっているところのもの、すなわち現存在の「存在可能性」にほかならぬのである。

しかもこの「存在可能性」は遠い彼方で現存在を待ち受けているわけではない。未了に関する第二の規定（未了は「未了存在」という形で現存在の存在をそのつど構成している）は、死という最極限の未了にもまた、そのまま適用されうる。「現存在は、存在しているかぎり、不断に、すでにおのれの未了であるのだが、それと同じく現存在は、いちはやくおのれの終わりなのである」。

このいささか刺激的なテーゼを理解する上では、さきに紹介した、果実の「終わり」と現存在の「終わり」との比較論が参考になるであろう。果実の終わりは成熟、つまり果実の完成であり、かかる「終わり」へといたる道筋はあらかじめ定められている。果実はこの道筋を辿り終えた時にのみ、「終わる」ことができる。だが、現存在には、果実の成熟過程に当たるものがおよそ存在しない。現存在は、「終わり」においておのれを完成することがないのだから、いついかなる時にでも「終わる」ことができる。

死（最極限の未了）という「終わり」は常にそのつどの可能性であって、遠い将来の可能性ではない。それゆえ、「死でもって指さされている終わることは、現存在が終わりに達していることZu-Endeseinを意味せず」、現存在がそのつど終わりでありうることを、実存論的に言い換えれば、「終わりへとかかわる存在Sein zum Endeを意味する」。

「死は、現存在が存在するや、現存在が引き受ける一つの存在する仕方であり」、現存在には、そのつど可能的なかかる存在の仕方へと了解しつつかかわりゆくことが問題なのである。「終わり」すなわち「死へとかかわる存在」Sein zum Todeとは、もとより「全体存在」の異名にほかならない（ただし、厳密に言うと、全体存在には、「終わりへとかかわる存在」だけではなく、「始めへとかかわる存在」というものが属してもいる。全体存在についての完全な実存論的規定は本書の第五章で与えられる）。

全体存在が死へとかかわる存在として示されたことによって、「全体存在」と「気遣い」との関係についての懸案の問題もまた解決を見ることになる。さきに（本書一九一頁）確認せられたのは、現存在の存在は「気遣い」であり、気遣いには、その構成契機として、「おのれに先んじて」ということが常に含まれているため、現存在は死に極まるおのれの全体性を経験的に捕捉することができないということだった。

けれども、この事実は、全体存在と気遣いとが相互に矛盾する概念だということを、なんら立証するものではない。なぜならば、「死」（最極限の未了）とは、「未済」のことではなく、またそれゆえに、「全体存在」とは、「死に極まるおのれの全体性を経験的に捕捉しつつある存在」のことではないからである。むしろ、全体存在は死へと了解しつつかかわる存在として、「おのれに先んじて」という契機をそれ自身の内に有している。

「おのれに先んじて」は「全体存在」を爪弾きにするどころか、この存在（全体存在、死へとかかわる存在）を「初めて可能にしている」のであり、しかも、すぐあとで示されるように、気遣いを構成する他の二つの契機と連合しつつ、この存在を可能にしているのである。

おのれに先んじて死へと（本来的に）態度をとる時、現存在は「不安」の気分に襲われる。不安は現存在を、「なにかの内ですでに存在している」という事実の方へと向け返し、「死の内への被投性」に当面させる。死は現存在の所有にかかる可能性であるには違いないのだが、ただしこの可能性は当の現存在自身によってその存在の内へと持ち来たらされたわけではない。「そうではなくて、現存在が実存する時には、現存在はいちはやくこの可能性の内へと投げ入れられているのである」。

　のみならず、死を胚胎したまま生まれ落ちてしまったというこの事実は、その「なぜ」という点に関しては謎に包まれており、この謎を解く鍵は現存在の手中にない。現存在は死という可能性を、それが「私のもの」であるにもかかわらず、知によってとり押さえ、これを意のままにすることができず、ただひたすらこの可能性を引き受けてゆくしかない。死へとかかわる存在は「被投性」によって構成せられているわけである。

　気遣いの今一つの構成契機は「〝世界〟のもとでの存在」（頽落への誘惑）であった。現存在は死へと態度をとり、と同時に被投性のほうへとおのれを向け返しつつ、世界内部的存在者、および共現存在のもとで存在している。死へとかかわる存在に属するこの「〝世界〟のもとでの存在」は、日常的には「頽落」という様態をとるのだが、「死へとかかわる日常的な存在」については、後段で説明が与えられるであろう。ともあれ、このように、死へとかかわる存在は「気遣いの内にその根拠を持っている」のである。

死の完全な実存論的概念と死へとかかわる非本来的な存在

死へとかかわる存在は本来的と非本来的という二つの様態を備えている。両者の差異を判然とさせるためには、死という現象にさらに立ち入った分析を加えねばならない。前段で死は現存在の存在可能性と性格づけられた。だが、死は並の可能性ではない。五つの本質的な特徴が死を諸他の可能性から際立たせている。

その一つは、他者の「終わり」に論の及んだ際、示唆されていた。死に関しては、「代理」ということが成り立たない。死は「そのつど現存在自身が引き受けねばならぬ可能性」、すなわち「最も固有な可能性」である。

最も固有な可能性は共現存在（他者）によっては、なかんずく世人によっては引き受けられえない。おのれの死と、目と目を見合わせる時、「現存在においては他の現存在とのすべての交渉が絶たれている」。死は最も固有な可能性であると共に「没交渉的な可能性」でもある。

第三に、現存在は「死の可能性を追い越しえない」。もとよりそれは、死が現存在の最極限の可能性（未了）だからである。この可能性へ到達するとともに、現存在は「もはや現存在しないこと」へと移行する。言い換えれば、「おのれの種別的な諸可能性」、つまりおのれの行為的な局面におけるさまざまな可能性（結婚、就職、離婚、退職、自殺等々という可能性）を、ことごとく召し上げられてしまう。死は、「現存在であることの絶対的な不可能性」、すなわち、あらゆる実存することが不可能になってしまうような可能性なのである。

死を諸他の可能性から際立たせる第四の特徴は、「確実性」である。とはいえ、死の確実性は落命の確実性とは違う。落命するとは、死の内へと実際に歩み入ることを言う。やがていずれは事故なり病気なりによって死の内へと歩み入らざるをえぬということは、日々、新聞の死亡欄に目をさらすことなどを通して予覚せられる。落命の確実性は「経験的な確実性」にすぎぬのである。

これに対して死の確実性——死を身籠っていることの確かさは、「日常的に出会われる種々の死亡事例の確認に基づいては算定されえ」ず、不安の気分の内でのみ確知される。死の確実性は、現存在がおのれの死に先まわりせられているという事実、すなわち死の内への被投性に根拠づけられているのであり、この被投性が不安の気分を醸成するのである。

第五に、死の確実性には、「死がいつやってくるかというその時期の無規定性が一緒に結びついている」。死は最極限の未了であり、他のすべての未了がその手前に薄霞んでいる。けれども、果実の未熟の場合とは違って、この未了の系列がどこで「終わり」になるかということは、定まっていない。どれか一つの未了が最極限の未了となることは確実だが、どの未了がそうなるかということは完全な無規定性の内にとどめられている。すべての未了が最極限の未了となる可能性を潜めているのであり、それゆえ、死は「あらゆる瞬間に可能」なのである。

死とはすなわち、現存在の「最も固有な、没交渉的な、追い越しえない、確実な、しかもそのようなものとして無規定的な可能性」die eigenste, unbezügliche, unüberholbare, gewisse, und als solche unbestimmte Möglichkeit にほかならない。これが死の完全な実存論的概念である。死は現存在をその存在の実相に目覚ませるのだが、死に固有なこの警醒力は右の諸性格に由来する。

ところが、死の与える衝撃は常に真正な仕方で受け止められているとは限らない。むしろ現存在は日常的には、「死に直面してそこから頽落しつつ逃避」している。現存在の日常性は「死へとかかわる非本来的な存在」によって規定せられているのである。

死へとかかわる頽落しつつある存在の様相は、世人の間で広く行なわれている、「ひとはいつかは死亡するものだが、しかし当分はまだ死亡することはない」という空談が、これをくっきりと浮き彫りにして見せている。

「ひとは死亡するものだ」という語りは、死を、誰かにことさら帰属するわけではない曖昧な出来事（落命）に変え、死の最固有性、没交渉性、追い越し不可能性を隠蔽し、もって現存在をおのれの死から逃避することへと誘惑する。さらに世人はこの語りを拠り所として、おのれの死から目をそむけることによってこそ、安全で真正で充実した生活が保証されるのだという臆見を押し広め、逃避しつつある現存在に安らぎをえさせる。

それればかりではない。世人は死に対する不安を、「臆病な恐れ」、「陰気な世界逃避」ときめつけて、これを「到来しつつある一つの事件〔落命〕に対する恐れに逆転させ」、こうして現存在を死から、また死へとかかわる本来的な存在から疎外する。そうして、この疎外は、現存在が「当分はまだ死亡することはない」という語りに聴従するにつれて、ますますその度合いを高めて行く。この語りは死の無規定的な確実性を隠蔽し、死を遠い彼方へと押しやってしまうのである。

死へとかかわる本来的な存在（先駆）

死へとかかわる本来的な在り方は、現存在が死という可能性の内へと「先駆」Vorlaufenすることによって達成せられる。ただし、死へとさき駆けるとはいっても、もちろんそれは、死という可能性の「現実化」を企てることでもなければ、この可能性が現実化される時期を算定することでもなく、またこの可能性の現実化を「待機する」ことでもない。

死は、現存在の行為的な局面におけるもろもろの可能性とは違って、およそ現実化されえない可能性、「いかなる〝現実化されるべき〟ものをも現存在に与えることのない」可能性（不可能性という可能性）である。このような可能性の内へと先駆するとは、この可能性「に向かって自由におのれを解放する」sich freigeben fürということ、この可能性を、「それが〝存在している〟通りの有り様で」了解するということ、実存論的に言い換えれば、死という可能性を、あくまでも「可能性として」「了解し」、「形成しあげ」、「持ちこたえる」

ということを意味する。

さきに、死という可能性に固有なものとして、五つの性格が挙げられたが、これらの諸性格は、現存在が死の内へと先駆する時にこそはじめて、真正な仕方で開示せられて来る。だから、死の内への先駆は、「死への自由」Freiheit zum Tode（死に対しておのれを開いていること）とも称せられうるわけである。

では、死の内への先駆、死への自由（自己解放）とは、具体的にはどのような在り方のことなのであろうか。

死は最も固有な（各々の現存在自身によってしか引き受けられえない）可能性である。この可能性に向かって自由におのれを解放するならば、その時には、他者によっては代理せられえないおのれの最も固有な存在しうることが、世人の手垢にまみれた諸他の存在しうることを押しのけて、その無垢な姿を現わしてくる。と同時に、現存在を世人のもとにつなぎとめていた鎖が断ち切れる。

最も固有な可能性であるとともに没交渉的な（世人には近づきえない）可能性でもある死の内への先駆は、先駆しつつある現存在から世人の衣帯を剝ぎ取り、この裸形の現存在を促して、その鼻先に剝き出しのまま突き出された各自の最も固有な存在しうることを、素手で摑みとらせるのである。

死は追い越しえない（あらゆる実存することが不可能になってしまう）可能性である。この可能性へ向けての自己解放は、「おのれを放棄することがおのれに切迫している」ことを開示して、現在を未来の犠牲に供してみたり、あるいはその反対に、ただひたすら現在のみに没入してみたりといった、日常的な現存在の陥りやすい態度を、ことごとく打ち砕く。またそれと同時に、この自己解放は、現存在が、「おのれの有限的な実存了解内容を追い越している」公共的な「被解釈性」（巷間に流布している世の俗説）に籠絡《ろうらく》せられ、そのつど「偶然的に押し寄せてくる諸可能性」の渦の中へと巻き込まれて行くという危険を、追放する。死においておのれの可能性をことごとく召し上げられてしまうという事実が、真に自覚せられるならば、現存在の関心は勢いおのれのなすべきこと、おのれのなし能うことへと向かわざるをえなくなる。追い越しえない可能性の内への先駆は、現存在を駆り立てて、実存することの絶対的な不可能性に直面させ、実存の一回性と有限性を、身魂に徹せしめるのである。

死は無規定的に確実な可能性として、あらゆる瞬間に可能である。どの未了が最極限の未了になるかということは、現存在の思量を超えている。この事実が洞察せられるや否や、平均余命の統計表などによっていつからともなく現存在の内に植えつけられていた死との距離感が、あとかたもなく消滅し、死と、その手前に薄霞んでいた未了のすべてが、現存在のそのつどの最も固有な存在しうること（ごく形式的な言い方をすれば、ひとつ先のおのれ）の中へと収斂せられる。

先駆が現存在の「全体存在」と呼ばれる理由は、ここに存する。無規定的に確実な可能性の内への先駆は、現存在を励まして、形相すさまじき死の面貌を、各自の最も固有な存在しうることの内に窺い見させるのである。

最後に、「先駆」という概念の理解の仕方に関する一般的な注意事項を、一つだけ挙げておく。

先駆の構造は、右ではもっぱら「了解」（本来的了解）という気遣いの一構成契機に即して説明された。とはいえ、先駆は了解のみによって構成されているわけではない。言い方を換えれば、先駆を構成する了解は、情状性（被投性）と「〝世界〟」のもとでの存在という他の二つの契機から遊離して、独自に機能しているわけではない。先駆はあくまでも、三つの契機から成る気遣いの本来的様態の意に解せられて然るべきである。なお、先駆に固有な気分（情状性）は、さきほど来暗示されていたように、「不安」にほかならない。

２　現存在の本来的な存在

証しの問題（その一）

先駆の構造が概念的に解き明かされたことによって、全体存在（死へとかかわる存在）の本来的な様態が実存論的に近づきうるものとなった。けれども、それと時を等しくして、全体存在の実現可能性についての疑問が姿を変えて再び立ち現われてくる。「はたして現存在はそのつど現事実的に死へとかかわる本来的な存在の中へとおのれを投げるであろうか」。この問いかけを皮切りにして、本来的な全体存在の実存論的な学的解釈は新しい局面にさしかかる。

問われているのは、「先駆」という名称によって指さされている存在の仕方が、現存在にとって単に実存論的にというばかりではなく、実存的にも近づきうるものであるかどうかということ、砕いて言えば、現存在の実際に体験しうる事実上の可能性であるかどうかということである。これは、先駆についての実存論的な陳述を聞けば、おそらく誰しもが抱く疑問であろう。誰しもがとは、むろんのこと、あらゆる日常的な現存在がの謂である。

実存論的な学的解釈の主張するところに従えば、現存在は日常的には、死を直視することなく、先駆とは反対の在り方（死へとかかわる非本来的な存在）の内に自足している。このような現存在にしてみれば、「先駆」を意解はできても事解はできず、我と我が身を顧みて、その先駆の境地とやらにはたしてこの自分が本当にあずかりうるのだろうかと、怪訝の念を起こさざるをえぬであろう。

実存論的な学的解釈はこの疑念を無視することができない。それができぬのは、おのれの「方法的性格」のためである。

この学的解釈は宙に浮いた冥想的な営みでは断じてなく、終始実存的・事実的な了解に導かれている。その方法的性格の核心は、実存的な了解に開示せられたもの、すなわち実質的に体験せられた現存在了解内容を整備して概念化するという点にある。したがって、実存的に近づきうる現象、しかも学的解釈の推進者である現存在（ハイデガーという現存在）にとってのみならず、あらゆる現存在にとって近づきうる現象だけが、この学的解釈の対象となる。この条件を満たさぬものは、たとえそれが概念化を被ろうとも、実存論的な概念とは認められえない。

いま提出された、先駆に関する日常的な現存在の疑問は、素朴であるがゆえに、また本質的でもある。事は先駆の実存論的な概念としての資格にかかわっている。実存論的な学的解釈はこの疑問に答え、先駆が単なる「空虚な名称」、「捏造せられた理念」などではなく、あらゆる現存在の内に潜む実存的・事実的な可能性であることを、是が非でも証明してみせねばならぬのである。

だが、この証明はどのようにして行なわれるべきであろうか——。理論的に証明して見せることは、不可能である。これは論を待たない。先駆があらゆる現存在にとって実際に体験可能であることは、現存在の日常的な体験に即して証明されねばならない。かような証明を称して、「証し」Bezeugung と言う。

この証しは二つの手続きを必要とする。まず「良心」Gewissen という現象の学的解釈を通して、現存在の「本来的な存在」eigentliches Sein が実存的・事実的な可能性であることが、「証し」せられる。良心現象の学的解釈は本来的な存在の構造をもまた、あらわにする。次いで実存的な可能性であることを「証し」せられたこの「本来的な存在」と件の先駆との「連関」が、示される。私たちは本節で前者の試みを、次節で後者の試みを追跡してみることにしよう。

良心の呼び声の性格

良心という現象は心理学、生物学、神学、人間学といったもろもろの分野で、さまざまに論ぜられている。だが、良心現象の実存論的な学的解釈はそれらすべての試みの埒外《らちがい》にある。良心はあくまでも現存在の現象として把握され、その構造は、現存在の存在をなす気遣いの機構に即して解き明かされて行く。

良心はまず「呼び声」Ruf と性格づけられる。というのも、良心は現存在になに事かを呼び伝えてくるからである。けれども、実存論的な学的解釈はかかる性格づけにとどまることなく、さらに一歩を進め、「良心の呼び声」にまといついている一切の先入見を排除して、これを純粋に「語り」の様態と捉える。語りはいうまでもなく「現の開示性」の一構成契機であり、それ自身次に掲げる六つの契機を有している。語りの糸口とされた手懸り（話題）、語られた内容そのもの、伝達、表明、沈黙（黙秘）、聞くことの六つが、それである

（本書一五四頁以下参照）。

良心の呼び声において語りの糸口とされる手懸り、つまり呼びかけられる者は、現存在自身である。配慮的に気遣い、顧慮的に気遣いつつ「〝世界〟」のもとで忙し気に振る舞っている現存在、したがってまた、世人の内へと頽落して真の自分を見失っている現存在が、呼び声に射当てられる。この現存在は呼びかけられたがために、世人の棲家から追い立てられて、「おのれ自身へと連れ戻される」。呼び声は世人自己に「呼びかける」anrufen ばかりでなく、時を移さずこの自己を、その最も固有な存在しうることへと「呼び開く」aufrufen のである。

では、良心の呼び声は現存在になにごとを呼び伝える（伝達する）のであろうか――。

この語りの語られた内容、つまり呼び声の内で開示せられるもの、それは「厳密に言えば、なにもない nichts」。もっとも、この「なにもない」という陳述は肯定的と否定的という二つの面を備えている。「なにもない」の一句の内に凝縮せられた主張を、再び数多の語句の上へと解き放てば、およそ次のようになる。呼び声は、世界内部的存在者、現存在の行為的な局面におけるさまざまな可能性、および現存在の「理想的、普遍的な存在しうること」等についてはなにごとをも開示しない。呼び声はただ現存在の存在のみを念頭に置いており、この存在についてなにごとかを開示する――。

ただし、否定的な「なにもない」ということ、すなわち良心の「沈黙」という事態を背景として、現存在の存在についていかなる事が語られるのかという問いに対する答えは、しばしの間留保される。

気遣いの呼び声としての良心

良心が気遣いに根ざすものであることは、部分的にはすでに看取せられうるところとなっている。呼び声は世人自己に呼びかけ、この自己を各自の最も固有な存在しうることへと呼び開く。呼びかけは「〝世界〟」のもとでの存在（頽落の自覚化）に、呼び開きは、最も固有な存在しうることをめがける自己企投としての了解に基づく。気遣いの今一つの構成契機は被投性（情状性）であった。良心が被投性によって規定せられていることは、呼び声において「呼ぶ者」の正体を問いただす時、おのずと明らかになる。

呼ぶことが私自身によって「自発的に遂行されるものでは全くない」ということは、否定できない事実である。良心の呼び声はどこからともなく聞こえてくる。私ではなくして、「〝それ〟が呼ぶ」》Es《 ruft のである。この語りは良心体験の実情をあからさまに伝えるものであろう。しかし、この「それ」は、現存在の外部に存在する「見知らぬ力」といった類のもの（たとえば神）では断じてない。たとえ呼びかけがおのれの意志に反して行なわれようとも、呼ぶ者はおのれ以外のなにものでもなく、「現存在が良心においておのれ自身を呼ぶのである」。

現存在は気遣いによって規定されている存在者として、呼びかけられ（「〃世界〃」のもとでの存在）、呼び開かれている（了解）際にも、それと同時に、被投せられているという事実のほうへとおのれを向け返すというふうに存在している。被投性があらわになるのは、不安という根本情状性においてであり、この不安が呼び声を気分づけている。呼び声において呼ぶ者は、被投性のほうへとおのれを向け返している現存在、謎めいたおのれの存在に薄気味の悪さを感じている現存在以外のなにものでもなく、この現存在が呼び声を介して、不安の気分を表明するのである。

世人の内へと頽落している現存在が、「すでに存在している」という被投性の不気味な事実の前で不安がっているおのれ自身によって、おのれの最も固有な存在しうることの面前に引き立てられる。これを良心の側から言い換えると、次のようになる。良心の呼び声は世人自己に呼びかけて、この自己をその最も固有な存在しうることへと「呼び進め」vorrufen（呼び開き）、かつ被投性の内へと「呼び返す」zurückrufen——。このように良心は気遣いの内に「その存在論的可能性を持っているのである」。

呼びかけの了解と責めある存在

語りの一様態である良心の呼び声には、聞くことが属している。呼び声は現存在の存在についてなにごとかを呼び伝え、現存在にこれを聞きとらせる。沈黙しつつある良心の語りの内で開示せられるもの（語りの語られた内容）、それは、端的に言えば、現存在は「責めある存在」Schuldigsein だということである。「責めあり」schuldig ということは日常的な良心体験の場面でも一致して聞きとられている。そうして、「誰かに借りがある」Schulden haben bei...、「なにかに責任がある」Schuld haben an...、およびこの二つを一緒にした「罪を犯す」sich schuldig machen という意に解せられている。

「責めあり」に関するこういった日常的な了解内容に、実存論的な学的解釈は二様の仕方でかかわり合う。第一に、日常的な了解は「責めあり」の内に「非の打ちどころがある」という意味での「非」Nicht という性格（借りがある、つまり他人の所有物を「欠如的」たらしめている）と「なにかにとって根拠であること」Grundsein für（責任がある）という二義を認めているのだが、この見方はそのまま受け継がれる。「責めあり」についての実存論的な定義は、「非力さということの〔非力な〕根拠であること」das (nichtige) Grund-sein einer Nichtigkeit と表わされる。

第二に、日常的な了解において「責めあり」ということは、もっぱら他者との交渉の場面で問題にされている。具体的に言えば、「責めあり」は「他者の現存在におけるなんらかの欠如にとって根拠であること」と解せられており、またこの「欠如」〔非〕は「事物的に存在しているものの欠如」の意に受け取られている。この見方は、実存論的な学的解釈の採るところではない。その主張するところによれば、「責めあり」を構成する「非」とは、他者のではなく現存在自身の、しかも事物的な存在性格を帯びた所有物ではなく、気遣いという性格を帯びた存在を規定している「非力さ」のことなのである。

この非力さは気遣いの三つの契機に遍《あまね》く行き亙っている。

被投性の内にひそむ非力さについては、多くを語る必要はないだろう。被投性を表わす「なにかの内ですでに存在している」という定式は、現存在が「おのれ自身によっておのれの現の中へともたらされたのでは非ざるものだ」ということを告げている。実際現存在は、存在する――現存在として存在するというそのことを、みずから発意したわけではないのである。誕生とともに現存在の額に刻せられたこの「ない（非）」は、現存在が中途で大変身を遂げて、自己創造的な神にでもならぬかぎり、決して消え失せることがない。

企投（了解）の内に潜む非力さには、二種類ある。その一つは被投性の非力さに由来する。現存在のそのつどの最も固有な存在しうること（一つ先のおのれ）は、現存在がこの存在しうることをめがけておのれを企投することを通してのみ、現実化される。その点に限って言えば、現存在はこの存在しうることの根拠ではある。けれども、企投する働きはそもそも「現」の存在（形式的に言えば、現時点でのおのれの存在）に属しており、この存在は――いま確認せられたように――現存在が自らおのれに与えたものではない。したがって、事態に即して言えば、現存在はおのれの最も固有な存在しうることをめがけておのれを企投すべく投げ出されているのであり、かかる存在者、すなわちおのれの企投行為から被投的という性格を拭い去ることを能くするに非ざる存在者として、この存在しうることの根拠であることを引き受けざるをえぬのである。

また第二に、現存在の前には、その行為的な局面における様々な可能性がそのつど差し出されるのだが、現存在はいつでもただ一つの可能性しか選びとることができない。あれもこれも同時に、という欲求を満たすことができぬというこの非力さは、誰もが日々経験するところのものであろう。企投は、被投的なもの（現存在の意のままにならぬもの）だという意味で非力であるばかりではなく、「企投自身としても本質上非力である」。「〃世界〃」のもとでの存在の内に潜む非力さは、被投性の非力さと企投の非力さに起因する。現存在は日常的には、これら二つの非力さに直面してそこから逃避し、世人の内へと頽落している。言い換えれば、非本来的な在り方に甘んじている。頽落への誘惑を絶えずおのれに準備せざるをえぬということ、これが「〃世界〃」のもとでの存在の非力さを特徴づけているのである。

このように現存在の存在（気遣い）は「その本質において徹頭徹尾非力さによって浸透せられている」。この非力さは現存在から決して離れ落ちることがない。それは常に現存在のそのつどの最も固有な存在しうることを規定すべく待ち構えている。現存在はこの存在しうることの根拠である以上、その非力さの根拠でもあらねばならない。つまりは、「非力さということのそれ自身非力な根拠」――「責めある存在」にほかならぬのである。

現存在が責めある存在だということは、良心の呼び声の内で開示せられる。呼び声は呼びかけることによって「〝世界〟」のもとでの存在の非力さを、呼び進めることによって企投の非力さを、呼び返すことによって被投性の非力さを語り明かす。そうして、現存在がかような呼び声を真正に聞きとるならば、そこに「良心を持とうと意志すること」Gewissen-haben-wollen が生起する。「良心を持つこと」、つまり呼び声の訴えかけて来ることを虚心坦懐に了解しつつ「意志する」とは、とりもなおさず、おのれの本来的な存在を「選択する」ということ以外のなにものでもない。

決意性

「良心を持とうと意志すること」は「現存在の開示性の一つの在り方」として捉え返される。開示性は了解、情状性、語り、「〝世界〟」のもとでの存在（頽落への誘惑）によって構成せられている。良心を持とうと意志することにおいて、これらの諸契機はすべて本来的な様相を呈することになる。

良心の呼び声は現存在を被投性の内へと呼び返し、その非力さを開示する。被投性の非力さが真正に引き受けられるのは、不安の気分の内においてである。そこで、「良心を持とうと意志することは不安を受け入れようとする用意になる」。

呼び声は現存在を、その最も固有な存在しうることへと呼び進める。その際現存在に呼び伝えられるのは、企投の内に潜む非力さであり、さらには、最も固有な存在しうることが、おのれが目下それである存在と同じく「責めあり」によって規定せられているということである。良心を持つことを意志する時、現存在は呼び声に向かっておのれを自由に解放し、そのつどの最も固有な存在しうることを、その「責めあり」という点に関して本来的に了解する。良心を持とうと意志することには、「最も固有な責めある存在をめがける自己企投」が属しているのである。

沈黙する良心は現存在を世人の騒々しい空談から――阿《あ》鼻《び》叫《きよう》喚《かん》の巷《ちまた》から拉《らっ》し去り、「不断の責めある存在の前へと」置き据える。現存在は責めある存在だという語りは、決して声に出して口外せられることはなく、また「それに応答する語り返し」を要求することもない。沈黙する良心は、良心を持つことを意志した現存在を、「現存在自身の黙秘の内へと強いるのである」。

以上のように良心を持とうと意志することを細かく分析してみると、「最も固有な責めある存在をめがけて、黙秘したまま不安への用意を整えて、おのれを企投すること」という構造が露呈する。この「際立った本来的な開示性」、すなわち現存在の本来的な存在は改めて「決意性」Entschlossenheit と命名せられる。

次に決意性という現象について、補足的な説明を加えておく。

(1) 右の定式には記載されていないが、決意性はなおこのほかに「〝世界〟のもとでの本来的な存在（頽落の自覚化）」という契機を備えている。

呼び声は現存在に呼びかけて、頽落の非力さを開示する。呼び声を真正に聞く時、現存在は、頽落への誘惑が絶えずおのれに準備せられていることを肝に銘じつつ、世人の群れからおのれを遠ざける。けれども、この「単独化」Vereinzelung は「現存在をその世界から引き離したり、宙に浮いた自我へと孤立させたりはしない」。むしろ単独化を介してこそはじめて、世界内部的存在者や他者との真正なかかわりが成就せられる。

決意性に属するこの「〝世界〟のもとでの本来的な存在」は、「状況」Situation という概念によって表わされる。状況とは、あらかじめ事物的に存在している、現存在の活動領域のことではなく、「そのつど決意性の内で開示せられた現」のことである。この「現」の中で様々な存在者が出会われてくるわけだが、その出会われる仕方は「決意」Entschluß によって律せられる。決意とは、決意性のその時々の事実的・具体的様態にほかならない。決意はそのつどの状況を切り開き、今や面目を一新している「〝世界〟」のもとへと、現存在を差し向けるのである。

（2）決意性という在り方をとって存在するや、現存在は「すぐに再び非決意性の内で存在」する危険にさらされることになる。頽落への誘惑は本来的な現存在をもまた襲ってやまない。決意しつつある現存在は、決意性か非決意性かという二者択一を、そのつど新たに繰り返して行かねばならぬのである。

（３）決意性は「現存在の本来的な真理であるがゆえに最も根源的な真理」である。「真理」とは、世界内部的存在者の被露呈性のこと、優れては現存在の開示性のことであり、後者は、前者より一層深い次元の真理という意味で、「根源的な真理」とも呼ばれていた（本書一八〇頁以下参照）。

だが、決意性は並の開示性ではない。決意性において現存在はおのれをおのれに開示するのだが、しかもおのれを「それがおのれ自身に即して存在している通りに」、砕いて言えば、自己本来固有の姿で開示する。そもそもEntschlossenheitというこの語は「脱」Ent「閉鎖性」Schlossenheitという意を表わしている。

決意性は本来的な開示性、すなわち本来的な真理であり、またそれゆえにこそ、頽落（非決意性）という非本来的な――根源的真理との対比において、「最も根源的な真理」と呼ばれうるのである。事実、決意性というこの最も根源的な真理は、自己（決意性における現存在）を開示するに際して、「〝世界〟の被露呈性と他者の共現存在の開示性」をもまた「等根源的に変様させる」。この時にはじめて、後者の被露呈性（開示性）は真正な意味で前者の開示性に根づくものとなる。

証しの問題（その二）

良心と決意性の学的解釈は、決意性という在り方があらゆる現存在にとって実際に体験可能であることを、「証し」するはずであった。この証しはどのようにして行なわれているのであろうか――。

まず第一に、良心という現象が日常的に熟知されているという実情に鑑みて、良心に呼びかけられる可能性があらゆる現存在に保証されているという点に疑いをさしはさむ余地はない。また第二に、学的解釈の明らかにしたところによると、良心の呼び声は世人自己に呼びかけて、現存在を責めある存在として開示する。

ところで、責めある存在が開示せられるのであれば、責めある存在をありのままに引き受ける可能性（決意性の可能性）もまた、日常的な場において現存在の前に差し出されているはずである。なるほどたしかに現存在は「さし当たりたいていの場合」、この可能性を摑みとってはいない。実存論的に言い換えれば、「良心に直面してそこから逃避して」おり、呼び声の開示する責めある存在を直視せず、決意性の可能性を自らの手で隠蔽している。とはいえ、この事実は日常性から決意性への転身が不可能であることを、なんら立証するものではない。「良心に直面してそこから逃避する」というこの態度は、そもそも良心の呼び声を聞きとる、聞きとりうるということを前提としている。現存在の日常性は決意性へと転化する可能性をそれ自身の内に宿しているのである。

証しの試みにはまだ先がある。実際ここではなお、以下のような疑問が予想される。良心、および良心の開示するものについての実存論的な学的解釈は日常的な良心理解から余りにもかけ離れており、あたかも空想的に捏造せられたものであるかのごとき印象を生ぜしめる――。実存論的な学的解釈はその性格上、もとよりこの疑問を等閑視するわけにはいかない。すなわち、良心現象についての「存在論的分析の諸成果が日常的な良心経験と連関づけられうることを証示し」、「〝ひと〟がこの学的解釈の内に問題の現象〔良心〕を、それが日常的に経験せられている通りに再認する」ように仕向けることが、必要になるわけである。

右のことは、良心の開示するもの、および良心現象一般の双方について行なわれている。前者の試みはすでに紹介しておいた。その大要をいくぶんかの解釈をまじえて述べれば、次のようになる。

良心の開示するもの、つまり「責めあり」についての実存論的な解釈と日常的な理解との間には、たしかに重要な違いがありはする。けれども、両者は「責めあり」に「非という性格」と「根拠であることという性格」を認める点で一致している。現存在が日常的な良心体験の場で、実存論的な意味での「責めあり」に当面したことがなかったならば、「責めあり」についてのこういう理解は決して生まれてこなかったであろう――。

一方、後者の試みにおいては、まず良心一般についての実存論的な学的解釈に対して必至と予想される反論が、いくつか挙げられる。次いでこれらの反論の拠って立つ日常的な良心理解が、なにを隠そう、実のところは頽落という存在様式から生い育って来たものであることが、具体的に指摘せられ、実存論的な学的解釈によってその誤りを正されるのである。

実存論的な良心理論は日常的な良心体験から断じて遊離してはいない。それは、この体験の内では中途半端にしか聞きとられなかった事柄を、はっきりと語り出すという役割に徹している。あらゆる現存在は良心の呼び声を介して責めある存在を開示せられ、決意性の可能性に当面させられた経験を持っているのであり、ただあまりの忙しさにとりまぎれて、自分ではそのことに気付いていないだけなのである。

3　現存在の本来的な全体存在と時間性

先駆的決意性。証しの問題（その三）

現存在の全体存在（その本来的な様態）は先駆として、本来的な存在は決意性として、それぞれ実存論的に限界づけられた。また決意性は、実存的な可能性であることを「証し」せられた。それにしても、「これら両現象はどのように結び合わされるべきであろうか」。「先駆と決意性との間の可能的な連関」を問い尋ねることをもって、先駆が実存的な可能性であることを「証し」しようとする試みは、第二の段階にさしかかる。

両現象の「連関」についての『存在と時間』の論述は極度に難解であり、またいくぶん親切を欠いているようなところがある。私たちはこれまでに明らかにされた事柄を踏まえつつ、慎重に歩みを進めて行かねばならない。

さて、先駆と決意性はともに気遣いの本来的様態である。両者はこの点では完全に一致する。では、先駆と決意性の違いはいかなる点に存するのであろうか——。

ここで私たちは、両現象をそれぞれ構成している「了解」という契機に着目してみることにしよう。まず先駆だが、先駆を構成する了解は、死という最極限の未了を、はたまたこの未了に極まる未了の全体を開示する。先駆が全体存在（正確には、その本来的様態）、ないしは死へとかかわる本来的な存在の謂である以上、これはもとより当然のことである。

一方、決意性を構成する了解に関しては、事情が少々異なっている。決意性は「本来的な存在」ではあっても、「死へとかかわる本来的な存在」ではない。決意性において現存在は良心の呼び声を了解するのだが、この呼び声は現存在をもっぱらその最も固有な存在しうること（一つ先のおのれ）へと呼び進める。だから、決意性（良心を持とうと意志すること）を構成する了解は、さし当たりは主に最も固有な存在しうることを開示するわけである。私たちは先駆と決意性との相違点を、ここに見ることができるであろう。

しかしながら、この違いはあくまでも実存論的なものでしかない。いささか大胆な言い方をすれば、学的解釈の手続き上生じてきたものにすぎない。

先駆と決意性の間隙は実存する現存在自身によって直ちに埋められる。決意性の内へとおのれを置き入れるや否や、現存在はおのずと死の本来的了解という契機をとり込んで、先駆の名において実存論的に限界づけられた様態を志向することになる。先駆と決意性という二つの現象が別々に存在するわけではない。決意性という在り方は先駆という在り方を、おのれの完成形態としてもともと自分の内に蔵している。それゆえ、先駆は元来「先駆的決意性」vorlaufende Entschlossenheit（本来的な全体存在）と称せられて然るべきものなのである。

しかし、決意性の内へとおのれを置き入れた現存在は、どうして現状に満足することなく、なおも死へと先駆しようとするのであろうか。問い方を換えれば、先駆（先駆的決意性）はどうして決意性の完成形態でありうるのであろうか――。

その理由はこうである。決意性において現存在は、おのれが責めある存在（非力さの非力な根拠）だという事実を了解する。この了解は、おのれが責めある存在でありうるという可能性の内に保持せられている（「責めあり」がおのれの最も固有な存在しうることを規定すべく待ち構えている）という事実に対する自覚を惹き起こす。否、この自覚はそもそも決意性に本属してさえいる。責めある存在は「責めある存在でありうることだと把握せられねばならず」、決意しつつある現存在は、「こうした存在しうることにおいておのれを了解」すべく定められているのである。

ところで、――話はもとへ戻るが――ひとたび右の事実が自覚されるや、勢い現存在の目《まな》差《ざ》しはこの「うる」ということに誘い出されて、おのれの存在の全体を見届けるべく前方へとすべって行き、遂には死という「絶対的な非力さ」に突き当たる。単に突き当たるというだけではない。このように、死の帯びている絶対的な非力さを望見し、おのれがおのれの終わりにいたるまで「不断に責めある存在」（非力さの非力な根拠）でありうるという事実を「透視」することを介してこそ、決意性の領分に属する了解の働きは、その本領を発揮するにいたる。別な言い方をすれば、「決意性は、おのれを死へとかかわる存在として〝資格づける〟時に初めて、責めある存在でありうることの〝うる〟ということを〈根源的に〉了解するのである」。

先駆と決意性との連関については、今少し具体的な説明が必要であろう。

良心の呼び声は世人に淫《いん》せられている現存在を拉致して、その最も固有な存在しうることの前に引き据える。引き据えられ、決意性の内へと誘い込まれた現存在は、この存在しうることの根拠が余人ならぬおのれ自身であるということを、その根拠であることを好むと好まざるとにかかわりなくおのれ自身で引き受けねばならぬということを、自覚する。だが、この事実が根源的に洞察せられるのは、当の現存在の周囲からあらゆるすがり所がとり払われている場合に限られる。

ここで要求されている「最も固有な存在しうることへと本質上単独化することの打ち破りがたい鋭さ」は、どのようにして整えられるのであろうか。もとよりそれは、現存在が最も固有な（おのれ自身によってしか引き受けられえない）、没交渉的な（世人には近づきえない）死の可能性の内へと先駆することを介してである。

呼び声の開示する「責めあり」は、現存在が通常一般の「罪過」を犯す以前にも、またその種の罪過を償った以後にも、現存在の存在にまといついている。罪過を犯すということ、ないしは罪過を償うということは、たしかに現存在の「可能性」（行為的な局面における可能性）であるには違いない。けれども、「責めあり」でありうるというこの「可能性」は、これらの可能性に（事柄上）先行しており、そうしてまた、良心の呼び声はかかる「先行性」を示すべく、後者の可能性はこれを一切無視して、ただひたすら前者の可能性のみを開示するのである（良心の沈黙）。

かような呼び声がその「志向する意味において」余すところなく聞きとられるのは、どのような時であろうか。いうまでもなくそれは、現存在が追い越しえない（あらゆる実存することが不可能になってしまう）死の可能性の内へと先駆して、無の淵から吹き上げてくる烈風を総身に浴びる時にほかならない。

決意性の内におのれを持している際、現存在は頽落への誘惑に襲われ、決意性か非決意性かという二者択一をそのつど迫られる。のみならず、その時々に押し寄せてくるおのれの行為的な局面におけるさまざまな可能性の内から、自己の責任において一つの可能性を選びとれ（「決意せよ」）という要求を不断に突きつけられる。

決意性に固有なこういった選択することの厳しさが、最高潮に達するのは、どのような場合であろうか。とりもなおさずそれは、現存在が無規定的に確実な（あらゆる瞬間に可能な）死の可能性の内へと先駆して、選択することがおよそ不可能になってしまう時が、不断に切迫しつつあることに、覚醒する場合を措いてほかにはないのである。

さて以上によって、先駆と決意性との間の「連関」が明らかにされ、ひいては、先駆があらゆる現存在にとって実際に体験可能であることが、「証し」せられるにいたった。今先駆的決意性と改称された先駆は、さきに実存的な可能性であることを「証し」せられた決意性の完成形態以外のなにものでもなく、「現存在が決意したものとして本来的におのれを了解しているとすれば、現存在はあえてそうした形態をおのれに要求する」のである。

気遣いと自己性

現存在の本来的な全体存在（先駆的決意性）の分析が完了した今、新たに実存論的な学的解釈の主題となるのは、現存在の存在の「意味」という現象である。すでに明らかにされたように、死（死へとかかわる存在）、良心、および責めという諸現象はすべて「気遣いという現象の内に錨をおろしている」。この気遣いの三肢構造を根底にあって支えているものが、すなわち「意味」という現象なのだが、右のことが明らかにされたことによって、長く留保されていたこの現象に対する問いが、いよいよ緊急の度を加えてきた。

まず以下では、「自己性」Selbstheit についての伝統的な解釈の批判を足がかりとして、気遣いと自己性との関連が究明せられる。とはいえ、ここでは、自己性という「特殊問題」を明瞭化することのみが、目指されているわけではない。以下における分析の本来の狙いは、気遣いの「意味」の学的解釈に先立って、この学的解釈の地平からあらかじめ邪魔ものをとり払っておくことにある。

「自己」Selbst と「自我」Ich とは昔から、人間という存在者の存在論において、「支えとなる根拠」（「実体」Substanz、ないしは「主観」Subjekt）として把握されてきた。この見方を現存在の存在論に適用すると、どのようなことになるか。「支えとなる根拠」という柔軟な言い回しは、哲学的な想像力を刺激して、「気遣いの三つの契機を根底において締め括っているもの」といった表象を、生ぜしめるに違いない。つまり伝統的な存在論の自己（自我）概念が現存在の存在論の内へと持ち込まれると、この自己こそがとりもなおさず現存在の存在（気遣い）の「意味」だと解せられてしまうわけである。

だが、自己という現象は、「支えとなる根拠」としての実体や主観に還元されうるものではは全くない。実体性、ないしは実在性は、本書一七五頁で指摘されていたように、元来、現存在にではなく、事物的存在者に適用せられるべき概念である。また主観という概念はどうかといえば、これは、「常にすでに事物的に存在しているものの自同性や恒常性を性格づけ」る概念であり、実存範疇にではなく範疇に属すること、なんら実体とかかわるものではない。

伝統的な存在論は範疇と実存範疇、事物的存在者と現存在とを混同しており、またそれゆえに、自己という現象を見誤っている。自己は「支えとなる根拠」では断じてなく、したがって気遣いの「意味」とはとうてい見なされえぬのである。

そもそも自己（自我）と主観との混同は、頽落という現存在の存在様式に由来する。配慮的な気遣いに没頭し、「〝世界〟」に頽落しつつある現存在は、おのれを「〝世界〟」のほうから了解する傾向に制せられる。このような現存在、つまり非本来的な自己（世人自己）は、勢い自らがそれである存在者（現存在）と自らがそれを配慮的に気遣いつつある存在者（道具的存在者、事物的存在者）との差異を忘却してしまう。それがために、自己現象の存在論的な学的解釈を営む際にも、「自己」を「主観」に還元してなんら怪しむことがないのである。

自己という現象は範疇にではなく、実存範疇に照して把握されねばならない。別の観点から言えば、非本来的な自己の自己理解にではなく、本来的な自己（先駆的に決意しつつある現存在）の自己理解に則って処遇せられねばならない。実存論的に解すれば、自己であるとは、実存するということ、つまりおのれに先んじて存在するということを意味する。

この一事から知られるごとく、自己が気遣いを根拠づけているのではなく、逆に気遣いが自己という現象を、その構成契機の一つ（実存性、おのれに先んじて）として、それ自身の内に蔵しているのである。そうしてまた、気遣いを構成するこの実存性が、本来的自己の不断の自立性、および頽落的自己の不断の非自立性を可能ならしめている。「自己の不断の自立性」Selbst-ständigkeit といっても、もちろんそれは、「根底に置かれて基体となっている主体の持続性」のことではない。自己の不断の自立性とは、「不断に」ständig, beständig（すなわち、おのれの全体性を透視しつつある全体存在という根拠から）「確固たる立場を築き上げている」Standfestigkeit（すなわち、世人自己に堕することなく、最も固有な自己を摑みとっている）という存在の仕方、端的に言えば、「先駆的決意性以外のなにものをも意味していない」のである。

先駆的決意性と時間性

現存在の存在の「意味」Sinn は「時間性」Zeitlichkeit である。

先駆的決意性（現存在の本来的な全体存在）と時間性との間には、二様の関係が認められる。第一に、時間性は現存在の存在（気遣い）の「意味」であり、先駆的決意性は気遣いの本来的な様態として、その非本来的な様態と共に「時間性の可能的な時熟の内に根拠づけられている」。第二に、時間性は「先駆的決意性という現象に即して経験せられる」。

意味（現存在の存在意味）という現象については、すでにさまざまな場面で説明が与えられていた。意味とは、「あるものの了解可能性がその内で保持せられている当のもの」、言い換えれば、現存在があるものを了解することを、可能ならしめ、根拠づけているもののことである。

とはいえ、意味は「了解」だけの根拠（基盤）であるわけではない。了解（企投）は常に情状的な了解（被投的な企投）であり、この情状的了解は「解釈」（「〝世界〟」のもとでの存在）によっておのれを完成する。――現存在の存在の意味とは、「気遣いの分節せられた構造全体の全体性を、その開展せられた分節の統一において可能化している」もののことであり、これがすなわち「時間性」にほかならぬのである。

時間性は先駆的決意性に即して経験（体験）せられるという命題は、二つの事柄を確認している。

時間性という現象は非本来的な現存在によっては体験せられえない――。これが一つである。時間性は、先駆的決意性を根拠づけ、可能ならしめている以上、先駆的決意性から単なる概念上の操作によって理論的に導出されうることはなく、先駆的決意性の実存的・事実的な体験の内でのみ、自らを語り明かす――。これが一つである。

右の二つの事柄は時間性の実存論的な学的解釈の進むべき道筋を、はっきりと指し示している。この学的解釈はあくまでも先駆的決意性の実存的・事実的な体験に立脚しなければならない。だから、時間性（現存性の存在意味）を学的に解釈するためには、先駆的決意性の実存的な企投へと立ち返り、この企投の基盤となり根拠となっている現象を看取し、その看取されたものを実存論的に概念化するという方向がとられるわけである。

時間性の構造

時間性の構造は、先駆的決意性の機構に「着目しつつ明らかにせら」れる。もとより時間性は先駆的決意性の事実的な体験の内でおのれを示すものであり、先駆的決意性から理論的に導出されうるものではない。とはいえ、先駆的決意性の体験の内ですでに看取されている時間性という現象を、実存論的に概念化する際には、どうしても先駆的決意性の概念性に依拠せざるをえない。やや刺戟的な言い方をすれば、あたかも時間性を先駆的決意性から理論的に導出しているかのごとき外見を呈さざるをえぬのである。

さて、先駆的決意性とは、死という可能性へと（本来的に）かかわる存在のことであった。この、死へとかかわるということはどのようにして可能となるのだろうか。

それはそもそも現存在が「到来的な存在」であり、死という可能性を目指しつつ「おのれへと到来する auf sich zukommen ことができ、このようにおのれをおのれへと到来させることの内で、おのれの可能性を可能性として持ちこたえる」というふうにしてである。

了解（企投）の根底には「到来」Zukunft という現象が潜んでおり、この到来が、死へと、またそのつどの最も固有な存在しうることへとかかわることを可能にする。ただし「到来」とはいっても、――この Zukunft という語には「未来」とか「将来」とかいう意味があるのだが――それは、「まだ〝現実的〟とはなっていないが、やがていつかは存在するであろうといった今」を意味してはいない。到来はあくまでも現存在にのみ固有な動的現象として、すなわち現存在がおのれの最も固有な存在しうることにおいておのれへと到来する時の、その「到り来たること」Zu-kunft という意味で理解されるべきものである。

先駆的に決意しつつある現存在は、死へとかかわり、死という絶対的な非力さを了解しつつも、それと同時に被投性のほうへとおのれを向け返し、みずからを「その本質上の責めある存在において了解する」。この了解は「責めある存在を実存しつつ引き受けることを、つまり非力さの被投的な根拠として存在していることを、意味する」のだが、このようなことが可能となるのは、死へと到来することが「最も固有な既在」Gewesen（すでにそれであるおのれ）へと「了解しつつ復帰すること」を、すなわち既在を自覚的に引き受けつつ存在するということを、一言で述べれば、「既在性」Gewesenheit を発現させるからにほかならない。「現存在は、到来的であるかぎりにおいてのみ、本来的に既在しつつ存在していることができる」。

既在しつつある到来というこの統一的な在り方が、いわば死への往路を死からの復路へと変ぜしめるわけである。

先駆的決意性はその時々の「状況」を開示し、「決意」に活動の場を与える。決意において現存在は、死へとかかわり、かつ被投性を引き受けながら、世界内部的存在者や他者を偽りなく出会わせる。ところで、このことは、既在しつつある到来が、出会わせるという意味での「現成化」Gegenwärtigen としての「現在」Gegenwart を、「おのれの内から解放する」ということを根拠としてのみ可能となるのである。

このような、「既在しつつある現成化する到来」gewesend-gegenwärtigende Zukunft ということが、時間性ということにほかならない。時間性はあくまでも一つの統一的な現象であり、そのような現象であるという資格において、先駆的決意性の三肢構造を、根底にあって支えている。言い換えれば、先駆的決意性はかかる「時間性の時熟の内に根拠づけられている」。時間性が気遣い（その本来的な様態である先駆的決意性）の意味と呼ばれるゆえんである。

次に時間性という概念に関する一般的な注意事項を三つ程挙げておく。

（1）時間性という現象に関しては、あくまで「時間性は時熟する」――「時間性は存在する」ではなしに――という表現が用いられる。これは、時間性が存在するもの（存在者）ではないからである。実際、時間性（時間）はじっととどまることなく、不断の移行過程の内にある――否、不断の移行過程それ自体である。このような現象に関して、「存在する（……がある）」という述語は使われえない。だから、時間性は「時熟する（自らを時熟させる）」sich zeitigen と言われるのである。

（2）時間性は、前述の定義の際に、とりわけ先駆的決意性という本来的な気遣いを可能ならしめるものとして導出されたが、その時間性は、実は、根源的な時間性として、後述のごとく、気遣い一般をも可能ならしめる。したがってまた現存在の非本来的な在り方をも可能ならしめるものである。すなわち根源的な時間性は、本来的と非本来的という二様の仕方で時熟するのである。右では、先駆的決意性（本来的な気遣い）を根拠づける本来的な形で、根源的時間性が紹介された。

ただし、この本来的な時間性の行き届いた学的解釈は本書の次章に持ち越される。ここで与えられた「既在しつつある現成化する到来」という規定は、本来的・非本来的時間性の根底に存する根源的時間性のものであって、それだけに一般的な、根底的な性格を有している。

（3）右の根源的時間性は、通俗的な時間概念をもってしては、これを理解することができない。「到来」が「未来」（まだ「現実的」とはなっていないが、やがていつかは事物的に存在するであろうといった今）と等しからざるものであることは、すでに指摘されていた。「既在性」と「過去」、「現成化」と「現在」との関係についても、同じことが言える。時間性はどこまでも現存在という存在者の存在を可能ならしめる現象として把握されねばならない。いささか粗雑な言い方ではあるが、到来とは、未来へとかかわる現存在の在り方を、既在性とは、過去へとかかわる在り方を、現成化とは、現在へとかかわる在り方を、それぞれ可能ならしめるものを指意するものである。

しかしまた、根源的な時間性と通俗的な時間概念とが、全く無縁であるというわけではない。これは本書の次章で解説せられるはずだが、通俗的な時間概念は「非本来的な時間性」から発現し、また、この非本来的な時間性は根源的かつ本来的な時間性の内に根ざしているのである。かような事情であるため、本来的な時間性は、右にも触れたように、通俗的に解せられた時間がそこから発源してくる根源という意味で、「根源的な時間性」とも呼ばれる。

時間性の性格

時間性に固有な諸性格は四つのテーゼによって表わされる。ただし、これらのテーゼの内で第三と第四のものは、厳密な意味では本来的な時間性だけにしか当てはまらない。

（1）「時間〔時間性〕は気遣いの構造の構成を可能化する」。このテーゼは、時間性と先駆的決意性〔気遣いの本来性〕の関係についてさきほど明らかにされた事柄を、より一般的な形で、気遣い全般に移して言い表わしたものである。

気遣いの三つの契機である「おのれに先んじて」、「なにかの内ですでに存在している」、「なにかのもとでの存在」は、自らの根拠を、それぞれ「到来」、「既在性」、「現成化」の内に持っている。現存在は、到来的であるがゆえに、おのれに先んずることができ、既在的であるがゆえに、おのれがそれである被投的な存在者として実存することができ、現成化的であるがゆえに、「〝世界〟」のもとで存在することができる。けれども、到来と既在性と現成化が相継起して時間性を合成するわけではない。時間性は常に、既在しつつある現成化する到来といった姿で、統一的に時熟する。そうして、この統一的な時熟が気遣いの三契機の「統一を可能化し、このように根源的に気遣いの構造の全体性を構成するのである」。

（2）「時間性は本質上脱自的である」。到来、既在性、現成化は、それぞれ「おのれへと向かって」、「のほうへと戻って」、「を出会わせる」というように、常に自己を開き、おのれを超え、自分の外へと脱け出て行く傾向を有している。これら三つの現象は時間性の「脱自態」Ekstase と呼ばれる。時間性は、初めの内は自分の殻の中にじっととどまっていて、やがてようやくその殻を破って外へと踏み出て行くといった類のものではなく、そもそもそれ自身において、「根源的な〝おのれの外へと脱け出ている脱自 Außer-sich〟そのものなのである」。

（3）「時間性は根源的に到来から時熟する」。先駆的決意性において看取された根源的・本来的な時間性の脱自的統一においては、「到来が一つの優位を持」っている。現存在が根源的・本来的な時間性を時熟させるためには、なにを措いてもまず死の面前へと進み出て、死に突き当たって打ち砕けねばならない。打ち砕けてこそ、現存在は既在へと復帰することができ、さらにまた、状況の内で出会われて来る存在者のもとへと脱出移行することができるのである。これは、すでに述べたところからも明らかであろう。

けれども、この場合、時間性があくまでも「諸脱自態の積み重ねや連続によって初めて生ずるのではなく、そのつど諸脱自態の等根源性の中で時熟する」ものであることが、忘れられてはならない。根源的で本来的な時間性はたしかに到来から時熟するのだが、ただしそれは、この時間性が「到来的に既在しつつ、こうして初めて現在を喚びさますというふうにしてなのである」。

（4）「根源的な時間（時間性）は有限的である」。先駆的に決定しつつある現存在は、おのれの存在の内で胎を結んでいる死へと（本来的に）態度をとる。先駆的決意性を根拠づける時間性は、それゆえに、死という終わり Ende をおのれの内に蔵し、かつこの終わりへとかかわるという意味で、「有限的」endlich と言われうる。そうして、有限性の刻印を帯びたこの根源的で本来的な時間性から、非本来的な時間性が「発現し」、この非本来的な時間性が「非有限的な無限の時間を時熟させる」のである。

第五章　現存在と時間性（その2）

細川亮一

■本章の課題と構成

前章の最後で明らかにされたように、ハイデガーによれば、現存在の存在意味、言い換えれば現存在の存在を可能にしているものは、時間性である。つまり、時間性（到来―既在性―現在）のさまざまな時熟の仕方が、現存在のさまざまな在り方、たとえば、道具を用いるという在り方をも可能にするというわけである。

ところで、このように、時間性にもとづいて、いかにして現存在のさまざまな在り方が可能になるのかを、さらに立ち入って探究することを、ハイデガーは「時間的な学的解釈」と名付けている。私たちがこれから辿ろうとするものも、この「時間的な学的解釈」にほかならないのである。しかしそれにしても一体、これは、いかなることを課題とするのだろうか。

すでに見たように、ハイデガーは、『存在と時間』において、現存在の日常性を、現象学的分析の出発点とした（本書四九、八二頁参照）。日常性とは、現存在がそのうちで毎日生きている平均的な在り方であった。この在り方を手懸りとして、本来性・非本来性にかかわりのない現存在の平均的無差別な存在構造が摘出されていったが、しかし実際上、日常的には、この存在構造は、非本来的な様態において現われてくるのであった。

それで分析は、さらに現存在の本来的かつ全体的な――つまり根源的な――存在構造を捉えようとして、「先駆的決意性」にいたりつき、これを介してはじめて、前章末尾で見たように、現存在の本来的全体存在の時間的解釈が試みられて、遂には、およそ一般に現存在の存在を可能ならしめるものとして、「時間性」が取り出され、これの全般的性格づけがなされたわけであった。そうだとすれば、いまや、再び、すでに分析解明されている、現存在の日常的な、あるいは非本来的な世界内存在に立ち戻って、後者がいかにして右の時間性にもとづいて可能になるかを、さらに究明しなければならないであろう。そうでなければ、現存在のさまざまな在り方が時間性によって可能ならしめられるという主張が、本当に確証されたことにならないであろう。

こうして、時間的な学的解釈はまず、残されていた以上の問題、すなわち、日常的な世界内存在が時間性にもとづいていかにして可能であるかを論究しなければならないことになる。その結果、本書第二、第三章で叙述された現象学的分析が、時間性に着目することによって、より根源的な形で、もう一度繰り返されることになる。これが、以下の第4節で私たちの取り扱う事柄となろう。

さて次に私たちの取り扱うべき問題はこうである。前章で明らかになったように、「自己」というものは、気遣い、ないし時間性によって可能となるべきものであった。世人というあの、自己の不断の非自立性とは違った、自己の不断の自立性とは――すなわち自己の恒常的な立場の確固さとは——、先駆的決意性であり、かつこれは時間性の時熟によって可能になるものであった。

けれども、自己のこの、不断の自立性や不断の非自立性は、さらに立ち入って「時間的な学的解釈」を施される必要がある。というのも、前章まででは、特に「死」が大きく問題化されたが、本当は、現存在は、誕生と死との間の伸び拡がりを、日常、毎日毎日、生き続けているわけで、このような現存在の「生起《ゲシェーエン》」の構造——それが現存在の「歴史性《ゲシヒトリッヒカイト》」と言われるものであるが（ちなみに、ゲシェーエンとゲシヒテ、ゲシヒトリッヒカイトとの両語は、語源的に連関を持つ）、——を、論究しなければ、自己の問題は解明されたとは言えないからである。つまり、現存在の「歴史性」が、改めて問題化されてくることになる。

実際、私たちは歴史のうちで生きているとよく言われるが、しかし歴史的に存在するということは、現存在の歴史性という形で、深く実存論的に究明されなければならない事柄だと、ハイデガーは考えているのである。さらに歴史を記述する歴史学はいかにして可能になるのだろうか。これらの諸問題を、ハイデガーは、時間性にもとづきながら解明するのであって、それが以下の第5節の内容となるはずである。

さて、右のように、私たちは、日常、歴史的に生きてゆくとき、さらに第三に、私たちは、常に世界内存在して、さまざまに配慮的に気遣いを行なうが、その際どうしても、「時間」を計算に入れ、「時間」に準拠して生きざるをえない。というのも、現存在そのものが「時間性」なのであるから、現存在は、自分の「時間」を、念頭に置いて振る舞わざるをえないわけなのである。しかも他者とともに世界内存在するとき、現存在は、他者にも通ずる「世界時間」というものを必ずや形成する（これを公共的に設定確立するとき「時計」が作り出される）。かくてこの「世界時間」によって、さまざまな世界内部的存在者の時間規定が行なわれるのである。逆に言えば、世界内部的存在者は、こうして「時間のうちにあること」ができ、つまりは、それらのものの「時間内部性」が成り立つようになる。

　そしてハイデガーによれば、こうした「時間内部性」において見出される「時間」を粗略に基礎に据えることによって、「通俗的な時間概念」が形成されることになるのである。いかにして「時間性」にもとづいて「世界時間」ないし「時間内部性」が可能になるのか、さらに「通俗的な時間概念」がいかにして派生するのかが、いわば時間的な学的解釈の課題となるのであり、これを私たちは、以下の第6節で取り上げるであろう。

　こうして、時間的な学的解釈は、日常性、歴史性、通俗的な時間概念を、時間性を根拠として解明することを課題にするわけである。この論究によって、現存在の存在意味は時間性であるというテーゼが、逆に確証され、またその豊かな内実を展開してみせることができるわけである。

4　時間性と日常性

さて、右で言及した第一の課題、すなわち「日常性」の時間的な学的解釈は、私たちが本書の第二、三章で論究した事柄――つまり『存在と時間』第一篇の「現存在の予備的な基礎的分析」の叙述――を、時間性にもとづいてより根源的に繰り返すことを課題としている。その際まずハイデガーは、この根源的な繰り返しを、開示性（了解、情状性、頽落、語り）の時間性を解明することから、すなわち、私たちが本書の第三章で解明した事柄の時間的解釈から、始めている。それで読者は、どうか、第三章の論述をもう一度思い起こしていただきたい。第二章の論述の方も、もう少しあとで、再度、時間性にもとづいて解釈し直されるであろう。

了解の時間性

記憶の良い読者は、憶えておいでであろう。ハイデガーの考えでは、了解とは、現存在が、おのれの存在しうることへと企投しつつかかわる在り方のことであった（本書一三五頁以下参照）。こうした了解の根底には、現存在がそのつどの可能性にもとづいておのれへと到来（あるべき自分へと将《まさ》になろうとする——将来もしくは到来——）する、ということが潜んでいるであろう。してみれば、そうした意味での「到来」——すなわち時間性の「到来」という脱自態——によって初めて、おのれの存在しうることへとかかわる了解の在り方が可能となることは、明らかであろう。

さて現存在は、本来的にか、あるいは非本来的にか、実存するものである。先駆的決意性において現存在は、死へと先駆し、おのれの固有な被投性へと投げ返されてそれを引き受け、状況のうちへと決意する。それに対し、頽落している現存在は、配慮的に気遣われたものに埋没し、世人のうちへとおのれを喪失している。本来性と非本来性というこの対比は『存在と時間』全体を貫く重要な観点であり、私たちはこのことを決して忘れてはならない。したがってハイデガーによれば、この二様態に対応して、本来的な到来は「先駆」と規定される。

先駆とは、本来的に実存しつつ、最も固有な存在可能という有り様で、おのれをおのれへと到来させることである。これに対して、世俗的な成功とかの形だけでの自分の将来を考える非本来的な到来は「予期」と名付けられる。非本来的な了解は、おのれの仕事の成果や失敗にもとづいて、おのれの存在しうることを予期しているのである。配慮的に気遣われたものに埋没し、そこからおのれの可能性を汲みとり、それにもとづいて現存在はおのれへと到来するわけである。

右のように、ハイデガーによれば、了解は、第一次的には、到来（先駆あるいは予期）にもとづいて時熟するのだが、しかし了解は現存在の在り方として、時間性の脱自的統一において時熟するはずであるから、実は、了解は到来によってだけではなく、さらに時間性の「既在性」と「現在」という脱自態によっても等しく規定されているはずであろう。それで、了解をともに構成している現在と既在性とが、さらに論究されねばならない。

ハイデガーは本来的な現在を「瞬視」、非本来的な現在を「現成化」と呼ぶ。ここでちょっと注意を差し挟んでおこう。

ハイデガーによれば、時間性の「現在」という脱自態は、基本的には、世界内存在しつつさまざまな存在者を「出会わしめる」という意味を持つ。この「出会わしめる」ということは、存在者を「現成化する」——その存在者に現に向き合って、それをそれとして在らしめ、成らしめる——ことと同じである。たとえば、ここにある机は、その上で物を書く道具として在るものだというように、それと向き合って、それをそれとして摑み、その道具を道具として在らしめ、成らしめ、利用しようとする現存在の在り方が、これである。

さて、形式的には、すべての「現在」は、このような意味での「現成化」——存在者を「出会わしめる」在り方——であり、この在り方を現存在は欠きえない。ところが、現存在は日常、非本来的に頽落した在り方をしている。そのときには、現存在は、配慮的に気遣われたもののうちに埋没し、世人のうちに自己喪失している。こうした、いわば世故《せこ》にたけた、卑俗な仕方で、単にあれこれの道具を「出会わしめる」だけの「非本来的現在」を、ハイデガーはまた、非本来的な「現成化」と呼ぶ。つまり「現成化」の語は、形式的・一般的にも用いられれば、また、狭義において非本来的・頽落的なものとしても使用されるのである。

これに対して、「本来的現在」は「瞬視」と称される。このとき現存在は、頽落的な気散じからおのれを取り戻し、おのれの本来的到来にもとづきつつ、また既在性を引き受けながら、おのれの状況を偽りなく「目差し」Augen-blick——「瞬視」Augen-blickとは、「目」Augenで状況を「目差し、視る」blickという意味でハイデガーは使っている——、そして、そのほうへと決意しつつ脱出し移行し、突き入ろうとする構えのことなのである（その緊張した本来の「瞬間」——Augen-blickとは日常のドイツ語では、「一瞬」「瞬間」の意味である——のことである）。約言すれば、非本来的な現成化とは、配慮的に気遣われたものにかかわりつつ、そのなかへと埋没している在り方である。それに対して、瞬視とは、世人のうちへの自己喪失からおのれを解き離し（非本来的な現成化の剝奪）、おのれの状況を偽りなく本来的に目差し、その中へと入り込もうとすることである（本来的な現成化）。

さて次に、ハイデガーは本来的な既在性を「取り返し」と名付ける。先駆的決意性は、おのれの死へと先駆しつつ、おのれの最も固有な、単独化された被投性へと復帰する。このことによって現存在は、おのれの被投的存在を決意しつつ引き受け、いよいよもって、おのれらしく生きようと、おのれを取り返す（この「取り返し」の具体相は、次節の本来的歴史性の項においてもっと立ち入って示されることになる）。

これに反して、非本来的な了解は、配慮的に気遣われたものにのみかかわり、そうした外的な可能性のみを企投するが、それは現存在が本来の被投的なおのれを忘却していることによって可能となる。忘却とは、憶えていないといったことではなく、むしろおのれの本来の被投的存在から眼を背け、それを自分に閉鎖し、こうして自己隠蔽することである。かくしてハイデガーによれば、非本来的な既在性は「忘却」である（忘却とは、おのれ本来の被投的存在の「閉鎖」「隠蔽」を意味するのであって、普通の意味での「何かを忘れて思い出せないこと」ではない点に、注意されたい）。

さらにハイデガーによれば、この自己忘却にもとづいてこそ初めて、現存在は、おのれならざる世界内部的なさまざまな存在者、つまり配慮的に気遣われたものをしっかりと心に銘記しこれとかかわることができるのであって、このことをハイデガーは、それら配慮された存在者を「保有する」ことと呼んでいる。この保有の反対が、何かを忘れて思い出せないという意味での派生的な忘却（非保有）、つまり自己隠蔽という忘却の上に成り立つ、道具的存在者の保有をも、失念し忘却してしまった、派生的ないわゆる忘却、なのである。

かくして以上により、本来的な了解は、「先駆し取り返す瞬視」という時間性の時熟において成り立ち、一方、非本来的な了解は、「忘却し現成化しつつある（保有する）予期」として時熟する。そして了解は第一次的には「到来」から時熟し、実際、本来的了解は本来的到来すなわち先駆から時熟する。けれども非本来的な了解の方は、配慮的に気遣われたものを現成化すること（配慮的に気遣われたものへの埋没）にもとづいて時熟するわけである。

本来的時間性と非本来的時間性

さて右で了解の時間性が明らかにされたが、おのれの存在しうることへとかかわる了解の在り方が、結局、現存在の本来性、非本来性のいかんを決定する要の位置に立つと言ってよい。したがって、以上において同時に、本来的時間性と非本来的時間性の時熟の相が解明されたと言ってもよい。

時間性とは、これを一般に形式的に定式化すれば、「到来 Zukunft ―既在性 Gewesenheit ―現在 Gegenwart」である。別言すれば、「おのれへと向かって」と「何々のほうへともどって」と世界内部的存在者を「出会わしめる」という三脱自態の統一が、時間性である。この時間性の時熟の仕方が、現存在の在り方を可能にするわけであるから、現存在の本来性と非本来性とは、この時間性の時熟の二様相、すなわち本来的時間性と非本来的時間性とにもとづいていることになる。

ハイデガーによれば、すでに見たように、時間性は根源的には先駆的決意性に即して際立った形で経験され、そこでこそ、「根源的な時間性」――つまり時計で測られるような通俗的時間概念ではない、根源的な時間性——が獲得される。しかも、その根源的な時間性は——すなわち右で述べた「到来—既在性—現在」という時間性自身は——そのときその際立った、つまり本来的な様相において、経験されるのである。

根源的時間性がその本来的時間性の時熟の相において出現してくる点を、さらに、特別の術語で定式化して捉えるならば、それが、右に本来的了解の時間性として明らかにされた時間性の時熟の仕方にほかならないのである。すなわち「先駆 Vorlaufen —取り返し Wiederholung —瞬視 Augenblick」がこれである。それに対してあの根源的時間性は、それ自身を非本来的にも時熟させることもできるのであって、そうした非本来的時間性の定式は、前述した「予期 Gewärtigen —忘却 Vergessen〔あるいは忘却にもとづく保有 (Behalten)〕—現成化 Gegenwärtigen」なのである。

この際注意すべきは、本来的時間性は、本来的な到来（先駆）から発現し、非本来的な時間性は、非本来的な現在（現成化）から発現するという点である。言い換えれば、本来的時間性は死へと先駆することによって可能となり、一方、非本来的時間性は配慮的に気遣われたもののうちへと自己を喪失し、埋没することにもとづくのである。

ハイデガーは、時間性に関するこれらの術語を駆使しつつ、本来的時間性と非本来的時間性という主導的観点のもとで、さらに時間的な学的解釈（日常性、歴史性、通俗的な時間概念）を遂行してゆくのである。

情状性の時間性

ハイデガーによれば、了解は決して宙に浮いたものではなく、常に気分によって規定され、情状的なものである。しかもこの情状性は、被投性にもとづき、気分は、各自の被投的現事実性をあらわならしめるが、そういうことが可能なのは、現存在がもともとすでに、既在的な在り方をしていたからだ、とハイデガーは考える。だから、了解が第一次的に到来にもとづくのに対し、情状性は第一次的には既在性において時熟し、しかもそれには、当然のことながら、同時に、到来と現在の脱自態が結びつく。時間性は、三脱自態の統一においてのみ時熟するからである。さて、ハイデガーは情状性の時間的な学的解釈を、特に、恐れと不安に即して行なっている。

まず非本来的な情状性としての恐れについてであるが、私たちは普通、将来なにか悪いことが生じるのではないかと予期すること、近づきつつある脅かすものを予期すること、を恐れと考えている。そうであるとすれば、恐れの第一次的な時間的意味は、既在性ではなく、むしろ到来ではないかと考えられる。しかしハイデガーによれば、このことは将来のなにか悪いこと、災害を予期することが恐れの時間性に属すると言っているにすぎないのである。

実は、恐れは脅かすものを単に予期することではなく、恐れという情状性においては、その気分性格こそが重要であり、恐れの気分性格は、その脅かすものを、自分と結びつけて、現存在自身が脅かされていると感じ取るところにある。ということは、およそ一般に、なにかの「ほうにもどってゆく」という脱自態、もしくはそれの行き先である現存在自身が、開示されていなければ、恐れの気分は成立しないということである。さきに、情状性は第一次的には既在性にもとづく、と言ったことの意味もここにあり、すなわち、情状性の根本性格は、この現存在それ自身のほうへと連れ返すというところにあるのである。情状性は、被投性という事実に当面させるわけである。

ところで、ハイデガーによれば、恐れの気分性格をなしているのは狼狽である。私たちは恐れにおいて、おのれ固有の可能性から狼狽しつつ逃げだすという自己忘却のうちにある。この自己忘却は、手当たり次第に最も身近なものを狼狽して現成化し、本来的に何をなしうるかが分からず、手当たり次第に最も身近な可能性へと予期しつつ飛びつくのである。以上のことを理解するために、私たちは、火事になった家の人が、まったくどうでもよい最も身近にある家具を運び出すという話を想起すればよいであろう。ともかく、以上からして、ハイデガーは、恐れの時間性を「予期しつつ現成化する忘却」とするのである。

では本来的な情状性である不安の時間性についてはどうであろうか。

根本情状性としての不安は、現存在を単独化された被投性という事実（不気味さ）に当面させ、このおのれの被投性を本来的に引き受け、取り返すことを可能にする。ただし注意しなければいけないのは、不安の中では、実存を取り返しつつ引き受けることが、実際もうすでに行なわれるのではなく、ただ、取り返しうることの可能なものとしての被投性へと、不安は、ひとを連れ戻す、という点である。このように、取り返しうることの可能性に当面させることが、不安を構成している既在性という脱自態の様相だと、ハイデガーは言う。

　さらに、恐れが、狼狽して現成化する様態において構成されていたのとは異なり、不安の現在は、落ち着いている。不安は可能な決意の気分の中へと連れこみ、本来的な現在としての瞬視をまさに、出現させようとする。到来に関して言えば、不安は現存在を非本来的な諸可能性への埋没から覚醒させ、現存在に本来的な存在しうることの可能性を与える。こうして不安の時間性は、本来的時間性の時熟可能性を開くことのうちにあるのである。

　ただし、実際には、不安は、決意した現存在のうちでのみ立ち現われてくるとも、ハイデガーは言っている。したがって、了解が第一次的には到来にもとづくのに対し、情状性（恐れ、不安）は第一次的には既在性にもとづくとはいうものの、しかし時熟に関しては、本来的情状性としての不安と、非本来的情状性としての恐れとは、その根源を異にしている。すなわち、不安は決意性の到来（本来的な到来）から発現し、恐れは喪失的な現在（非本来的な現在）から発現するわけである。

　ちなみに、ハイデガーは、その他のもろもろの気分についても時間的解釈を企てているが、その際興味深いのは、たとえば「希望」といった情状性について、こう言っている点である。すなわち、希望が人の心を軽くするというのも、ほかでもなく、それが重荷としてのおのれの既在に関係しているからである、と。つまり、このように、情状性はことごとく、既在性という脱自態を第一次的な根拠として時熟する、というわけである。

頽落および語りの時間性

ハイデガーは頽落の時間性を「好奇心」に即して解明する。

さて好奇心とは、真に事象を理解し、これに没頭し、それを自分のものとするためにではなく、ひたすら新奇なものをただ見るためにのみ見る。見終わってしまえば、それでもう事は済む。好奇心は、非本来的に存在者と出会うこととして、非本来的な現在、つまり、落ち着きのないいら立った現成化にもとづいているわけである。

さらに、好奇心は新奇なものを好み、まだ見たことのないものを求める。それは一つの好奇心を満足させると、すぐに次の新奇なもののほうへと目をむけ、およそ、特定の可能性を選び取ることをしない。すなわち、それは真の可能性というものを予期せずに、ただ現実的なもののみを渇望する。それどころか好奇心の予期は、現存在自身の可能性を選び取らないばかりか、配慮的に気遣われたものの可能性さえをもおのれへと到来させることもなく、ただいら立った現成化のための可能性のみを予期し、こうしていわば、予期は自らを放棄してしまっているのである。

しかも、以上のような予期は、さきのあのいら立った現成化と、深く相互に嚙み合っている。すなわち、一方で、あのいら立った現成化は、もはや可能性を真には予期せず、予期から逃げ去り、跳び去る。ハイデガーはこれを、「現成化が予期から発現しつつ跳び去る」と表現する（これが好奇心の「無滞留」を形成する）。しかし他方で、それは、現成化が予期から切り離されることを意味せず、むしろ逆に、その際実は、「予期が現成化することを追跡しつつ跳んでゆく」という具合になっている（これが好奇心の「気散じ」を構成する）。

このように、ただ新奇なもののみを見ようとして、好奇心のいら立った現成化は予期から逃げ去り、むしろ予期が現成化の跡を追って跳ぶという具合に、好奇心は現成化の中にとらわれ、おのれの真に滞在すべきところを失ってしまう。好奇心はおのれの実存状況から逃避しているのである（この好奇心の現在は、本来的な現在としての瞬視に対する最も極端な反対現象である。というのも、瞬視は、実存を状況のうちへと連れ込み、おのれの状況を本来的に開示するからである）。

それだけではない。さらに好奇心は、非本来的な現成化にのみとらわれ、存在可能からは逃げ出すから、そこでは、到来から、被投的な自己へと戻ってくることもなく、こうして忘却の度合いが強まってゆく。否、それどころか、このように、すぐ次にくるもののほうへと目をむけ、以前のものを忘却するということが、むしろ好奇心の成り立つ条件とさえなっているのである。

かくして好奇心は、ただ見るためにのみ見るいら立った現成化することとして、予期から発現しつつ跳び去り（あるいは予期が現成化することを追跡しつつ跳んでゆき）、ますます被投的なおのれを忘却することにおいて、成立する、ということになる。

さて最後に、簡単に、「語り」の時間性について言及しておこう。ハイデガーによれば、以上述べてきた了解、情状性、頽落の三者によって構成される開示性の全体は、語りによって分節化される。それゆえ語りは、第一次的には特定の脱自態において時熟するのではない。しかし、語りは普通、環境世界について配慮的に気遣いつつ語るのであるから、現成化することが語りにおいて優位を占める、とされるのである。

気遣いと時間性

開示性の時間的な学的解釈によって、ハイデガーは次のことを明らかにした。

了解は第一次的には到来（先駆あるいは予期）にもとづき、情状性は第一次的には既在性（取り返しあるいは忘却）にもとづき、頽落は第一次的には現在（現成化あるいは瞬視）にもとづく。しかし了解、情状性、頽落は、それぞれ一つだけの脱自態から成り立つのではなく、常に三脱自態（到来―既在性―現在）の統一においてのみ時熟する。だからたとえば、非本来的了解は「忘却し現成化しつつある予期（既在性―現在―到来）」として時熟するわけである。

時間性はいかなる場合でも常に、「到来―既在性―現在」の三脱自態の統一において全体的に時熟する。そして了解（実存性）、情状性（現事実性）、頽落の構造全体の全体性もまた、右のような時間性の全き時熟にもとづくのである。右の了解、情状性、頽落の三者の全体性とは、気遣いにほかならなかったから、以上を言い換えれば、気遣いの構造の統一は、時間性にもとづく、ということになる。

さらにまた、以上においてハイデガーは、時間性が本来的時間性と非本来的時間性として、現存在の本来性と非本来性とを可能にするということをも示した、と言ってもよいであろう。

配慮的気遣いの時間性

さて、今まで私たちは、開示性の時間性を辿ってきた。開示性とは、世界内存在する現存在の、とりわけ「内存在」の構造にほかならない。しかし全き世界内存在は、さらに「世界」の現象をも含んで成り立つ。私たちはすでに本書の第二章で、とりわけ、この世界の現象や、世界内部的存在者への配慮的気遣いの現象などを分析していたことを、思い起こしていただきたい。ほかならぬこれらの現象が、いまや改めて「時間的な学的解釈」を施されるべき段階になったわけである。

まず私たちは、道具的存在者に対する「配慮的気遣い」の時間性から始めよう。現存在の存在としての気遣いが、時間性にもとづいて可能であるとすれば、配慮的な気遣いもまた、時間性にもとづいて可能になるはずであろう。

私たちは、配慮的に気遣いつつ、「……のために」道具を用いている（たとえば家を建てるためにハンマーを用いている）。この「……のために」を予期しつつ、私たちは道具を保有する（たとえばハンマーを握っている）。この予期しつつ保有することによって、道具を道具として操作しつつ現成化するのである（たとえば釘を打ちつける）。しかも、道具的世界に没頭するためには、被投的なおのれを忘却し、配慮的に気遣われたものに埋没していなければならない。この忘却にもとづいてはじめて道具を保有することが可能となるからである。

ハイデガーによれば、こうした「予期し保有しつつある現成化すること」（非本来的時間性）が、配慮的な気遣いの時間性であり、これこそが、私たちが環境世界と慣れ親しんでいることを可能にしているのである。

配慮的な気遣いの変様

次に、私たちの日常的な配慮的な気遣いが、いかにして理論的な学（たとえば物理学）へと変様するのか、またその時間的意味とは何か、をハイデガーは解明する。ここではハイデガーは、学を現存在の在り方として了解している。それは、学を単に出来上がった理論として、「真なる諸命題の根拠づけの連関」として規定することとは異なるのである。

たとえば、私たちはハンマーを使用しながら、「このハンマーは重い」と言うことがある。私たちはこのように言うことによって、この場合、何を言い表わしているのだろうか。それは、このハンマーを取り扱うためには力がいる、それを操作するのは骨が折れるだろう、あるいは、このハンマーは仕事をするのには重すぎる、もっと軽いハンマーが欲しい、ということを表現している。こうした仕方でハンマーという存在者を出会わせることは、現成化である。この現成化は、現存在がある可能性を予期しつつ、道具連関を保有することにもとづいている。

しかし「ハンマーは重い」という言葉は、ハンマーは重さという性質を持っている、という物理学的な命題にもなりうるのである。この変化のうちで、何が生じたのだろうか。道具としてのハンマーが、重力の法則に従う物体としてのハンマーへと変様したのである。道具的存在者が新たに事物的存在者として考察されるわけである。しかしこの場合、単に一つの道具的存在者だけが変様するのではなく、その道具が属している環境世界という枠がおよそ総じて除去され、したがって、道具の占めていた場所も幾何学的空間の中の一点へと変様する。環境世界の枠づけを除去するとは、全ての存在者を、事物的存在者として、あらかじめ先行的に了解するということである。

こうして、存在者の全体が、学問的探究の可能的領域として、その根本規定性において分節化され、方法的に探究されてゆくことになる。この事物的存在性という意味での存在についての先行的了解のうちに、たとえば存在者を物理学的に取り扱うということの本質がある。ハイデガーによれば、存在者を学的に企投することの本質は、この存在者の存在機構の先行的企投のうちにあるのである。

それゆえ、近代科学の典型としての数学的物理学の成立にとって決定的なことは、諸事実の観察を重視したことでもないし、単に数学を応用したことでもない。ハイデガーによれば、それは先行的な「自然自身の数学的企投」にあるのである。自然の数学的企投とは、自然を事物的に存在するもの（物質）として見出し、それの量的に規定されうる構成諸契機を捉えるといったように、主題となっている存在者を、その存在機構の先行的企投において、発《あば》き出し、こうして厳密な方法論的装置においてその存在者に接近してゆくということである。この事物的存在性という先行的な存在了解のもとで初めて、自然の事実といったことも見出されるのである。

かくして自然は、量的に規定されうる諸契機（運動、力、場所、時間）にのみ着目しつつ、数学的・物理学的に探究される。その場合、自然の数学的企投にとって決定的なことは、単に数学がそこで用いられるということではなく、むしろいわば、その企投が当の存在者の解明されるべき「アプリオリ」な場面をあらかじめ切り拓いているという点にある。すなわち、数学的企投が存在者を先行的に企投し、そのことによってはじめて存在者を見出さしめるということである。自然は数学的・量的に規定されるものとしてのみ、先行的に了解されているわけである。

このように、存在者に対し、明確な存在了解と、それによる事象領域の画定と、適切な方法概念とをもって、客観的に、学問的に、接近してゆくことを、ハイデガーは「主題化」と呼ぶ。この主題化は、事物的存在者を発き出してゆくことのみをひとえに予期する際立った特別の「現成化」の性格を持つ。しかし、このことが可能だというのも、そもそも現存在が、真理を摑もうという有り様で、実存するからだと、ハイデガーは考え、こうして、学問は、この項の最初に述べられたように、現存在の特別の在り方をまってのみ初めて成立するものとして、捉えられてゆくことになるのである。

世界の超越

以上において、道具的存在者に対する配慮的気遣いと、事物的存在者に対する理論的探究との、二つの在り方が、時間性にもとづいて解明された。

しかしハイデガーによれば、このような世界内部的存在者——それが道具的であれ、事物的であれ——になんらかの形で出会いうるためには（配慮的気遣いにおいてであれ、理論的発見においてであれ）、あらかじめまず世界の場が切り拓かれていなければならない。なぜなら、そもそも現存在は、「世界内存在」として実存し、個々の存在者を超え出て、根底的な世界の場面の中にすでに実存していたからである。

このように、個々の存在者にかかわるのに先立って、それを超え出て、根本的な世界内存在の場面を動いていることを、「現存在の超越」と呼ぶ。逆に言えば、個々の存在者に先立って、それを超え出て、すでに世界の場が拓かれていることを、「世界の超越」と言う。それでいまや、この世界というものが、超越的なものとして、つまり、世界内部的存在者に出会いうることの可能性の根拠として、いかにして成り立つかの仕組みが、時間性にもとづいて解明されなければならないことになる。ではそれはどのようにしてか。

ハイデガーによれば、時間性は本質上脱自的である。到来、既在性、現在は、それぞれ「おのれへと向かって」「のほうへともどって」「を出会わせる」という性格を持っている。この性格は時間性が自己から外へと脱け出ることとしての脱自であることを示している。それゆえ到来、既在性、現在をハイデガーは、時間性の脱自態と名付けたわけである。けれどもハイデガーによれば、時間性の三脱自態は単に何かへの脱出であるのではなく、脱自態には脱出の行き先が属している。言い換えれば、時間性は、単に脱自的であるだけでなく、それぞれの脱自は、なんらかの地平、視野を開き、なんらかの問題場面を孕みながら、時熟するわけである。ハイデガーは脱自態のこの行き先を「地平的図式」horizontales Schema と名付けている。

到来の地平的図式は「おのれのためにという目的性」である。既在性の地平的図式は、「被投性が直面する対象」、あるいは「引き渡しが委ねられている対象」である。そして現在の地平的図式は、「手段性」である。つまり、現存在が事実上すでに存在しているときには、到来の地平において、そのつど「なんらかの存在しうること」がいつも企投されており、また既在性の図式においては、「すでに存在している」有り様がもう開示されており、さらに現在の地平においては、配慮的に気遣われているものがとうに見出され露呈されているわけなのである。

この三脱自態の地平的統一が、手段性の諸連関と目的性との根源的な連関（つまり、有意義性、世界の存在論的機構）を可能にするわけである。それゆえハイデガーによれば、世界を可能にする条件とは、時間性が地平的図式を持っているということになる。

そしてハイデガーによれば、世界がすでに先行的に開示されていることによって、この開示された世界にもとづいて存在者（世界内部的存在者）が出会われうるのである。現存在は世界へと超越することによって（世界の先行的開示性）、世界内部的存在者と出会うことができる。世界の先行的開示性にもとづいて存在者に出会うことが可能になるという意味で、世界は世界内部的存在者を超越しているのであり、世界は超越的である。

私たちは普通、超越の問題を、「いかにして主観がおのれの内在から超越して、客観という超越者に達することができるか」という問いとして理解している。しかしハイデガーによれば、この「主観―客観」図式を前提した問いそのものが誤りなのである。問われるべきであるのは、無世界的な主観ではなく、世界内存在としての現存在である。それゆえ、超越の問題は、いかにして世界の先行的開示性にもとづいて、存在者が世界内部的に出会われうるのか、である。超越の問題は、世界の超越として設定されねばならないとハイデガーは考えるわけである。

かくして、世界内存在という現存在の根本機構は、世界の開示性が時間性にもとづいているがゆえに、時間性にもとづいて可能となる、と言うことができる。それゆえ、現存在にふさわしい空間性も、時間性のうちにその根拠をもっていることになる。

日常性の時間的意味

こうして日常性の時間的な学的解釈が遂行された。日常性 Alltäglichkeit とは、現存在がそのうちで毎日 alle Tage 生きている平均的な在り方であった。

日常性という名称によって、根本において時間性以外のなにものも考えられていないのであるが、しかしこれまでの日常性の分析は、日常性を十分に解明したのだろうか。日常性とは、単なるそのつどの在り方ではなく、毎日という仕方で、現存在の「時間的な伸び拡がり」を指示している。私たちは歴史のうちで生きているのである（歴史性）。

さらに私たちは日常生活において、時間を配慮的に気遣いつつ生きている。そして時計を使用しつつ時間を了解している。こうした時計使用のうちから通俗的な時間概念が生じるのである。

そうであるとすれば、日常性の分析は、さらに歴史性、通俗的な時間概念を時間性にもとづいて解明することを要求しているのである。

＊　日常性とは、特定の実存の仕方に偏しない、平均的な実存の仕方のことを意味していた。そして実際、本来性、非本来性に無差別の実存の仕方というものがある。そしてこれは、「到来―既在性―現在」という時間性の脱自的統一にもとづいて可能になる。たとえば、了解とか情状性とかが、これである。しかし、具体的には、それらは、本来的か、非本来的かのいずれかの様態において時熟し、それらの仕方が以上で解明された（そして結局、日常的には非本来的様態が大部分なのであった）。

けれども、ハイデガーは、日常性を重視していて、すべての実存は、日常性の存在様式から発してそこへと還り、現存在が本来的となったときでも日常性は現存在を規定すると言い、したがってたとえば、本来的実存といえども、配慮的気遣いをやめることはできないと語っている。そうだとすれば、いかに現存在の本来的実存が、「先駆―取り返し―瞬視」という本来的時間性として時熟しても、それは、やはり配慮的気遣いの「予期―保有―現成化」という非本来的時間性の時熟と、関係を持たざるをえない。ここに本来性と非本来性との相互的絡み合いという事態が出現してくるのである。これは別の言葉では、真理と非真理との交錯という問題でもある。これが『存在と時間』で残された最大の問題点なのである。

5　時間性と歴史性

歴史の問題

ハイデガーはすでに、現存在の全体性を「死へとかかわる存在」に即して分析した。しかし死は現存在の一つの終わりにすぎないのではないか。現存在の全体性を取り囲んでいる他の一方の終わりとしての誕生も、ともに論じられねばならないのではないだろうか。それゆえ、現存在の全体性が論究されるべきであるとすれば、私たちは「誕生と死との間の現存在の伸び拡がり」(生の連関)を問題としなければならないはずであろう。さらに、すでに日常性の分析が、日常性=毎日という仕方で、現存在の時間的な伸び拡がりの論究を要求していたのである。

私たちは普通、生の連関を「時間の内での諸体験の連続」から成り立っていると考えている。その場合、この連続において、そのときどきの今の体験だけが現実的であり、過去あるいは将来の体験は現実的ではなく、その変化交替する諸体験の中で自己が同一性を保っていると考えられている。しかしこのように考えることは、生の連関を事物の関係として理解することであり、こうした事物的存在性という存在の理念のもとでは、生の連関は決して理解されないのである。

ハイデガーの考えでは、現存在は刹那的な諸体験を次々に通過することによってはじめて、生といったものを満たすのではない。現存在は、誕生と死との間で伸び拡げられつつおのれを伸び拡げているのである。誕生はもはや事物的に存在していないものという意味での過ぎ去ったものではないし、死はまだ事物的に存在していないものでもない。いってみれば、現存在はおのれの被投性（誕生としての被投性）を引き受けつつ、死へとかかわる存在として実存するのである。現存在のうちには、誕生と死との「間」がすでに潜んでいる。ハイデガーはこのことを「気遣いとしての現存在は〝間〟である」と表現している。

ハイデガーは、生の連関という「伸び拡げられつつおのれを伸び拡げる動性」を、「現存在の生起」と名付ける。生の連関という問題は、現存在の生起という存在論的な問題であり、この生起の構造およびその可能性の条件を解明することが、すなわち、そのまま歴史性の存在論的解明を意味しているのである。というのも、歴史 Geschichte、歴史性 Geschichtlichkeit という言葉は、もともと生起 Geschehen の語から由来しているので、それで、現存在の生起を論ずることは、そのままその歴史性を論ずることになりうるからである。そしてこの歴史性の時間的な学的解釈は、現存在の歴史性が根本において時間性にほかならぬことを確認してゆくのである。

歴史の意味

ハイデガーは歴史性の解明のために、まず歴史についての通俗的な諸概念を特色づけることから始めている。

歴史という言葉は、歴史的現実（生起としての歴史）を意味すると同時に、歴史学（記述としての歴史）をも意味している。しかし、記述としての歴史は、生起としての歴史にもとづいて可能となるとハイデガーは考えるので、歴史学という意味での歴史についてはもう少しあとで論究することとして、まず生起としての歴史の意味を明らかにしてみよう。

ハイデガーによると、生起としての歴史は四つの意味を持っている。

第一に「過去となったもの」という意味である。実際、私たちは「……はすでに歴史に属する」と言うのである。過去となったものとしての歴史的なものは、現在との影響関連において了解されている。第二に歴史は「過去からの由来」を意味する。私たちは「……は歴史を持つ」「……には歴史がある」と言うのである。ここでは歴史は、過去、現在、未来を貫通する作用連関を意味している。第三に歴史は「自然とは区別された存在者の領域」を意味している。私たちは「自然と歴史」という仕方で語るわけである。歴史とは、人間、人間の集団、文化の、時間の内での変転や運命を意味している。第四に歴史的とみなされるのは、「伝承されてきたもの」そのものである。

以上の四つの意味は、それらが種々の事件の主体としての人間に関係しているということによって、一つの連関を持っている。ハイデガーは四つの意味をまとめつつ、次のように言っている。「歴史とは実存しつつある現存在の時間の内で生じる種別的な生起のことであって、しかもその際、相互共存在のうちで〝過去となって〟いながら、同時に〝伝承されて〟いて、さらに影響を及ぼしつつある生起が、強調された意味において歴史とみなされている」。

博物館の家具

私たちが歴史を語る場合、普通それを「過去となったもの」として理解している。ハイデガーは、歴史におけるこの過去の優位に着目し、それを手懸りとして、歴史性の時間的な学的解釈を始めている。過去の優位は、歴史的なものの時間的意味をはっきり示しているからである。

ハイデガーは博物館に保存されている古代遺物、家具を例として、歴史的なものの意味を明らかにしている。この家具はある過去の時代に属しているが、それにもかかわらず現在においてもなお事物的に存在している。ではいったいなぜこの家具が歴史的なもの（過去となったもの）と言われうるのだろうか。この家具が歴史的なものになるのは、歴史家がたまたまそれを研究対象としたからだろうか。しかし歴史学の対象でありうるのは、この家具がそれ自身で歴史的に存在しているからである。では何がこの家具を歴史的なものとするのだろうか。

なるほどこの家具は時間のうちにあり、時間の流れのなかで破損したり、虫食いになったりしている。しかしこの事物的な変化がこの家具を歴史的なものにするわけではない。この家具は博物館に展示されているのだから、なるほどもはや使用されていない。しかしこの家具がなお使用されていたとすれば、歴史的なものでなくなるのだろうか。一体なお事物的に存在しているこの家具において、何が過去となってしまっているのだろうか。

ハイデガーによれば、過去となってしまったのは、世界である。その世界のうちで、この家具は一つの道具連関に属しつつ、道具的存在者として出会われていたのであり、世界内存在する現存在によって使用されていたのである。その世界こそがもはや存在しないのであり、その世界のうちで出会われ、使用されていたこの家具は、なおも事物的に存在している。では世界がもはや存在していないとは何を意味するのだろうか。

ハイデガーによれば、世界は世界内存在としての現存在という在り方においてのみ存在するのである。古代遺物としての家具が歴史的なもの（過去となったもの）であるのは、その家具が帰属していた世界が過去となってしまっているからである。その世界は世界内存在の契機としてのみあるのだから、結局、この家具が歴史的であるのは、世界内存在としての現存在の歴史性にもとづくと言わねばならない。

現存在と世界・歴史的なもの

そうであるとすれば、もはや実存していない現存在が、第一次的に歴史的なものである、と私たちは言わねばならないのだろうか。しかしハイデガーによれば、現存在はもはや実存していないということによってはじめて歴史的となるのではなく、現存在はそもそも実存しているものとして歴史的に存在するのである。なぜなら現存在は時間性（到来―既在性―現在）の時熟において実存しているのであり、現成化しつつある到来的な現存在として既在しつつ存在しているからである。現存在には既在性（「過去」「歴史的なもの」）が本質的に属しているわけである。

それゆえ、第一次的に歴史的に存在しているのは、現存在なのである。第二次的に歴史的に存在しているのは、世界内部的に出会われるものであり、それは最も広い意味での道具だけではなく、歴史的な地盤としての自然をも含んでいる。現存在の世界に帰属することによって第二次的に歴史的に存在している存在者を、ハイデガーは「世界・歴史的なもの」das Welt-geschichtliche と名付けている。世界・歴史的なものは、歴史学の対象となることによってはじめて歴史的に存在するのではなく、その世界帰属性にもとづいて、それ自身すでに歴史的に存在するのである。

現存在は実存しつつあるものとして歴史的に存在している。しかし現存在の時間性において、到来―既在性―現在が全体として時熟するにもかかわらず、なぜ歴史的なものの規定において「過去」「既在性」が優位を持つのであろうか。さらにそもそも「現存在が歴史的に存在している」とは何を意味しているのだろうか。現存在の歴史性こそが問われなければならないのである。ハイデガーによれば、現存在は本来的に実存するか、非本来的に実存するかであった。それに対応して、本来的歴史性と非本来的歴史性という実存可能性が解明されねばならない。

本来的歴史性

ハイデガーは現存在の本来的歴史性（現存在の本来的な生起）を、先駆的決意性に即して解明する。先駆的決意性において現存在は、死へと先駆し（到来）、おのれをおのれの被投性において全体的に引き受け（既在性）、状況のうちへと決意する（現在）。しかし先駆的決意性において現存在は、おのれの実存可能性（何をなしうるのか、何をなすべきなのか）を、どこから汲み取ってくるのだろうか。この実存可能性は死そのものから取り出されることはできない。ではどこから汲み取られるのだろうか。

ハイデガーによれば、日常的現存在は世人の中へと自己喪失しつつ、そのときどきの平均的な実存可能性にもとづいて（その時代、社会の通念に従って）、おのれを了解している（非本来的な実存的了解）。しかし、本来的な実存的了解は、こうしたおのれの時代、社会の通念から全く切り離された真空のうちでおのれの可能性を選び取るわけではない。そうではなくて、常におのれの時代のうちで、そうした通念に反抗しつつ、そこから真の実存可能性を決意しつつ選び取るのである。そしてそのことによっておのれの時代のために真の実存可能性を示すのである。

その場合、先駆的決意性はおのれの本来的可能性を、おのれが引き受けている遺産（伝承されたもの）のうちから選び取るのである。ハイデガーによると、死への先駆のみがあらゆる偶然的、暫定的な可能性を追い払い、おのれの本来的可能性を見出すことを可能にする。それは、おのれの死が不可避であることを真に自覚することによって、おのれのなすべきこと、なしうることに対する真剣さが生まれる、ということである。

かくしてそれは、現存在をその「宿命」Schicksal の単純さのうちへと連れこむのである。私たちは通常宿命を、外から私たちをおそう偶然的、不可避的な幸運や不運であると考えている。しかしハイデガーによれば、現存在が死へと先駆しつつ、おのれの本来的な可能性を伝承された遺産のうちから決意しつつ選び取るがゆえにのみ、幸運や不運に出会いうるのである。ハイデガーはこの決意性のうちでの現存在の生起を「宿命」と名付けている。この宿命（現存在の本来的歴史性）こそが、通常の宿命といったものを可能にしているのである。

さらに現存在は世界内存在として、他者と共にある共存在において実存する。それゆえ、現存在の生起は共生起であり、この「他者と共にある共存在における現存在の生起」（共同体、民族の生起）を、ハイデガーは「運命」Geschickと呼んでいる。宿命にもとづいて運命は可能となるのである。

さて先駆的決意性において現存在は、おのれの死へと先駆し（到来）、おのれの固有な被投性へと投げ返されてそれを引き受け（既在性）、おのれの時代、状況へと決意しつつ存在する（現在、瞬視）。先駆的決意性は「到来—既在性—現在」としての時間性にもとづいているのである。宿命は先駆的決意性においてのみ可能であるがゆえに、宿命という本来的歴史性は時間性にもとづいていることになる。ハイデガーはこのことを、「本来的であって同時に有限的な時間性のみが、宿命といったようなものを、すなわち本来的歴史性を可能にするのである」と表現している。本来的歴史性は時間性のより具体的な仕上げであり、時間性のうちに潜んでいたものの展開なのである。

さらに本来的な既在性としての「取り返し」がここで具体的な姿をとることになる。先駆的決意性において、現存在は、かつて実存していた現存在（たとえばソクラテス）を、彼の本来的な可能性において了解しつつ、その実存可能性を本来的に取り返す。取り返しとは、単なる模倣、繰り返しではなく、かつて実存していた現存在の可能性に応答することである。現存在はおのれのためにおのれの英雄を選ぶのである。

たとえば、ソクラテスが彼自身の可能性をそのつど選びつつ生きたその在り方を了解し、おのれの可能性として取り返し、おのれの生き方として選び取るわけである。現存在は歴史的に存在し、過去へと開かれているがゆえに、かつて実存した現存在の実存可能性を取り返し、歴史におけるおのれの本来的な可能性を引き受けることができるのである。

宿命が現存在の本来的歴史性を構成するのであるから、歴史はその本来的な重みを過去となったもののうちに持つのではなく、現存在の到来（死への先駆）による本来的な生起のうちに持つことになる。それは、死への先駆（本来的な到来）こそが現存在をおのれの被投性へと投げ返し、伝承された既在している実存可能性の取り返しを可能にし、このことによって既在性に、歴史的なものにおけるそれ特有の優位を与えるということである。それゆえハイデガーによれば、死へと先駆すること、言い換えれば時間性の有限性こそが、現存在の歴史性の隠された根拠なのである。

非本来的歴史性

以上で本来的歴史性が解明されたわけである。しかし歴史性が現存在の存在に属しているのだとすれば、非本来的に実存することも歴史的であるはずであろう。この現存在の非本来的歴史性を、ハイデガーはどう解釈しているのだろうか。

ハイデガーによれば、現存在は歴史的に存在するというテーゼ（現存在の歴史性）は、無世界的な主観が歴史的に存在するということを意味しているのではない。それは、世界内存在としての現存在が歴史的に存在するということを意味しているのである。それゆえ、現存在の歴史性は本質上、世界の歴史性である。それは現存在が、開示された世界にもとづいて、世界内部的存在者と歴史的にかかわることができるということである。世界内存在としての現存在の歴史性において、道具的存在者と事物的存在者は、世界の歴史の中へ組み込まれているわけである。これが「世界・歴史的なもの」である。

さて日常的現存在は頽落しつつ、配慮的に気遣われたもののうちに没入しているがゆえに、この現存在はおのれの歴史を配慮的に気遣われたもの（世界・歴史的なもの）にもとづいて了解している。言い換えれば、世界・歴史的に了解しているのである。これが「非本来的歴史性」である。さらに日常的現存在は存在を事物的存在性として了解しているがゆえに、世界・歴史的なものは「来着し現存し消滅する事物的存在者」として解釈されている。こうした「世界・歴史」Welt-Geschichteという通俗的概念は、非本来的歴史性にもとづくのである。

——以上の非本来的歴史性についての論述は、ハイデガーの次のような基本的洞察に根拠を持っている。頽落している非本来的現存在はおのれを、存在的には配慮的に気遣われたものから了解し、存在論的には存在を事物的存在性として了解する。——この洞察は、『存在と時間』全体を貫いているのであり、私たちはこのことを忘れてはならない。

以上の考察は、本来的歴史性こそが現存在の根源的な生起であることを明らかにした。しかしそもそも、生の連関こそが問われていたのではないだろうか。ハイデガーはこの生の連関をいかに解明するのだろうか。

さて非本来的に実存している（非本来的に歴史的である）現存在は、おのれの仕事に追い回され、毎日起こるさまざまのことのうちに気を散らし、おのれを喪失している。つまりそこには自己の不断の非自立性がある。この現存在は、さまざまなことに気を散らし、自己喪失しているからこそ、そこからおのれを取りまとめなければならない。それゆえ、この現存在にとって、この分散、無連関から主観の諸体験をいかに統合し統一するかという問いが生じる。かくして、いかにして相互に無連関な諸体験が統一され、生の連関が成立するのか、と問うことは、非本来的歴史性から生じるのであり、この問い自身が非本来的で不適切なのである。

それに対して本来的歴史性のうちには、こうした問いの根底にある気散じ、自己喪失はありえず、誕生と死との間の現存在の伸び拡がりが潜んでいる。こうした伸び拡がりのうちにおいて現存在は、誕生と死との間であり、生の連関そのものである。そこでは自己は、不断の自立性を確立し、恒常的な立場の確固さとして、伸び拡げられた恒久性において実存しているのである。ところが非本来的歴史性においては、この根源的な伸び拡がりが隠されているがゆえに、生の連関についての不適切な問いが生じるのである。

歴史学の実存論的根源

以上の考察は「生起としての歴史」に定位して行なわれた。しかし歴史は「記述としての歴史」（歴史学）をも意味していたはずである。さらに、現存在の生起には本質上開示という可能性が属している。それゆえ現存在には、歴史を歴史学的に開示するということが属している。現存在の生起（歴史性）の解明はそれ自身、「歴史学」Historie の解明を要求するのである。

さて現存在が歴史的に存在するとすれば、あらゆる学はこの現存在の歴史性に拘束されていると言わねばならない。しかし歴史学はそれ固有の仕方で現存在の歴史性を前提しているのである。いかなる意味でだろうか。

なるほど歴史学は現存在の歴史に関する学であるから、歴史的な現存在をその対象として前提している。さらに歴史学的認識そのものも現存在が行なう以上、歴史的である。しかし歴史学が現存在の歴史性を前提しているとは、ハイデガーによれば、歴史学はその存在論的構造からみて現存在の歴史性に根ざしているということである。ハイデガーはこの事態を「現存在の歴史性にもとづく歴史学の実存論的根源」と呼んでいる。それはいかなる意味なのだろうか。

歴史学は歴史的なるものの開示（過去を歴史学的に開示すること）をその固有の課題とし

ている。このように過去を歴史学的に開示するためには、過去へといたる道が開かれていなければならない。それは、現存在が歴史的に存在するかぎり可能である。言い換えれば、現存在が時間性（到来―既在性―現在）として、既在的であるからこそ、おのれの既在性において過去へと開かれているのである。

すでに言われたように、世界内存在としての現存在とともに、世界・歴史的なものも存在する。この現存在がもはや存在していないとしても、世界・歴史的なものは過ぎ去らずになお事物的に存在していることがありうる。私たちは、このいまなお事物的に存在している世界・歴史的なもの（遺物、記念碑、報告等）を、かつて実存していた現存在を具体的に開示するための歴史学の資料として用いることができる。

しかし世界・歴史的なものが歴史学の資料となりうるのは、それ自身が世界・歴史的なものであるからである。それが世界・歴史的なものであるのは、それがかつて実存していた現存在の世界に帰属していたことを私たちが了解しているからである。それゆえ、世界内存在としてかつて実存していた現存在へとかかわることが、世界・歴史的なものの了解のために前提されねばならない。

かくして資料の入手、精査、確保が、過去の開示を初めて可能にするのではなく、過去の開示は「かつて実存していた現存在へとかかわること」を、言い換えれば「歴史学者の実存の歴史性」をすでに前提しているのである。この歴史学者の実存の歴史性が、学としての歴史学を実存論的に基礎づけているのである。

歴史学の主題

こうして歴史学がその存在論的構造からみて、現存在の歴史性のうちに根ざしているということが示された。ハイデガーによれば、このことによって歴史学の本来的対象が規定されるのである。どのようにしてであろうか。

さて現存在のみが第一次的に歴史的に存在していると言われた。それゆえ、歴史学の対象はかつて実存していた現存在でなければならない。だがそうであるとしても、この現存在はいかなる仕方で歴史学の本来的対象になるのだろうか。ハイデガーはこのことを本来的歴史性における取り返しに即して解明している。取り返しとは、かつて実存していた現存在を、その本来的な可能性において了解することであった。そうであるとすれば、歴史学は、かつて実存していた現存在を、その最も固有な実存可能性において了解することを、真の課題とすることになる。本来的歴史性（取り返し）において歴史学が誕生するのである。

しかし本来的歴史性のみが歴史学を本来的に可能にするといった場合、本来的歴史性が到来（死への先駆）から時熟するのであるから、歴史学的開示もまた、実は、到来から時熟するのである。実際、本来的歴史性は、かつて実存していた現存在に潜む「力」を取り返す際に、それがおのれの現事実的実存の中で、おのれへと到来してくるようにと、過去の歴史を開示するわけである。

しかし本来的歴史性によるこうした歴史学的開示は「主観的」であって、「客観性」を持ちえないのではないだろうか。歴史学はただ客観的事実のみを探究すべきであって、実存可能性といった主観的なものを対象とすべきではないのではないか。

しかしハイデガーによれば、学の客観性とは普遍妥当性といったことではなく、その学が主題とする存在者を、その根源性において隠蔽することなく開示しうるかどうかということにあるのである。本来的歴史性こそが、かつて実存していた現存在（歴史学が主題とする存在者）を、その本来的な実存可能性において取り返しつつ、隠蔽することなく開示するのであるから、この本来的歴史性こそが歴史学の客観性を保証するのである。それは単なる客観的諸事実の羅列としての客観主義ではなく、実存の本来的可能性を開示することとして、優れて主体的なものである。

かくして歴史学の主題は、かつて実存していた現存在の実存可能性である。しかしこの現存在は世界内存在として、常に世界・歴史的に実存している。それゆえ現存在の実存可能性を真に了解するためには、いかなる世界、状況のうちで、世界・歴史的なものといかにかかわりつつ生きたかを把握しなければならない。かくして歴史学にとって、諸事実（世界・歴史的なもの）を研究することが決定的に必要なのである。歴史学は、道具、製品、文化、精神、理念等の歴史を対象とするわけである。

6 時間性と通俗的な時間概念

時間の問題

私たちは常に時間を配慮的に気遣いつつ、時間を計算に入れ、時間に準拠しつつ生きている。そして私たちは「時間がある」とか「今は時間がない」と言ったりする。私たちは時間を自明なものとして利用し、語っている。しかし私たちがよく知っていると思っている時間とはそもそも何であるのか。こう問うことによって時間の自明性は消え去ってしまう。

ハイデガーはこの問いに答えるために、まず時間を計算に入れるという基本的態度が、時間性にもとづいていかにして可能かを論究し、そうした基本的態度にもとづいて「世界時間」Weltzeit というものが成立してくることを解明する。そしてこの世界時間の中で、さまざまな存在者が出会われ、かつ時間的に規定されるので、それでここに存在者の「時間内部性」Innerzeitigkeit が成立することになる。さらに、この「時間内部性」から「通俗的な時間概念」vulgärer Zeitbegriff が派生する、とハイデガーは考えるのである。

したがってまず、世界時間（配慮的に気遣われた時間）が分析されねばならない。ハイデガーによると、世界時間は、日付け可能性、伸張性、公共性、世界性という構造を持っている。

日付け可能性

私たちは時間を配慮的に気遣いつつ、常に「そのときには」「あのときには」「今は」ということを了解している。しかも私たちは「そのときには」を「……するであろうそのときには」として、「あのときには」を「……したあのときには」として、「今は」を「……する今は」として了解している。ハイデガーはこの構造を「日付け可能性」と名付けている。

私たちは「そのときには」においては予期し、「あのときには」においては保有し、「今は」においては現成化している。この場合、「そのときには」のうちには「今はまだない」ということが、「あのときには」のうちには「今はもはやない」ということが潜んでいる。そうであるとすれば、「そのときには」「あのときには」は、「今は」という観点において了解されていることになる。「今は」（現成化すること）が特有の重みを持っているのである。

かくして日付け可能性は「予期し、保有しつつ現成化すること」という、現成化することにもとづいた非本来的時間性の時熟において可能となる。ハイデガーはこの「〝今は〟のうちで言表された解釈されているもの」（「おのれを解釈しつつ現成化すること」）を、「時間」Zeit と名付けている。

さて「今は」が「……する今は」であるのは「今は」が存在者を現成化することという現

在の脱自的性格を解釈しているからである。かくして、「今は」「そのときには」「あのときには」の日付け可能性は、時間性が脱自的であることの反映なのである。それゆえ、時間が日付け可能であるということは、この時間性から由来しているということを示している。

伸張性

さて「そのときには」のうちには、「今はまだない」がひそんでいた。そうであるとすれば、「今は」を現成化しつつ「そのときには」を予期することは、「そのときまでは」(今からそのときまで)を了解していることになる。そしてそれは「……が続いている間は」という仕方で日付け可能性をもっている。こうした伸張された「続いている間」は、時間性の伸び拡がりによって可能である。

さらに単に「続いている間」が伸張あるものであるばかりではなく、あらゆる「今は」「そのときには」「あのときには」は、さまざまに変わる伸張度をそなえた伸張性をそのつど持っている。たとえば「今は」と言っても、それは、休憩中のこと、食事中のこと、夕方のこと、夏のこと等を意味するわけである。

さて現存在は、本来的に実存するか、非本来的に実存するかに応じて、おのれの時間を持つ。非本来的に実存するものは、多忙をきわめ、配慮的に気遣われたものにおのれを喪失している。彼は常に現在の中へと巻き込まれ、以前のものを忘却し、おのれの可能性を予期せず、自己喪失しつつ、「今は、今は」とのみ言う。ハイデガーによれば、非本来的実存は、「予期することなく忘却しつつ現成化すること」という様態において時熟するのである。

彼は「私には時間《ひま》がない」と言う。それに対して本来的実存は、先駆的決意性において決して時間を失わず、常に時間、すなわち余裕を持っている。本来的実存は誕生と死との間の伸び拡がりとして時熟するからである。現存在が時間を持ったり、失ったりできるのは、現存在の時間性が伸び拡がりとして時熟し、そのことによって時間が与えられているということにもとづいているのである。

公共性

ハイデガーによると、世界内存在としての現存在は、他者と共にある共存在であり、そのことにもとづいて配慮的に気遣われた時間は常にすでに公共化されている。この公共化は太陽にもとづく時間計算によって、さらにまた時計使用によって、ますます際立ってくる。

世界性

配慮的に気遣われている時間は、さらに「何かをすべき時間」として了解されている。たとえば「夜が明けるであろうそのときには、一日の仕事に就くべき時間だ」。時間は初めから「……すべき時間」あるいは「……には適さない時間」という性格を持っているのである。「……すべき時間」を了解することは、すでに「……すべきこと」の了解を前提している。しかし「……すべきこと」を了解することは、最終的には「現存在の……するため」という目的を了解していることである（ハンマーを使うべき時間だ。↓家を建てるために↓現存在が住むために）。それゆえ、この「……すべき時間」は、世界の世界性を構成している有意義性という構造を持っているのである。

時間は「……すべき時間」として、世界性格を持っていると言うことができる。それゆえ、ハイデガーは配慮的に気遣われた時間を、世界時間と名付けている。

世界時間

以上の分析によって配慮的に気遣われた時間（世界時間）の性格――日付け可能性、伸張性、公共性、世界性――が明らかにされたわけである。ハイデガーは次のように言っている。「配慮的に気遣われた時間は、日付け可能なものであり、伸張あるものであり、公共的なものであり、そしてこのように構造づけられたものとして世界自身に属しているのである」。しかも、この世界時間は配慮的に気遣われた時間として、「予期し保有しつつ現成化すること」という非本来的時間性から発現するのである。

さて世界時間は公共的時間として、世界内部的存在者がその内部において出会われる時間である。私たちは「存在者は時間のうちにある」というわけである。それゆえ、この世界内部的存在者を「時間内部的存在者」と名付けることができる。

ハイデガーにおいて、「世界時間—時間内部的存在者」と「世界—世界内部的存在者」とは、平行関係にあると言うことができる。それゆえ、世界の超越（本書二六四頁参照）が語られたように、世界時間の超越について語ることができる。世界が世界内部的存在者を可能にする条件であると同様に、世界時間は時間内部的存在者を可能にする条件である。世界時間を先行的に了解することにもとづいて、存在者がその時間のうちにあるものとして出会われうるのである。それゆえ、世界と世界時間とは同一の超越を持っていると言うことができる。

さて私たちは普通「時間とは何か」を問うことにおいて、時間が主観的なものか、あるいは客観的なものかという問いに直面する。ハイデガーはこの問いにいかに答えているのだろうか。ハイデガーによれば、世界時間は時間内部的存在者（客観）を可能にする条件として客観の根拠であるがゆえに、あらゆる客観よりも「いっそう客観的」であり、根源的である。しかし世界時間は、気遣いという、現事実的に実存する自己の存在を初めて共に可能にし、「主観」の根拠でもあるがゆえに、あらゆる主観よりも「いっそう主観的」であり、根源的である。こう答えることによってハイデガーは時間を「主観—客観」対立図式において問う地平そのものを乗り越えようとしているわけである。

かくして二つのことが明らかになった。第一に、時間性にもとづいて世界時間が時熟する。第二に、その世界時間によって、存在者が時間の内部で出会われること、すなわちその「時間内部性」が、可能になる。

時計

さて私たちは道具的存在者と配慮的に気遣いつつ交渉するために、明るさを必要とする。昼はその明るさを与え、夜はこれを奪う。それゆえ、私たちは太陽という道具的存在者を利用するのである。

太陽が、配慮的に気遣われた時間に日付けを打つ（日付け可能性）。私たちは太陽にもとづいて、一日一日を数える。ここから最も自然な時間尺度、つまり一日が生じる（「日のある間に」、伸張性）。さらにこの太陽の占める場所によって、日の出、正午、日没等の日付けが与えられる。そして「日の出になるであろうそのときには、何かをすべき時間である」と言われる（世界性）。この日付け化は同じ空の下においては、あらゆる人にとって等しい仕方で遂行される。この太陽という自然的な時計にもとづいて、世界時間は際立った仕方で公共化される（公共性）。

さて太陽は規則正しく回帰するのであり、予期し保有しつつある現成化することにおいて近づきうる道具的存在者（自然的な時計）である。かくして時間性（非本来的）が、自然的な時計（太陽）が見出されることの根拠である。この自然的な時計（太陽）が、種々の人工的な時計の作製、使用を動機づけ、可能にするのである。

では人工的な時計の使用において、いかなることが生じてくるのだろうか。まず私たちは時間を確認するために、もはや太陽とその位置を直接に見る必要はない。私たちは人工的な時計（日時計、腕時計等）において直接、時間を読み取りうるのである。

しかしこの「時間を見る」とは何を意味しているのだろうか。ハイデガーによれば、本来、時計を見るとは、単に時計の指針の位置を追跡することだけではない。時計使用の際に何時かを確認しつつ、常に次のように言っている。「今は何時何分だ、今は何かをすべき時間だ、今は何時までには時間がある」。時計を見ることは、本質上「今はを言うこと（今を言うこと）」なのである。この場合「今」は日付け可能性、伸張性、公共性、世界性という、「今」の持つ完全な構造において了解されている。言ってみれば、元来時計使用の際には、「世界時間」が生きた形で働き続けている。

ところがこの「世界時間」が、その時計使用の際にはまた、必然的に「今・時間」Jetzt-Zeitとして解釈されてゆくことになるのであって、ここに「通俗的な時間解釈・概念」が生じてくる、とハイデガーは考えているのである。なぜか。

時計を見るということは、単に時計という事物的存在と関係を結ぶというだけのことではなく、そのときには、動く指針を見て測定するということが行なわれている。ということは、規準尺度が、測定されるべき長さのうちに何回現存しているかを現成化することであり、しかもその規準尺度は、いつも何人にも妥当するから、きわめて公共的な形で、誰もがそれによって、「今は、今は……」と言えることになる。このようにして、時計使用の際に、測定という特別の現成化において、公共的に入手される時間は、当然、「事物的に存在する今の多様」となることになるわけである。

むろん、日常の時間測定の際に、ひとは、自分の読み取っている時間が何であるのかを、こと改めて意識してはいない。否、逆に、むしろ、そのように時間とは何かを、こと改めて問いもせずに、ただ忙しげに、またきわめて自然に、動く指針のみを現成化して、「今は……」とだけ言うからこそ、時間は、事物存在する今の連続として誤解され、受け取られてゆく傾向が強くなるのである。

このようにして「世界時間」を「今・時間」と捉えるのが、「通俗的な時間概念」なのである。つまり時計による公共的な時間測定の結果、私たちが普通「時間」と呼んでいるもの——それは明確には「今・時間」である——が知られるようになり、ここに通俗的な時間概念が発生してくるのである。

通俗的な時間概念、今・時間

日常的、非本来的な現存在は、頽落し、あらゆることを配慮的に気遣われたものから了解する。それゆえ、時間の内で出会われる配慮的に気遣われたもの（時間内部的存在者）を手懸りとして、時間を了解するのである。かくしてハイデガーは、通俗的な時間概念の根源を、この「時間内部性」のうちに求めることになる。

さて私たちが表立って時間を経験するのはとりわけ、「時計」という配慮的に気遣われたもの、すなわち一つの時間内部的存在者を使用する場合である。この時計にもとづいて、いかに時間は解釈されるのだろうか。

ハイデガーによると、さきにも触れたように、結局のところ、時計使用の時間的意味は「移動する指針を現成化すること」になる。この現成化しつつ指針を追跡することは、数えることである。むろん、この現成化には、予期と保有が伴う。現成化しつつ「あのときには」を保有することは、「以前には」という地平に開かれていることを意味し、現成化しつつ「そのときには」を予期することは、「以後には」という地平に開かれていることを意味する。このような現成化することにおいておのれを示すものが「時間」なのである。

かくして、時計使用にもとづいた時間の定義は次のようになる。「そのような時間は、移動する指針を現成化し数えつつ追跡することのうちでおのれを示す数えられたものであり、しかもそのときの現成化することは、以前にはと以後にはとに従って地平的に開かれている保有と予期との脱自的統一において、時熟するのである」。

しかしこれは、アリストテレスの時間の定義を、実存論的、存在論的に解釈したものにほかならない。アリストテレスは次のように言っている。「なんとなれば、以前と以後との地平のうちで出会われる運動を手懸りとして数えられたもの、これが時間であるからである」（アリストテレス『自然学』第四巻第一一章）。

ハイデガーによれば時間概念についてのすべての後世の論究は、原則的にはこのアリストテレスの時間定義に則っているのである。ただし、アリストテレスは、このような時間の派生する根源を問題にもしなかったし、またこの時間は、ごく普通の自然的な存在了解の中を動くものにすぎない、とハイデガーは見る。

さて、右の場合、時間とは、「移動する指針の現成化」において言い表わされるものであり、その指針の運動を現成化しながら、「今は、ここに、今は、ここに……」という具合に、多くの「今」が数えられている。その今は、すぐ今ではなくなり、かつ、まだ今とはならぬものである。したがってハイデガーは、このような仕方で時計使用にもとづいて解釈された世界時間を、「今・時間」と名付けている。

しかも、ごく日常、現存在は、自分のかかわっている「時間」をこと改めて問い直すことなしに、ごく自然に時間計算をするから、それだけいっそう、頽落的、現成化的な現存在は、「今は、そのときには、あのときには」と言い、こうして、「通俗的な時間了解・解釈・概念」にとっては、「時間」とは、「不断に事物的に存在して過ぎ去ると同時に来着する今の連続」、あるいはよくそう言われるように、「今の〝流れ〟」「〝時間の経過〟」として了解されることになる。通俗的な時間解釈は、世界時間を今・時間とみなすのである。しかしこのことのうちには、いったい何が潜んでいるのだろうか。

世界時間の平板化

通俗的な時間解釈は、世界時間を今・時間として解釈している。この解釈は時間を単に「不断に事物的に存在する今の連続」として解釈することによって、世界時間の本質構造——日付け可能性、世界性ないし有意義性、伸張性——を、平板化し隠蔽する。しかし、この平板化は決して偶然ではない。なぜなら通俗的な時間解釈は、時間を存在論的には事物的存在性という存在理念の地平において了解するからである。頽落している現存在は、存在論的には存在を事物的存在性として了解しているからである。

時間性の隠蔽

私たちは普通、時間は無限であると考えている。しかしハイデガーによれば、時間の無限性というテーゼは、通俗的な時間解釈に属しているのである。

時間は「今の中断なき連続」として、いかなる初めも、いかなる終わりも見出されない。時間の無限性というテーゼは、ただ事物的に存在する今の連続にもとづいてのみ可能となる。私たちはすでに、時間性（根源的な時間）の有限性という性格を見ておいたが（本書二三九頁参照）、この時間の無限性というテーゼは、時間性の有限性と対立しつつ、それを隠蔽していることになる。では時間性のこの隠蔽は何に由来しているのだろうか。

頽落している現存在は、配慮的に気遣われたもののうちに自己喪失している。自己喪失とは、本来的実存に直面して、現存在がそこから隠蔽しつつ逃避することである。この逃避のうちには、直面した死からの逃避、言い換えれば、世界内存在の終わりから眼をそらすことが潜んでいる。有限性からこのように眼をそらすことによって、時間性の有限性が隠蔽されるのである。しかもこの隠蔽は公共的な時間の無限性という表象によって強固となる。公共的な時間とはあらゆる人に属する時間、言い換えれば誰ひとりにも属さない時間であって、この時間は無限として表象される。なぜなら世人は決して死ぬことはないからである。死はそのつど私のものなのである。

かくして時間性の有限性を隠蔽すること――時間は無限であるというテーゼ――は、配慮的に気遣われたものへの自己喪失、世人への自己忘却に（すなわち頽落に）もとづいているのである。

しかし、この隠蔽は完全にはなされえない。それは、直面した死からの逃避においても、ひとは眼をそむけながらも、死を直視せざるをえないのと同様である。しかし、それはいかなることなのだろうか。

さて私たちは「時間は過ぎ去る」と言うけれども、それと同様に強調して「時間は来着する」とは言わない。しかし「今・時間」は「過ぎ去ると同時に来着する今の連続」と解釈されている。そうであれば時間について「過ぎ去る」ことと「来着する」こととは、同じように語られてもよいのではないだろうか。

ハイデガーによると、この「時間は過ぎ去る」という強調された言い方のうちには、現存在の時間性の有限性が反映しているのである。さらに私たちは、時間の流れは不可逆的であると考えている。この時間の不可逆性の根拠は、時間が時間性から由来することのうちにある。時間の有限性において現存在は、おのれの終わり（死）へとかかわっているがゆえにである。

私たちは、時間は無限であり、過ぎ去るものであり、不可逆的であると考えている。この通俗的な時間解釈は、時間性の有限性から由来しているのであり、かつその時間性を隠蔽しているのである。通俗的な時間解釈は現存在の頽落にもとづいている、と言うことができる。

時間性、世界時間、今・時間

以上の時間的な学的解釈は、私たちに何を明らかにしたのだろうか。それは次のことである。

時間性にもとづいて世界時間が可能となるのであり、世界時間の完全な構造（日付け可能性、伸張性、公共性、世界性）は、時間性から汲み取られている。時間性と世界時間の学的解釈によって、通俗的な時間解釈のうちに潜んでいる世界時間の平板化と、時間性の隠蔽とが了解される。これに反して逆に、時間性は通俗的な時間概念によっては、決して了解されることはできない。それゆえ、今・時間が時間性から派生するのであるから、時間性を根源的な時間と呼ぶことができるだろう。

以上のように、ハイデガーは『存在と時間』において、現存在の時間性に第一次的に定位することによって、時間を学的に解釈してきたわけである。

この『存在と時間』の方法、洞察は、今・時間と鋭く対立するものではあるが、決して通俗的な時間概念と無関係ではない。なぜなら、通俗的な時間概念は、たとえ今・時間しか了解していないとしても、時間を心や精神との関係において解釈しているからである。たとえばアリストテレスは「心がなければ時間は存在しないであろう」（『自然学』第四巻第一四章）と言っている。『存在と時間』は通俗的な時間概念に潜んでいる「時間と現存在との関係」を徹底した形で展開している、と言うことができるであろう。

結び

渡邊二郎

『存在と時間』は、浩瀚《こうかん》な書物であり、またその中で展開される現存在の実存論的分析論の歩みは、私たち人間の世界内存在の根底を抉って、精緻を極めるとともに、その未踏の真相を言い表わそうとする概念化の過程は、きわめて息の長い、忍耐を要する錯綜した道程であった。

私たちはこれまで、その思索の歩みを、枝葉を削り、逸せられえぬ主要な大筋において、ハイデガーの叙述に則りながら、できるだけ正確にまた平易に、浮かび上がらせようと努力してきた。その長い困難な旅路を、読者は無事辿り終えて、今、結びの地点にまで、本当に到達されたであろうか。一抹の不安なしとしない。もう一度、引き返して、困難だった幾つかの急坂や谷間を、再度走破すべく、今、助走の準備を整えておられるところでもあろうか。

『存在と時間』の最終節でハイデガー自ら述べているように、これまでの現存在の実存論的分析論の任務は、要するに、現存在の存在の全体を、特にその本来的と非本来的な実存の可能性を中心にして、時間性という根拠から、いわば基礎づけてみることにあったのである。前半の予備的な基礎的分析は、現存在の存在を「気遣い」として明らかにし、後半の分析は、現存在の存在意味を「時間性」として解き明かし、こうして、根源的な時間性の時熟の上に、現存在のすべての存在構造は可能ならしめられるということの提示と立証が、現行の『存在と時間』の事実上の全内容を占めているのである。

けれども、記憶の良い読者は、本書の最初の章で、元来はハイデガーがこの現存在の実存論的分析論に続けてさらに「時間と存在」という篇の述作に向かうはずであった点に言及されていたのを、憶えておいでであろう。実際ハイデガーも、だから、最終節で言っている。現存在の存在機構の解明はただ一つの道にすぎず、目標はあくまで、存在問題一般を仕上げることにある、と。しかし、存在の解釈に着手するといっても、いわれなしに始めることはできず、それなりの用意が必要である。なにしろ、存在問題はまだ焚きつけられてさえいないからである。この存在論上の基本問題の解明に向かう一つの道を、だからこそ、これまで歩んできたわけである。すなわち、現存在の実存という存在と、現存在以外の存在者の存在（たとえば実在性）とを分けて出発し、現存在分析論を完遂したわけである。

しかし、その道が唯一の道ないしは総じて正しい道であるか否かは、歩み終わった後でなければ決定できないとハイデガーは言い、ともかくすべては、目標である存在一般の意味への問いに向かう旅の途中なのだ、と言っている。それになにしろ、現存在の実存という存在のことを語っている時すでに、存在一般の理念がおぼろに前提され、すべては、この理念を解明しなければ、最終的決着にはいたらないからである。

読者は、本書の冒頭の章で、これらの事柄が問いの形式的構造に即して語られていたことを想起されるであろう。そしてまた、後年のハイデガーが、やがてその後こうした問題を追究して、『存在と時間』からは転回した思索の境涯に進むことに言及されていたのを、思い出されるであろう。

しかしともかく当時のハイデガーにとっては、存在といったものは、現存在の存在了解の中で開示されると考えられていた。この存在を了解する現存在の根源的な存在機構はすべて、時間性に根拠づけられるのであった。してみれば、この時間性の時熟が、存在一般の企投を可能ならしめるのでなければならないであろう。こうして、この時間性から、存在の意味へと、やがて辿り着きうるはずである。しかし道はそのように通じているのか。「時間」こそは存在の「地平」であることが顕わとなるであろうか。――そのような自問的な一句で、現行の『存在と時間』は跡切《とぎ》れるのである。

この問題は、やがて後期ハイデガーの思索を引き出す序幕となる。けれども、私たちは今はその問題を措く。『存在と時間』という著作は、そうした連関を離れて、そこにおいて私たち人間の在り方が独自の視点から照射された、いわば独立した画期的哲学書として、長く私たちが熟読玩味すべき古典だと言ってよいのである。

参考文献

Ⅰ 『存在と時間』の邦訳書

松尾啓吉訳『存在と時間』上下、一九六〇年、一九六六年、勁草書房

桑木務訳『存在と時間』上中下、一九六〇年、一九六一年、一九六三年、岩波文庫

細谷貞雄・亀井裕・船橋弘共訳『存在と時間』上下、一九六三年、一九六四年、理想社

辻村公一訳『有と時』一九六七年、河出書房新社

原佑・渡邊二郎共訳『存在と時間』一九七一年、中央公論社

Ⅱ 『存在と時間』を中心としたハイデガー参考文献

九鬼周造『人間と実存』一九三九年、岩波書店

西谷啓治『ニヒリズム』一九四六年、弘文堂、一九七二年、創文社

三宅剛一『ハイデッガーの哲学』一九五〇年、弘文堂

原佑『ハイデッガー』一九五八年、勁草書房

金子武蔵編『ハイデガーの思想』一九五八年、弘文堂、一九六九年、清水弘文堂

渡邊二郎『ハイデッガーの実存思想』第二版、一九七四年、勁草書房

渡邊二郎『ハイデッガーの存在思想』一九六二年、勁草書房

新井恵雄『ハイデッガー』一九七〇年、清水書院

辻村公一『ハイデッガー論攷』一九七一年、創文社

茅野良男『初期ハイデガーの哲学形成』一九七二年、東京大学出版会

渡邊二郎『ニヒリズム』一九七五年、東京大学出版会

細谷貞雄編『ハイデッガー』一九七七年、平凡社

渡邊二郎『内面性の現象学』一九七八年、勁草書房

O・ペゲラー、大橋良介・溝口宏平共訳『ハイデッガーの根本問題』一九七九年、晃洋書房

Ⅲ　ハイデガーに関する雑誌特集（一九五五年以降のものに限る。「文献案内付き」と記したものには、なんらかの形での著作解題や参考文献案内が付いているから、便利である）

『理想』　理想社
(1)第三〇五号「ハイデガー研究」一九五八年〔文献案内付き〕
(2)第三一九号「ハイデガー論究――生誕七〇年記念のために」一九五九年
(3)第四四四号「ハイデッガー――生誕八〇年記念特集」一九七〇年〔文献案内付き〕
(4)第五〇〇号「マルティン・ハイデガー」一九七五年
(5)第五四二号「ハイデガー」一九七八年〔文献案内付き〕

『実存主義』　理想社、以文社
(1)第二六号「実存主義の回顧と展望」一九六二年〔文献案内付き〕
(2)第三五号「ハイデガー」一九六六年
(3)第六九号「ハイデガー」一九七四年〔文献案内付き〕
(4)第七七号「ハイデガー追悼」一九七六年〔文献案内付き〕

『現代思想』　青土社
(1)第二巻一〇号「ハイデガー――ヒューマニズムの超克」一九七四年
(2)第七巻一二号「ハイデガー」一九七九年

なお、大学の紀要――したがって非売品――であるが、『現代科学論叢』（千葉敬愛経済大学）第九～一三集（一九七五～七九年）に、「ハイデッガー文献」が連載されている。

文庫

プロタゴラス——あるソフィストとの対話

プラトン

中澤務訳

光文社

Title : ΠΡΩΤΑΓΟΡΑΣ
B.C. 4c
Author : ΠΛΑΤΩΝ

凡例

（1）テキストは、Oxford Classical Texts『プラトン全集第三巻』所収のバーネット（J. Burnet）による校訂テキストを使用しています。

（2）訳者の判断で、全体をプロローグ、第一〜七章、エピローグに分け、各章に表題を付しました。また、話の切れ目には「＊」を挿入しています。

（3）原文中の補足的発言は（　）で括りました。また、原文にはない補足的な説明を［　］で適宜挿入しました。

（4）ギリシャ語のカタカナ表記は、できるだけ一般的なものを採用しています。そのため、必ずしも統一した規則に従っているわけではありません。

（5）訳文の下部にある数字とアルファベットは、十六世紀に刊行されたプラトン全集に由来する参照記号で、参照箇所を指定するためのものです。本訳でも、参照箇所は、本書の該当ページと、この参照記号で指定します。

紀元前5世紀頃のギリシャ
黒海
セリュンブリア
アブデラ
オリンポス山
メンデ
(トロイ)
テッサリア
レスボス島
ペルシャ帝国
エーゲ海
ミュティレネ
デルフォイ
テバイ
アテネ
オイノエ区
エリス
メガラ
アテネ(中心市)
アルゴス
イウリス
プリエネ
オリンピア
ミレトス
ケオス島
スパルタ
コス島
リンドス
ロードス島
クレタ島
0
100
200
300km

アドリア海
タラス（タレントゥム）
ヘラクレイア
ティレニア海
トゥリオイ
ヒメラ
シシリー島
イオニア海
シラクサ
北海
大西洋
地中海
地中海

目次

訳者まえがき　9

プロタゴラス——あるソフィストとの対話　13

解説　中澤務　204

年譜　232

訳者あとがき　238

訳者まえがき

『プロタゴラス』は、古代ギリシャの都市国家アテネを舞台に、アテネの哲学者ソクラテスと、ソフィストの大物プロタゴラスとの間に繰り広げられる、徳《アレテー》をめぐる対話の様子を描いた物語である。物語を始めるまえに、その背景を少しだけお話ししておくことにしよう。

紀元前五世紀、古代ギリシャ世界は、隣国ペルシャ帝国との戦争（ペルシャ戦争）にみごと勝利をおさめ、大きな発展を遂げていた。なかでもアテネは、ギリシャ諸国の中心として活躍し、その勝利に貢献したことから、ギリシャ世界の盟主の地位を手に入れた。そして、天才政治家ペリクレスの指導のもとで国力が充実し、軍事的にも、経済的にも、文化的にも最盛期を迎えるにいたる。歴史のなかでアテネがもっとも輝いていた時代である。

そんなアテネには、ギリシャ各地から進歩的知識人たちが集まり、アテネ人たちに対して啓蒙活動を行ない、進歩的な教育を施していた。ソフィストたちである。ソフィストというと、詭弁家《きべんか》（道理に合わない、こじつけの議論をする者）のイメージが強い。しかし、そうした悪しきイメージは、彼らの活動の一面に由来するものにすぎない。多くのソフィストは真面目に啓蒙教育活動を行ない、アテネ人たちの知的要求に応えていたのである。ソフィストたちは、時代をリードする思想界の花形であった。

そんなソフィストたちに、アテネ人たちは何を求めたのだろうか？　アテネ人たちの関心は、人間が持つべき優れた能力を手に入れることに向けられていた。ギリシャ人たちは、そうした能力を人間の「徳《アレテー》」と呼んでいた。徳《アレテー》とは、たんに現代の日本語でイメージされがちな道徳的高尚さ（人徳）を意味するだけではない。それは元来、ものが持つ固有の優れた性質を意味し、たとえば馬なら速く走る能力、ナイフならするどい切れ味というふうに、人間以外のものもそれぞれの徳《アレテー》を持っている。人間の徳《アレテー》も、たんに道徳的な性格だけでなく、勇敢さや優れた知力など、さまざまな能力を含み込むものであった。

では、どうしてアテネ人たちはそのような人間の徳《アレテー》に関心を持ち、手に入れよう

としたのだろうか? じつは、当時のアテネには徳《アレテー》を求める切実な理由が存在していた。当時のアテネは、国民が国の政策決定に直接かかわることのできる直接民主制を採用していた。この政治制度のもとでは、徳《アレテー》を持つ優れた人物が政治家として成功し、社会を動かすことができたのである。徳《アレテー》の獲得が社会的成功に直結していたわけだ。だからソフィストたちは、人間の徳《アレテー》として、なによりも弁論や演説の能力、すなわち言葉を使って人々を動かす力を教育しようとした。彼らは言葉を操るさまざまな技術を開発し、そうした技術を教えることで、アテネの知識階級の支持を得ていたのである。

この物語の主人公ソクラテスは、そうしたソフィストたちの活動に疑問を抱いている。はたして人間の徳《アレテー》というものは、そんなに簡単に教えられるものなのだろうか? そして、その教師を標榜するソフィストとは、そもそも何者か?――ソクラテスは、プロタゴラスに心酔する青年ヒポクラテスとともに、アテネを訪問中のプロタゴラスのもとにおもむき、徳《アレテー》をめぐる対話をはじめる。しかし、対話は二転三転。次第に哲学的色彩を強めながら、やがて意外な結末を迎えることになる。

当時ソクラテスは三十六歳ころ。まだ若くて血気盛んな年齢である。対するプロタゴラスは、すでに六十歳近い。ソフィストとしての長年の活躍により、ギリシャ中にその名声をとどろかせている。この百戦錬磨の老獪《ろうかい》なソフィストを相手に、ソクラテスがどんな食い下がりを見せるのか——これがこの作品の見所といえるだろう。

それでは、物語的面白さと哲学的面白さを兼ねそなえた、プラトン対話篇の秀作をお楽しみください。

プロタゴラス——あるソフィストとの対話

主要登場人物

ソクラテス　アテネの哲学者で、この物語の語り手。さまざまな人々と徳《アレテー》をめぐる対話をしている。三十六歳くらい。

プロタゴラス　ソフィストの重鎮。アブデラ出身で、年齢は六十歳に近い。ソフィストとしての長年の活躍で、ギリシャ中に名声がとどろいている。

ヒッピアス　エリス出身の博覧強記のソフィスト。ソクラテスと同世代。

プロディコス　ケオス島イウリス出身のソフィストで、言葉の分析にたける。ソクラテスと同世代。

ヒポクラテス　プロタゴラスへの弟子入りを切望するアテネの青年。裕福なアポロドロス家の息子。

カリアス　アテネの大富豪の息子で、ソフィストたちの熱烈な庇護者。二十代半ば。

アルキビアデス　十七歳くらいの美青年。ソクラテスをはじめ多くの崇拝者を集めている。

プロローグ

［アテネの街角で、ソクラテスが友人たちに出会う。］

友人　おや、ソクラテス、どこに行っていたのだ？　答えは明白かな？　若き美青年アルキビアデス[1]のあとを追いかけまわしていた。そうだろう？　まあ、たしかに彼はあいかわらずの美男子だねえ。つい最近も彼を見かけてそう思ったよ。だがねソクラテス、ここだけの話にしてほしいんだが、彼はすでに立派な男子じゃないか。じっさい、ひげだってずいぶん濃くなっているしね。[2]

ソクラテス　それがどうした？　きみはホメロスを賞賛しないつもりかい？　彼は「青春時代でいちばん美しいのは、ひげが生えはじめる頃」と言っているではな

(309)　309A　B

いか。アルキビアデスは、いままさにそんな年頃なのだよ。[3]

友人 それはそうと、いまはどうなんだい？ さっきまで、彼といっしょにいたんだろう？ あの青年は、きみに対してどんな態度をとっているのかな？

ソクラテス いいと思ったね。とりわけ今日はそうだったよ。だって、彼はぼくのために多くの発言をして、ぼくを助けてくれたのだから。[4] そう、たしかにぼくは、い

1 アテネの政治家として波乱に満ちた生涯を送った人物だが、ここではまだ十七歳くらいの青年。たいへんな美貌の持ち主で、ソクラテスをはじめ多くの崇拝者を集めた。

2 古代ギリシャには、「パイデラスティア」と呼ばれる独特の性風習があった。これは、成人男性が、「立派な男子」に成長するまえの少年と恋愛関係を結ぶもので、通常は、少年が成人する（ひげが濃くなる）とその対象ではなくなった。この評価は美青年を自負するアルキビアデスを傷つけることになるため、友人はここだけの話にしてほしいと言っている。

3 ホメロスは、古代ギリシャの伝説的詩人であり、二大叙事詩『イリアス』と『オデュッセイア』の作者。当時の教養の源泉であり、会話の端々で引用される。ここでの引用は、『イリアス』第二四巻三四八行、および『オデュッセイア』第一〇巻二七九行からのもの。

4 アルキビアデスは、その後の対話で二回（110–111頁、336B–Dと151頁、348B）、ソクラテスを助ける発言をしている。

ままで彼と一緒だったのさ。

でも、ちょっと奇妙なことがあったので、きみに話してあげよう。たしかに、彼はぼくのそばにいた。ところが、ぼくの心は彼には向かわなかった。それだけじゃない。ぼくは幾度となく、彼がいることすらすっかり忘れてしまったのだ。

C **友人** どうしてそんなことが、きみとあの青年との間に起こったのだろう？ だって、きみが他のもっと美しい人に出会ったはずはないもの。すくなくとも、この「アテネの」国の中では。

ソクラテス それが出会ったんだよ。はるかに美しい人に。

友人 なんだって？ それはこのアテネの人かい？ それとも異国の人かい[5]？

ソクラテス 異国の人だ。

友人 どこの国の人だろう？

ソクラテス アブデラの人だよ[6]。

友人 きみは、その異国の人をそんなに美しいと思ったのか？ あのクレイニアスの息子「アルキビアデス」よりも美しくみえるほどに？

ソクラテス おめでたい人だねえ。最も賢いものが、より美しくみえるのは当然のこ

(309)

とだよ。

友人　ほう。ソクラテス、するときみは、ここに来るまえに、誰か賢い人に会っていたと……？

ソクラテス　いやいや、思うに、この時代最高の賢者にさ。もっとも、きみが認めて D
くれればの話だがね――最高の賢者とは、プロタゴラスだと。

友人　えっ、なんだって？　プロタゴラスがこの国に来ているのか？

ソクラテス　すでに三日目になるよ。

友人　するときみは、いまここに来るまで、彼と一緒にいたわけか？

ソクラテス　そうだ。いろいろなことを話したり聞いたりした。 310A

友人　それでは、もしきみに何か用事がないなら、そのときの会合の様子をわれわれに話してくれないか？　さあ、この［ぼくの従者の］召使を立たせて、きみがここ

5　ここで「国」と訳したのは、ポリスと呼ばれる都市国家のこと。古代ギリシャ世界には多くのポリスが存在し、ギリシャ人は各ポリスの国民として生活していた。

6　アブデラは、ギリシャ北部のトラキア地方のポリスで、たくさんの知識人を輩出した。

にすわるんだ。

ソクラテス　ぜひ、そうさせてもらおう。きみたちが話を聞いてくれるなら、感謝するよ。

友人　われわれだってきみに感謝する。きみが話をしてくれるなら。

ソクラテス　じゃあ、感謝倍増だな。それでは聞いてくれ。

(310)

第一章　ヒポクラテスとの対話

昨夜のことだ。まだ夜明け前だというのに、アポロドロスの息子でパソンの弟のヒポクラテスが[7]、杖でぼくの家の扉をとてもはげしく叩いた。誰か家の者が扉を開けてやると、彼はすぐさまなかに駆け込んできて、大声で言った。

「ソクラテス、起きていますか？　それとも、眠っているんですか？」

彼の声だとわかったので、ぼくは言った。

「ヒポクラテスだな、そこにいるのは。まさか、何か悪い知らせではあるまいね？」

「とんでもない。いい知らせなんです」と彼は言った。

B

7　アテネの裕福な家の息子であるが、父と兄も含め、詳しいことは知られていない。

22

ぼくは言った。「それならいいんだがね。だが、どんな知らせだい？　それに、こんな早くにやってきた理由は？」

彼はぼくのそばに立ち、言った。

「プロタゴラスが来たんですよ」

ぼくは言った。「彼が来たのは、おとといだが……。きみは、さっき耳にしたばかりのようだね？」

「ええ、じつをいうと、ゆうべ、はじめて耳にしました」

そう言いながら、彼はベッドを手で探り、ぼくの足もとに腰かけた。そして次のように言った。

「そう、ゆうべなんです。それもずいぶん遅く、オイノエ区[8]から戻ったあとにです。じつは、あの召使のサテュロスのやつが、ぼくのところから逃げ出してしまったんです。[9]もちろん、やつのあとを追いかけることは、あなたにも言っておくつもりでした。でも、別の用事に気をとられて、忘れてしまったんです。それで、家に帰ってきて夕食をすませ、寝ようとしたんですが、そのとき兄貴がぼくに言ったんです。プロタゴラスが来たぞってね。ぼくはすぐに、あなたのもとに飛んでいこうとしましたよ。でも、

C

(310)

もうずいぶん夜も遅いことに気づきましてね。それでひと眠りしたんですが、疲れがとれたものですから、すぐに起きて、こうしてここにやって来たんです」

D ぼくには、彼が勇みたち、興奮しているのがわかった。そこでこう言った。

「そんなことが、きみにとって何だというのか？　プロタゴラスがきみに、何か悪いことをしたわけではあるまい？」

すると、彼は笑って、言った。

「ところがなんと、したんです、ソクラテス。だって、あの人は自分だけが賢者でいて、ぼくを賢者にしてくれないんですもの」

ぼくは言った。「いや、そんなことはないよ。あの人にお金を払ってお願いすれば、きみも賢者にしてくれるだろうさ」

彼は言った。「ああ、神さま、それで話がすむならどんなにいいだろう！　ぼくの

8　アテネの区（デモス）の一つで、アテネ北西の国境沿いにあったものを指すと思われる。中心市からは三〇キロメートルほどの距離があった。

9　サテュロスはオイノエ区経由で国外逃亡を企てたものと思われる。

お金を全部つぎ込んでもかまわない。友だちのお金だってつぎ込みますよ。じつは、 E (310)
ぼくがいまあなたのところにやって来たのも、そのためなんです。ぼくのために、あの人と話し合ってほしいんですよ。なにしろ、ぼくはまだ若造のうえに、これまでプロタゴラスを見たこともないし、話を聞いたこともありません。まえに彼が来たときには、ぼくはまだ子どもでしたから。でもねソクラテス、誰もがあの人のことをほめたたえ、弁舌に秀でた最高の賢者だと言っていますよ。

　さあ、すぐに彼のところに行きましょう。そうすれば、家にいるところをつかまえ
られます。ぼくが聞いたところでは、彼は、ヒポニコスの息子のカリアス[10]のところに 311A
泊まっているそうです。さあ、出かけましょう」

　そこで、ぼくは言った。

「まあまあ、いますぐあそこに行くのは、やめておこうよ。まだ早いから。それより起きて、ここで、中庭[11]に出てぶらぶら歩きながら、明るくなるまで時をすごそう。出かけるのはそれからでいい。プロタゴラスは、たいていは家の中にいるんだよ。だから心配ご無用だ。きっと、家にいるところをつかまえられるから」

＊

そのあと、ぼくたちは起き上がり、中庭に出てぶらぶらと歩いていた。ぼくはヒポクラテスの決意の固さを試したかった。そこで、彼を調べるために次のように問いかけた。

B

ぼくは言った。「ぼくに答えてほしい、ヒポクラテス。きみはいま、プロタゴラスのもとに行こうとしている。そして、きみ自身のために、彼に報酬のお金を払うつもりでいる。でも、きみは、そもそも何者のもとを訪ねるつもりでいるのかな？　そして、きみは何者になるつもりなのだろう？

たとえば、アスクレピオス派に属する医者で、コス島のヒポクラテス[12]という、きみと同名の人物がいる。きみがその人物のもとに行き、きみ自身のために、彼に報酬の

10　アテネの大富豪の息子で、ソフィストたちのパトロン。父から莫大な遺産を引き継ぐが、豪奢な生活や事業の失敗などで失った。本作ではまだ若く、おそらく二十代なかごろである。

11　古代ギリシャの家屋は中庭を持ち、それを取り囲むように部屋が配置されていた。

12　エーゲ海のコス島で生まれ活動した著名な医者で、ソクラテスの同時代人。アスクレピオス派とは、医神アスクレピオスを信仰していた医学派のこと。

お金を払うつもりでいたとしよう。そのとき誰かが、きみにこう尋ねたとする。『ぼ (311)
くに答えてほしい、ヒポクラテス。きみはヒポクラテスに報酬を払うつもりでいる。
でも、きみは何者に払うつもりなのか？』さて、きみは何と答えるだろうか？」 C
「『医者に払うつもりだ』と答えるでしょう」と彼は言った。
「『きみは何者になるつもりなのか？』と尋ねたら？」
「『医者になるつもりだ』と答えるでしょう」と彼は言った。
「それでは、きみがアルゴス人のポリュクレイトスか、あるいはアテネ人のペイ
ディアス[13]のもとに行き、きみ自身のために、彼らに報酬を払うつもりでいたとしよう。
そのとき、誰かがきみにこう尋ねたとする。『きみはこのお金をポリュクレイトスや
ペイディアスに払うつもりでいる。でも、きみは何者に払うと考えているのか？』さ
て、きみは何と答えるだろうか？」
「『彫刻家に払うと考えている』と答えるでしょう」
「『では、きみ自身は何者になるつもりなのか？』と尋ねたら？」
「もちろん、『彫刻家になるつもりだ』と答えるでしょう」
ぼくは言った。「それでは、次の場合はどうだろう。ぼくときみが、いまプロタゴ D

ラスのもとに行き、きみのために、彼に報酬のお金を払おうとしている。もちろん、われわれのお金で足りて、彼にお願いを聞いてもらえるならの話だよ。もし足りなかったら、さらに友だちのお金までつぎ込むことになるだろうねえ。

さて、ぼくたちがこうしたことに、そんなにも熱心になっているのをみて、誰かがぼくたちに、こう尋ねたとしよう。『ぼくに答えてほしい、ソクラテスにヒポクラテス。きみたちは、プロタゴラスにお金を払うつもりでいる。でも、きみたちは何者に払うと考えているのか？』ぼくたちは、この人に何と答えたらよいだろうか？

ぼくたちの聞くところでは、プロタゴラスは、自分の名前以外にどんな名で呼ばれているだろうか？　たとえば、ペイディアスは〈彫刻家〉という名で呼ばれ、ホメロスは〈詩人〉という名で呼ばれている。では、プロタゴラスについては、そのような名として、ぼくたちはどんな名を聞くだろうか？」

「世間の人たちは、たしかにあの人のことを〈ソフィスト〉[14]という名で呼んでいま

13　いずれも、紀元前五世紀に活躍した著名な彫刻家。

14　当時活躍していた、教育を職業とする進歩的知識人たちのこと。詳しくは、「訳者まえがき」と「解説」を参照。

す、ソクラテス」と彼は言った。

「そうすると、ぼくたちはソフィストにお金を払いに行こうとしていることになるね」

「そうなります」

「それでは、もし誰かがさらに、きみに次のように尋ねたとしたらどうだろう？『それで、きみ自身は、何者になるつもりでプロタゴラスのところに行くのか？』と」

すると、彼は顔を赤くして――すでに明るくなりはじめていたから、彼の姿がはっきり見えたのだ――こう言った。

312A 「もし、いままでの例と同様だとしたら、明らかに、ぼくはソフィストになるつもりだということになります……」

ぼくは言った。「だがね、正直な話、きみは、自分が世間の人たちからソフィストと見なされることを、恥ずかしく思うのではないだろうか？」

「じつはそうなんです、ソクラテス。もし、本心を言わねばならないとしたら……」

「ということは、ヒポクラテス、もしかしたらきみは、自分がプロタゴラスから学ぶことを、そうした類のことだとは思っていないのかもしれないね。そうではなくて、

むしろ、きみが読み書きの先生や、音楽の先生や、体育の先生から学んできたような類のことだと思っているのではないだろうか？ というのも、きみはこれらの科目を、プロになる気で専門的に学んだわけではない。むしろ、素人たる自由人が学ぶにふさわしいがゆえに、教養として学んだのだから」[16]

「なるほど、そうですね。プロタゴラスから学べるのは、むしろそのような類のことなんだと思います」と彼は言った。

「ところがそうだとすると、きみは自分がいま何をしようとしているかわかっているかな？ それとも気づいていないのかな？」とぼくは言った。

「何のことですか？」

B

15 ソフィストは、保守的な人々にとっては胡散臭い存在であり、その社会的評価は、毀誉褒貶が相半ばしていた。ヒポクラテスの躊躇の背後には、こうした当時の状況がある。

16 読み書き、音楽（竪琴の演奏）、体育は、古代ギリシャにおける教養教育（パイデイア）の三本柱であり、その目的は、専門的職業人の育成ではなく、人間として優れた国民（自由人）の育成にある。ソフィストの教育がこうした教養教育であるとしたら、ヒポクラテス自身がプロのソフィストになる必要はなくなる。

「きみは、きみがソフィストと呼ぶ人物に、きみ自身の心をゆだね、その世話をし (312)
てもらおうとしていることになるのだ。でも、ソフィストとはそもそも何なのか？ C
もし、きみがそれを知っているなら、ぼくは大いに感心するだろう。だが、もしきみ
がそれを知らないなら、きみは自分が何に心をゆだねようとしているのかも、またそ
れがよいものなのか悪いものなのかも、知らないことになるのだよ」

「いや、知っているつもりですよ」と彼は言った。

「それなら、言ってほしい。きみは、ソフィストとは何だと考えているのかね？」

彼は言った。「ぼくの考えでは、ソフィストとは、その名が示すとおり、〈賢いこと
を知っている人〉のことです」[17]

ぼくは言った。「だがね、それなら画家や大工などにもいえることではないだろう
か？ これらの人たちだって〈賢いことを知っている人〉たちなのだから。だが、誰
かがぼくたちに『画家というのは、どんな賢いことを知っているのでしょうか？』と
尋ねたとしよう。ぼくたちはこの人に『絵画の制作に関する賢いことです』と答える D
ことになるだろう。これ以外の場合でも、同様のことがいえる。

さて、それでは、もし誰かが次のように尋ねたとしたらどうだろう？『それで、

ソフィストというのは、どんな賢いことを知っているのでしょうか？』とね。ぼくたちは、この人に何と答えたらよいだろうか？　つまり、ソフィストとは、人を何にしてくれる達人なのだろう？」

「ソフィストとは、人を弁舌巧みな者にしてくれる達人です。わたしたちには、他に答えようがありません、ソクラテス」

ぼくは言った。「おそらくは、それで正しいだろう。だが十分とはいえない。なぜなら、その答えから、次のような新たな疑問が生まれるからだ。すなわち、ソフィストが人を弁舌巧みな者にしてくれるといっても、それは何に関してなのか？　たとえば、音楽の先生だって、たしかに人を弁舌巧みな者にしてくれる。でも、その範囲は、彼が知識を与えてくれる事柄、つまり音楽の話に限られている。そうだね？」

「そうです」

E

17　ヒポクラテスは、「ソフィステス（sophistes）」という名を、「ソフォン（sophon）・エピステモン（epistemon）」（賢いことを・知っている人）の省略形と解釈している。

のか？」

「では、ソフィストが人を弁舌巧みな者にしてくれるのは、いったい何に関してな

「もちろん、彼が知識を与えてくれる事柄に関してです」

「まあ、たしかにそうなんだが……。でも、それは一体何だろうか？　つまり、ソフィスト自身が知識を持っていて、その知識を弟子にも与えてくれる事柄とは？」

「降参です。もう何も言えません」と彼は言った。

＊

そのあと、ぼくは次のように言った。

「さあ、どうだろう？　きみは、自分の心をどんな危険にさらそうとしているか、わかるかな？　たとえば、きみが自分の体を誰かに託さなければならないが、そのとき、体がよくなるか悪くなるかについて、危険を冒さなければならないとしよう。きみは、その人に体を託すべきか否かについて、いろいろと検討するだろう。そして、友だちや家族の助言を求めながら、何日も考え続けることだろう。

ところが、きみが体よりも大切だと思っているもの、すなわち心についてはどうだ

ろう？　きみにかかわるすべてのことが成功するか失敗するかは、まさにこの心がよくなるか悪くなるかにかかっているんだよ。ところがそれについては、きみはお父さんにもお兄さんにも、われわれ仲間の誰にも相談しなかったのだ。この国を訪れたあ B
の異国人に、きみの心を託すべきか否かについてね。それどころか、きみの話によれば、きみはゆうべその話を聞くと、夜も明けぬうちにやって来て、きみ自身を彼に託すべきか否かについて、議論することも相談することもなく、きみ自身と友だちのお金を使い果たす気でいる。是が非でもプロタゴラスに弟子入りすると、もう決めてしまったかのようにね。

ところが、きみの話によれば、きみは彼と面識もなければ、話をしたこともないというではないか。たしかにきみは、彼をソフィストという名で呼びはする。しかし、 C
ソフィストとはそもそも何なのかを、きみが知らないことは明らかだ。きみはそんな人物にきみ自身を託そうとしているのだよ」

これを聞いて彼は言った。「あなたのお話を聞くと、ソクラテス、どうもそのようです」

「ところで、ヒポクラテス。ソフィストとは、心を養うためのいろいろな品物を商

う、何か貿易商人[18]とか小売商人[19]のようなものではないだろうか？　すくなくとも、ぼくには、何かそのようなものにみえるのだが」

「ソクラテス、心は何によって養われるのでしょうか？」

ぼくは言った。「もちろん、［学んで身につけられる］知識によってだよ。そして友よ、ソフィストがその商品をほめるときには、彼がぼくたちをだますことのないように気をつけようではないか。ちょうど、貿易商人や小売商人が、体を養う食物についてそうするようにね。というのも、彼らは、自分たちが売り歩く商品のうち、どれが体によくてどれが悪いかなど自分でも知りもしないのに、売りに出すときには、すべての商品をほめるのだ。しかも、彼らから買う側も、運動の指導者や医者でもない限りは、そのよし悪しがわからない。

それと同様に、諸国を行き来しながらいろいろな知識を売り歩く商人たちも、それらを売りに出して、欲しい人がやって来るたびに小売りするとき、彼らが売りに出すすべての商品をほめる。だがね、いいかい、おそらく彼らのなかには、自分が売りに出す商品のうち、どれが心によくてどれが悪いかを知らない者もいることだろう。そして、彼らから買う側についても、まったく同じことがいえる。この場合、誰かが心

D

E

の医者ででもない限りはね。

そういうわけで、もしきみが、それらの商品のうちで、どれがよくてどれが悪いのかを知っているのであれば、プロタゴラスから知識を買おうが、ほかの誰かから買おうが、きみは安全だ。だがね、いいかい、もし知らないのであれば気をつけるのだ。いちばん大切なものを賭けて、危険な目にあわないように。

じっさい、食べ物を買うときよりも、知識を買うときのほうが、はるかに危険が大きいのだよ。というのも、小売商人や貿易商人から買った食べ物や飲み物は、［持参した］別の容器に入れて持ち帰ることができる。だから、飲んだり食べたりして体のなかに取り入れてしまうまえに、それらを家に置いておき、専門家を呼んできて相談することができるのだ。食べたり飲んだりしてもよいのはどれで、だめなのはどれか、またどのくらいの量を、どのようなときに、食べたり飲んだりすればよいかについてね。だから、こうしたものを買うときには、危険はそれほど大きくないわけだ。

18　貿易商人（エンポロス）とは、諸国を渡り歩いて商品を売買する人のこと。
19　小売商人（カペーロス）とは、国内の市場に店を構えて商品を売買する人のこと。

314A

ところがこれに対して、知識は別の容器に入れて持ち帰ることができない。いった B (314)
ん代金を払うと、きみはその知識をただちに心のなかに取り入れて、学んでしまって
から帰らねばならない。そしてそのとき、きみはすでに損害を受けているか、利益を
手にしているかのいずれかなのだ。
だからぼくたちは、ぼくたちより年上の人たちも交えて、この問題を検討したほう
がよいだろう。なぜなら、これほど大事なことを決めるには、ぼくたちはまだ若いの
だから。でも、いまは当初の計画どおり、あの人のところに行って話を聞くことにし
よう。そして、話を聞いたあとで、ほかの人たちにも相談してみよう。じっさい、あ C
そこにいるのはプロタゴラスひとりではない。エリス人のヒッピアス[20]もいるし、それ
にケオス島のプロディコス[21]もいると思う。また、その他にも、たくさんの賢者たちが
いるからね」

20　ペロポネソス半島北西のポリス、エリス出身のソフィスト。数々の学問分野に精通する博覧強記のソフィストとして知られる。おそらく、ソクラテスと同世代と思われる。

21　アテネに近いケオス島イウリス出身のソフィスト。おそらく、ソクラテスと同世代と思われる。

第二章　カリアス邸にて

そのように決めて、ぼくたちは出かけていった。ぼくたちは玄関先までやって来たが、そこで立ち止まったまま、ある話題に関する対話を続けていた。それは道の途中で出てきた話題だった。ぼくたちは対話を中途半端なままにしないで、きちんとした結論を出してから、なかに入っていくつもりだった。それで、玄関先につっ立ったまま、お互いが同意に達するまで、対話を続けていたのであった。

そのぼくたちの話を、どうやら門番[22]が聞いていたらしい。彼は宦官《かんがん》[23]らしかった。彼
は、たくさんのソフィストたちが押しかけて来るものだから、その屋敷を訪れる者た D
ちにうんざりしていたようだ。ぼくたちが扉を叩くと、彼は扉を開き、ぼくたちを見て言った。

「ふん、ソフィストどもめ。旦那様はお暇じゃないよ」

そう言うやいなや、彼はありったけの力を込めて、両手で扉をぴしゃりと閉めてしまった。われわれがふたたび扉を叩くと、彼は扉を閉めたまま返事をした。

「おまえたち、聞こえなかったのか？　旦那様はお暇じゃないのだ！」

ぼくは言った。「いや、おまちください。わたしたちはカリアスに会いに来たのでもなければ、ソフィストでもありません。ですから、ご安心ください。わたしたちは、プロタゴラスに会うためにやって来たのです。どうか、お取り次ぎください」

すると、とうとうその男は、ぼくたちのために、しぶしぶ扉を開けてくれたのであった。

＊

さて、ぼくたちはなかに入り、プロタゴラスを見出した。彼は柱廊のなかを散歩し

22　当時、裕福な家には門番がおり、警備や受付の仕事をしていた。

23　宦官（エウヌーコス）とは、去勢された男子のこと。去勢されているため、通常は女性的で温厚な性格をしており、ペルシャ帝国の宮廷などで官吏として使われていた。

ていて[24]、そのあとには次のような人たちがぞろぞろと従っていた。すなわち一方の側では、ヒポニコスの息子のカリアス、彼と同じ母を持つ弟でペリクレスの息子のパラロス[25]、そしてグラウコンの息子のカルミデス[26]が従っていた。また他方の側では、ペリクレスのもうひとりの息子のクサンティッポス、フィロメロスの息子のフィリピデス、そしてメンデ人のアンティモイロスが従っていた。(このアンティモイロスというのは、プロタゴラスの弟子たちのなかで最も評判のよい人で、ソフィストになるつもりで専門的に学んでいる人だよ。)

さらにそのうしろに、会話に耳を傾けながら、つき従う人々がいた。彼らの大部分は異国人のようだった。プロタゴラスは、彼がめぐり歩く国々から、彼らを引き連れてくるのだよ。まるでオルフェウス[27]みたいに、その声で彼らを魅了してね。彼らはすっかり魅せられてしまい、その声のあとについてくるのだ。(もっとも、この合唱隊[28]の中には、この国の人間も何人か含まれていたがね。)

ぼくとしては、この合唱隊を見ているのが、何よりも愉快だったね。彼らは、プロタゴラスの前に立ちはだかって行く手を阻むことのないように、じつにみごとに気を配っていたのだ。彼とその取り巻き連中がくるりと進行方向を変えるたびに、この聴

衆たちは、とても上手に整然と左右にわかれ、円を描きながらぐるりと背後にまわりこんで、何度も何度も、じつに美しく整列していったのだよ。

「そして、次に私が見たのは[29]」――これはホメロスの言葉だよ――エリス人のヒッピアスだった。彼は反対側の柱廊で、椅子に座していた。彼をとり囲んで、ベンチに C

---

24 当時の家屋は、中庭を、柱を並べて屋根をかけた吹き抜けの廊下、柱廊で囲み、玄関を入ると、すぐにここに出る構造になっていた。

25 カリアスの母は、ヒポニコスと離婚後、アテネの著名な政治家ペリクレスと再婚して、二人の息子パラロスとクサンティッポスを産んだとされている。

26 プラトンの母方の叔父で、アテネの政治家。

27 ギリシャ神話に登場する伝説的な詩人・音楽家。竪琴の名手で、その演奏は、あらゆる者を魅了した。

28 プロタゴラスに従う人々の群れを、ギリシャ悲劇の合唱隊（コロス）の隊列になぞらえたもの。

29 『オデュッセイア』第一一巻六〇一行の引用。第一一巻は、英雄オデュッセウスが冥府（ハデス）に下り、すでに亡き英雄たちの亡霊に出会う場面を歌っており、プラトンはここで、カリアス邸の情景をこのシーンに重ね合わせている。

(315) 腰掛けていたのは、アクメノスの息子のエリュクシマコス、[30] ミュリヌス区のパイドロス、[31] アンドロティオンの息子のアンドロンなどだったが、その他にも、彼と同じエリスの人々や、他の国の人々がいた。彼らはどうもヒッピアスに、自然と天体をめぐって、なにやら天文学の諸問題を問うているようだった。そして彼は椅子に座したまま、彼らのひとりひとりに対して、問われた問題に解答し、その解説をしていたのだった。

「さらにまた、私はタンタロスの姿も見た」[32] というのも、案の定、ケオス島のプロ
D ディコスも滞在していたのだ。彼はある部屋のなかにいた。その部屋は、以前はヒポニコスが宝物庫として使っていたものだが、いまでは泊まり客が多いために、カリアスがそこも空っぽにして、客のための寝室にしてしまったのだ。

さて、そのプロディコスだが、彼はまだ横になっていて、大量の羊皮と毛布にくるまっているように見うけられた。彼の傍らでは、ケラメイス区出身のパウサニアスが、[33] 近くのベッドに腰掛けていた。また、パウサニアスと一緒に、まだ若いひとりの少年
E がいた。この少年は、素質の点でも立派で優れた人物と思えたが、とにかくその容姿がじつに美しかった。彼の名前はアガトン[34]と聞いたように思う。彼がパウサニアスの恋する少年だったとしても、ぼくは驚くまい。

そこにいたのは、この若者と二人のアデイマントス、すなわちケピスの息子とレウコロピデスの息子[35]であったが、他にも幾人かの人たちがいたようだ。

ところで、彼らの会話の内容なのだが、部屋の外からそれを知ることはできなかったよ。もちろんぼくは、プロディコスの話を聞こうと懸命に努力したさ。なにしろ、ぼくは彼のことを、何でも知っている神のような人だと思っているからね。でも、彼の声は低いから、部屋のなかで反響して、言っていることが聞き取りにくかったのだ。

316A

30 アテネの医者。
31 弁論術に関心をよせるアテネの少年。
32 『オデュッセイア』第一一巻五八二行の引用。タンタロスは、ギリシャ神話に登場するプリュギアまたはリュディアの王。神々の友で、知恵と富で知られたが、神々の秘密を漏らし、冥府で罰を受けた。なぜプロディコスがタンタロスにたとえられたのかは明確ではない。おそらく、このあと述べられているように、彼が何でも知っている神のような人で、裕福だったからであろう。
33 アガトンの恋人であったこと以外は不詳。
34 アテネの悲劇詩人。この作品では十五歳ころ。
35 のちにアルキビアデスのもとで将軍になった人物。

そうそう、それから、ぼくたちがなかに入るとすぐに、ぼくたちの後ろから、かの美男子アルキビアデス——きみはそう言うがぼくも賛成だ——と、カライスクロスの息子のクリティアス[36]が入ってきたっけ。 (316)

まあ、こんな具合に、なかに入ってから、このような光景をしばらく眺めたあとで、ぼくたちはプロタゴラスに近づいていったのだ。

*

ぼくは言った。「プロタゴラス、わたしとこのヒポクラテスは、あなたにお会いするためにやって来ました」 B

彼は言った。「わたしひとりと話がしたいのかね？ それとも、他の人たちがいてもかまわないのかね？」

ぼくは言った。「わたしたちは、どちらでもかまいません。わたしたちがやって来た目的をお聞きのうえ、あなた自身がお考えになってください」

彼は言った。「それで、きみたちがやって来た目的とは何だろうか？」

「このヒポクラテスのことなのです。彼はこの国の人間で、アポロドロスの息子で

す。その家は大きくて裕福です。また当人の素質ですが、この点でも、彼が同じ年頃の者たちにくらべて、劣ることはないと思います。さて、わたしには、彼がこの国屈指の人物になることを望んでいるようにみえるのです。そして彼は、あなたに弟子入りすれば、その望みのかなう公算が最も高いと考えております。 C
それでは、この問題をあなたとわたしたちだけで話し合うべきか、それとも他の人たちがいてもかまわないかについては、あなたがお考えください」

彼は言った。「ソクラテス、きみはわたしのために用心してくれているが、適切な判断といえる。というのも、異国人として大きな国に行き、そこの若者たちのなかでも最も優れた者たちを説得して、他の人たち――身内であろうが他人であろうが、年上であろうが年下であろうが――との付き合いを捨てさせ、自分と付き合えばもっと優れた人になれると言って、自分と付き合うようにさせる者、そのようなことをする D
者は気をつけなければならないからだ。なぜなら、そのようなことをすれば、嫉妬だけでなく、他にもいろいろな敵意や陰謀が生まれてくるものだが、それらは決して小

36　プラトンの母の従兄弟で、アテネの政治家。

さなものではないからね。

しかし、これに対して、わたしは次のように言いたい。ソフィストの技術は、昔から存在してきたものなのだが、昔の人々のなかでこの技術を持っていた人々は、それが生み出す敵意をおそれるあまりに、煙幕を張ってその背後に隠れてしまったのだ。ある人々は詩歌の背後に隠れた。たとえばホメロスとヘシオドス、そしてシモニデス[38]がそうだ。またある人々は、秘儀と預言の背後に隠れた。たとえばオルフェウスとムサイオス[37]、そして彼らの宗派に属する人々がそうだ。

さらにわたしは、幾人かの人々が、体育の背後に隠れていることに気づいている。たとえばタラス人のイッコス[39]や、いまも存命中の比類なきソフィスト、セリュンブリア人の[40]——昔はメガラ人だったが——ヘロディコス[41]などだ。さらに、きみたちの国のアガトクレス[42]は音楽で煙幕を張っていたが、じつは偉大なソフィストだ。そうした者は、ケオス島のピュトクレイデス[43]など、他にもたくさんいる。いまあげたこれらの人々はみな、わたしが言うように、嫉妬をおそれて、こうしたいろいろな技術を煙幕として利用したのだ。

だが、この点に関する限り、わたしは彼ら全員に対して異議を申し立てる。という

E 317A

のも、わたしが思うに、彼らはその目的をこれっぽっちも達成できていないからだ。なぜなら、彼らは、人々のうちでもその国の実力者たちの目は逃れられなかったのだから。煙幕は、こうした実力者の目を逃れるためのものだったというのにねえ。というのも、大衆なんてものは、いってみれば何の感受性もない連中なのであって、たんに実力者たちの語る言葉を繰り返しているにすぎないのだから。

このように、逃れようとしても逃れることができずに、正体がばれてしまうのだ。じつに愚かだよ。そんなことを企てることすらね。しかも、人々はかならずや大いなる敵意を抱くことだろう。なぜなら、人々はそのような人間を、まず何よりも無法者

37　ホメロスと並び称されるギリシャの詩人。
38　ケオス島イウリス出身の著名な抒情詩人。第六章では、この詩人をめぐり話が展開する。
39　ムサイオスは伝説的詩人で、オルフェウスの子あるいは弟子とされている。彼らの宗派とは、オルフェウスを教祖とする教団（オルフェウス教）のこと。
40　オリンピア祭（古代オリンピック）の五種競技で優勝した人物。その後、体育の教師になった。
41　医者・体育教師。メガラに生まれたが、後にセリュンブリアに移った。
42　音楽家。
43　音楽家で、アガトクレスの師。

とみなすだろうからね。 (317)

だからわたしは、こうした人たちとはまったく逆の道を歩んできたのだ。わたしは、
自分がソフィストであり、人々を教育していることを認めている。このような「わた
しの」用心のほうが、あのような「彼らの」用心よりも、すなわち認めるほうが認め
ないよりもよいと考えているのだ。

また、そのほかにもいろいろな用心をしてきたので、神様のおかげもあって、ソ
フィストであると公言して、ひどい目にあったことは一度もないのだよ。じっさい、
わたしは、すでに長年この技術に携わっている。だから、もうかなりの歳だ。きみた C
ちのなかの誰をとっても、年齢的にみてわたしが父親になれないような人は、ひとり
もいないだろう。[44]

まあそんなわけだから、きみたちさえよければ、家にいるすべての人たちの前で、
この問題について話をさせてもらえれば、わたしとしてはなによりもうれしいよ」

*

ぼくは、うすうす気づいていた。彼は、ぼくたちが彼の熱狂的支持者としてやって

来たことを、プロディコスとヒッピアスに見せびらかして、自慢したがっているのだ。D
そこで、ぼくはこう言った。

「それなら、プロディコスとヒッピアス、それに彼らと一緒にいる人たちも呼んで、わたしたちの話を聞いてもらいましょうよ」

「ぜひともそうしよう」とプロタゴラスは言った。

するとカリアスが言った。「それではどうでしょう。あなたがたが座って話せるように、討論のための場所を作りませんか？」

そうしようと話がまとまった。ぼくたちはみな、賢者たちの話が聞けると思って喜び、ベンチやベッドをみずから手に取って、ヒッピアスのかたわらに並べていった。というのも、そこにはすでにベンチが何脚か置いてあったからだ。そうしているあいだに、カリアスとアルキビアデスが、プロディコスをベッドから起こし、彼と一緒にいた人たちとともに連れてきた。E

44　プロタゴラスが死んだのは七十歳近くになってからで、その間四十年、ソフィストの活動をしていたという。この作品の頃は、六十歳近かったと推定される。

全員が席に着くと、プロタゴラスが口をひらいた。「さて、それではソクラテス、みなさんも席に着かれたことだし、きみがさきほどこの若者のためにわたしに語ったことを、話してもらえないだろうか」

そこでぼくは言った。「プロタゴラス、話の最初の部分、すなわちわたしたちがここにやって来た目的については、さきほどお話ししたとおりです。このヒポクラテスが、あなたとの付き合いを望んでいるのです。そこで彼は、あなたと一緒にいると自分に何が起きるのかを、ぜひとも聞かせてほしいと申しております。わたしたちの話は以上です」

すると、これに答えて、プロタゴラスは言った。「若者よ、わたしと付き合えば、次のようなことがきみに起きるであろう。きみがわたしの弟子になるその日、きみはより優れた人間となって帰宅するであろう。次の日も同じことが起こる。こうして、きみは毎日、よりよい方向に進歩しつづけるのだ」

これを聞いて、ぼくは言った。「プロタゴラス、あなたのおっしゃることは、なんら驚くべきことではありません。むしろ、いくらでも起こりうる話です。じっさい、そんなことはあなたにさえ起こりえますからね。たしかに、あなたはご高齢でこんな

にも賢い。しかしもし誰かが、あなたのたまたま知らないことをあなたに教えるなら、
あなただって、より優れた人間になることでしょう。
そうではなく、次のように答えていただきたいのです。たとえば、このヒポクラテ
スが急に希望を変え、最近この国にやって来た若者、ヘラクレイア人のゼウクシッ
ポス[45]との付き合いを望んだとします。彼はこの人物のもとに行く。（ちょうど、彼が
いまあなたのもとにいるようにです。）そして、あなたから聞いたのとまったく同じ C
ことを、この人物から聞いたとします。この人物と付き合うと、彼は毎日、より優れ
た人間となり、進歩するだろうとね。このとき、もし彼がこの人物に『あなたは、わ
たしがどんな点でより優れた人間になり、何において進歩するとおっしゃっているの
ですか？』とふたたび質問したとすれば、ゼウクシッポスは彼に『絵の技術につい
てだ』と言うことでしょう。
さらに、もしヒポクラテスがテバイ人のオルタゴラス[46]に弟子入りし、あなたから聞

45　著名な画家。ゼウクシスともいう。
46　テバイの著名な笛の教師。

いたのとまったく同じことを、この人物から聞いたとします。彼がこの人物に、この人物の弟子になると、毎日何においてより優れた人間になるのかと、ふたたび質問したとすれば、この人物は『笛の演奏においてだ』と言うことでしょう。

あなたもまた、このようなしかたで、この若者と、彼になり代わって質問しているこのわたしに、答えていただきたいのです。このヒポクラテスは、プロタゴラスの弟子になると、弟子になるその日に、より優れた人間となって帰宅し、その後も毎日、同様に進歩するだろうとのことですが、それは何においてなのですか、プロタゴラス？　いったい、何に関してそうなるのでしょう？」

するとプロタゴラスは、ぼくの言葉を聞いてこう言った。「きみは、いい質問をするね、ソクラテス。わたしも、いい質問をする人には喜んで答えたい。

ヒポクラテスは、わたしのところに来れば、他のソフィストに弟子入りしたとき受けるような被害を受けずにすむであろう。じっさい、他のソフィストたちは、若者たちにひどいことをしているからねえ。というのも、若者たちは、さまざまな専門教科から逃げ出してきたというのに、彼らは、いやがる若者たちをふたたび連れ戻して、専門教科のなかに放り込んでしまうのだ。算術、天文学、幾何学、音楽などを教えて

ね。――そう言いながら、彼はヒッピアスのほうを見た。――だが、わたしのところに来れば、彼は、まさしく自分が求めていたものを学ぶことになるだろう。すなわち、わたしから学べるのは、たくみに策を練る力だ。これを使えば、家のことに関しては、自分の家を最もよく治めることができるし、国のことに関しては、国のことを行なうにも論じるにも、最も力のある者になれるのだよ」

ぼくは言った。「わたしは、あなたの言葉を正しく理解しているでしょうか？　あなたは政治の技術のことをおっしゃっていて、また、よき国民をつくることを約束されていると、わたしには思えるのですが」

彼は言った。「まさにそれなのだ、ソクラテス。わたしがやっているのは」

＊

ぼくは言った。「なるほど、あなたはすばらしい技術をお持ちなのですね。もっとも、ほんとうにお持ちならばの話ですが……。わたしは、ほかならぬあなたに対してであればこそ、自分の思っていることを包み隠さずお話ししたいと思います。じつをいうと、プロタゴラス、わたしは、そうしたものを教えることができるとは思ってい

319A

B (319) なかったのです。しかし、それができるとおっしゃるあなたを疑うこともできません。
そこで、どうしてわたしが、そうしたものは教えることができず、人から人に伝授で
きないと思うのかをお話しするのが筋だと思います。
わたしは、アテネ人たちは賢い人々であると主張します。これは、他の国のギリ
シャ人たちも認めるところです。さて、われわれアテネ人が民会[47]に集まるとき、わた
しは次のようなことを目にします。たとえば、国が建築にかかわる何らかの事業をし
なければならないとき、彼らは建築物に関する助言者として建築家を招聘《しょうへい》するので
す。造船の場合であれば船大工を招聘します。その他にも、彼らが学んだり教えたり
C することができるとみなす事柄であれば、すべて同様にします。誰か他の人が彼らに
助言を試みても、彼らがその人を専門家と認めない限り、彼らは何も受け入れません。
その人がどんなに男前でも、裕福でも、家柄がよくてもです。それどころか、彼らは
その人を嘲笑して騒ぎ立てるのです。そして、演説を企てるその人が、罵倒されて自
分から演壇を去るか、あるいは評議員[48]たちの命令により、警備隊[49]がその人を引きずり
おろすか連行していくまで、それをやめません。
アテネ人たちは、彼らが技術的問題と見なしている事柄に関しては、以上のように

ふるまいます。ところが、国家政策[50]について何かを審議しなければならないときには、 D
誰もが同じように立ち上がり、そうした問題について彼らに助言するのです。その人
が大工でも、鍛冶屋でも靴職人でも、貿易商人でも船主でも、また裕福でも貧しくて
も、家柄がよくても悪くても同じです。そして、先ほどの場合のように、『この人は、
学んだことも、先生に付いたこともないくせに、助言しようとしている』と言って、
こうした人たちを非難する者は、ひとりもいないのです。その理由は明白です。すな
わち、彼らはそうしたものを教えることができるとは考えていないのです。

さらにいえば、こうしたことは、国の公的な問題に関してばかりでなく、私的な領
域においても生じています。すなわち、われわれの国民のなかでも、最も賢くて優れ E

47　民会（エクレシア）とは、古代ギリシャのポリスで開かれていた集会のこと。アテネでは最高決議機関であり、アテネ国民（すなわち市民権を持つ成人男性）であれば出席して審議に参加できた。

48　評議員（プリュタネイス）とは、国民の代表五十名からなる、民会の議長団のこと。

49　警備隊（トクソタイ）とは、治安維持のための国有の警察隊のこと。議場の警備にも当たった。

50　軍事や外交など、国家全体の運営方針にかかわる政策のこと。

た人々が、自分たちの持つ徳《アレテー》[51]を他の人々に伝授することができずにいるのです。 (319)
たとえば、ペリクレスがそうです。彼はここにいる若者たちの父親であり、教師を
頼りにできる事柄については、彼らに立派なよい教育を施しました。しかし、自分自
身を賢者にしている当の資質については、みずから教育することもありませんし、誰 320A
か他の人の手にゆだねることもありません。だから彼らは、神殿で飼われている牛た
ちのように、みずからあちらこちらをさ迷いながら草を食《は》んでいます[52]。もしかしたら、
偶然どこかで徳《アレテー》に出くわすかもしれないというわけです。

よろしければ、もうひとつ例をあげましょう。ここにいるアルキビアデスの弟、ク
レイニアスです[53]。彼の後見人は、先ほどと同じあの人物、ペリクレスなのです[54]。ペリ
クレスは、彼のことを心配しました。彼がアルキビアデスの影響をうけて、堕落して
しまうのではないかと恐れたからです。そこで、彼をアルキビアデスから引き離し、
アリプロン[55]の家にあずけて教育しようとしたのです。ところが、六ヶ月もたたないう
ちに、ペリクレスは彼を扱い切れなくなり、アルキビアデスのもとに返してしまった B
のです。

このほかにも、自分は優れた者でありながら、身内であれ他人であれ、誰ひとり、

より優れた者にすることのできなかった人がたくさんいるのです。そうした人たちについても、わたしはあなたにお話しすることができます。

ですからプロタゴラス、わたしはこれらの事実を見ると、徳《アレテー》を教えることができるとは思えないのです。しかし、あなたの話をお聞きして、わたしの確信は揺らいでいます。じっさい、あなたは真実を述べていると思うのです。なぜなら、あなたは多くのことを経験され、多くのことを学び、そしてご自身でもさまざまな発見を成し遂げてきたかただと思いますから。

C そういうわけで、もしあなたが、徳《アレテー》は教えることができるということを、われわれにもっと明確に説明することができるなら、どうか嫌がらずに説明していただきた

---

51 徳《アレテー》については、「訳者まえがき」と「解説」を参照。

52 神殿で飼われていた牛は、神域の草を自由に食べることができた。

53 父親と同じ名を持つ、アルキビアデスの弟。兄にもまして、扱いにくい性格であったという。

54 アルキビアデスとクレイニアスの父はすでに亡くなっていたので、親戚のペリクレスが後見人となっていた。

55 ペリクレスの弟。ペリクレスとともに、彼らの後見人であった。

いのです」

彼は言った。「いやソクラテス、嫌がりなどしないよ。だが、どちらがよいだろう？　わたしのような年寄りが若い連中にしてやるように、きみたちに物語を語って説明してあげようか？　それとも、理論的に説明していくのがよいだろうか？」

すると、そこに座っていた人たちの多くが、どちらでも彼の好きなやりかたで説明してほしいと彼に返答した。

「それなら、きみたちに物語を語るほうが、よりふさわしいと思う」と彼は言った。

第三章　プロタゴラス、徳《アレテー》を論ず

「むかしむかしの話。そのころ、［不死なる］神々はいたが、死ぬことをさだめられた生き物たちは、まだ生まれていなかった。だが、彼らにも誕生を運命づけられた時 D
期がやって来た。そこで、神々は大地のなかで、土と火、および火と土に混ぜる［水や空気などの］材料を使い、それらを混ぜ合わせて、彼らをかたちづくった。そして、神々は彼らを、太陽の光が降り注ぐ地上に連れ出そうとしたのだが、そのとき、プロメテウスとエピメテウス[56]に対して、生き物たちに身支度をさせ、それぞれにふさわし

56　兄弟の神で、兄のプロメテウスは〈あらかじめ考慮する者〉、弟のエピメテウスは〈あとで考慮する者〉という意味を持つ。

い能力を分配してやるように命じた。エピメテウスは、分配の仕事は自分ひとりに任せてほしいとプロメテウスにお願いし、『わたしが分配を終えたら、あなたが点検してください』と言った。こうしてプロメテウスを説き伏せると、彼は分配の作業に取りかかった。

分配は次のように行なわれた。エピメテウスは、ある生き物たちに強さを与えたが、速さは与えなかった。そのかわり、彼は、より弱い生き物たちに速さをそなえ付けた。また、ある生き物たちは武装させたが、ある生き物たちは武器を持たずに生まれてくるようにした。しかし、そのかわり、後者の生き物たちには、身を守るための別の能力を工夫してやった。すなわち、彼らのうち小さな姿をまとわせたものたちには、翼によって逃げる能力や、地下で生きていく能力を与えた。他方、大きな体にしたものたちについては、大きさそのものを利用して、彼らの身が守られるようにしたのである。これ以外の生き物たちについても同様に、彼はバランスを取りながら能力を分配していった。

エピメテウスは、こうしたいろいろな工夫をしたが、それは絶滅してしまう種がひとつもないようにと用心してのことであった。こうして、滅ぼし合いを回避するため

の手段を生き物たちに与えると、つぎに彼は、ゼウス[57]の支配する季節の変化のなかでも、生き物たちが快適に暮らせるように工夫をした。彼は、冬の寒さから身を守るのに十分で、しかも夏の暑さをしのぐこともできる、分厚い毛や硬い皮を生き物たちにまとわせてやり、さらに彼らが寝床に入るときには、この同じ毛や皮が、それぞれの生き物に固有の生まれ持った寝具となるようにしてやった。さらに彼は、ある生き物たちの足にはひづめを、またある生き物たちの足には、硬くて血の通わない皮を履かせてやった。

その後エピメテウスは、それぞれの生き物に、それぞれ違う種類の食料を割り当てた。すなわち、ある生き物には地面に生える草を、ある生き物には樹木の果実を、ある生き物にはその根っこを割り当てた。ほかの動物の肉を食料にすることを許された生き物もいる。その場合、彼はこうした生き物は少しの子どもしか産めないようにし、彼らの犠牲となる生き物のほうは、たくさんの子どもを産めるようにしてやった。そうすることで、彼はその種族の保存を図ろうとしたのである。

B

57 オリンポスの最高神で、天候を司る神。

(321) だが、エピメテウスはそれほど賢くはなかったので、知らないうちに、理性を持た
C ない［人間以外の］生き物たちのために、能力を使い果たしていた。だから人間の種
族が、身支度の整わないまま、彼のもとに残されることになったのである。彼はどう
してよいかわからず、途方に暮れた。途方に暮れているところに、プロメテウス
が分配の点検にやって来た。そして、人間以外の動物たちはあらゆる点でうまくいっ
ているのに、人間だけは裸で、履物も寝具もなく、武装もしていないことに気づいた。
だが、すでに定められた日は近づいていた。その日になれば、人間も、大地のなかか
ら太陽の光のもとに出て行かねばならないのだ。

プロメテウスは、人間が身を守るための手立てを見つけようとしたが、どうしても
見つからず、困り果ててしまった。そこで彼はしかたなく、ヘパイストス[58]とアテナ[59]の
もとから、技術を使う知恵を、火といっしょに盗み出したのだ。（というのも、火が
D なければ、だれもこの知恵を身につけたり、使ったりすることができないからだ。）
こうして、彼はそれを人間に贈ったのである。

さて、人間は、こんないきさつで、生きるための知恵は手にしたのだが、しかし政
治のための知恵を手にすることはなかった。その知恵は、ゼウスのもとにあったから

だ。プロメテウスには、さらにゼウスの住処であるアクロポリス[60]に侵入する時間は、もはやなかった。しかも、ゼウスの護衛兵たち[61]は恐るべき者たちだったのだ。しかし、ともかくも彼は、アテナとヘパイストスの共同の家――ふたりはそこで技術を使うのを楽しんでいた――にこっそり忍び込み、火を使うヘパイストスの技術と、それとは別のアテナの技術を盗んで、人間に与えたのだ。その結果、人間は生きるための手段を手にすることができたわけだ。しかし、エピメテウスのせいで、その後プロメテウスには、この盗みの罰が待ち受けていたと言われているよ。[62]

こうして人間は、［技術という］神々の所有物の分け前にあずかることとなった。これによって、神との緊密な関係が生まれたため、まず初めに、動物のなかで唯一、人

58　火をつかさどる鍛冶の神。
59　知恵と技術の女神。
60　アクロポリスとはポリス中心部の丘に作られた城塞のことだが、ここではオリンポス山頂のゼウスの館のこと。
61　ゼウスの館に住んでいたクラトス（力）とビア（暴力）という二人の女神のこと。
62　プロメテウスはカウカソス山頂に縛り付けられ、毎日、鷲に肝臓を食われるという罰を受けた。

E　322A

間だけが神々を信仰するようになり、神々の祭壇と像の建築にとりかかった。それにひき続き、人間は技術の力で、たちまちのうちに、声を分節化してさまざまな言葉を作り出した。また人間は住居、衣服、履物、寝具などを発明し、さらには土地を耕して食料を手に入れる方法を発見した。

＊

このように、人間はいろいろな装備を身につけていったのだが、初めのうち、人間はあちこちに分散して暮らしていて、まだ国は生まれていなかった。そのため人間は、つぎつぎと野生の獣の餌食になっていった。なぜなら、人間はあらゆる面で獣よりも弱かったからだ。たしかに、もの作りの技術は、食料を手に入れるためには十分に人間の役に立ってくれた。しかし、それでは獣との戦いには不十分だった。（というのも、戦いの技術は政治の技術の一部分なのだが、人間はその政治の技術を持っていなかったのだから。）そこで人間は、集団になって身を守ろうとして、国を作った。ところが、集団になるたびに、人間はいつも互いに不正をしあったのだ。なぜなら、人間は政治の技術を持っていなかったのだから。それゆえ、人間はふたたび散り散りと

なり、滅亡に向かっていった。

ゼウスはこれを見て、われわれ人間の種族が完全に滅亡してしまうのではないかと C
心配された。そこで彼は、ヘルメス[63]を派遣して、人間たちに謙譲心と道義心[64]を与えることにしたのだ。それは、これらのものが国に秩序を与えるとともに、友愛の絆となって人々を一つにまとめるためであった。

ヘルメスはゼウスに、どのように道義心と謙譲心を人間に与えるべきか尋ねた。

『これらについても、さまざまな技術が分配されているように分配すればよいのでしょうか？　さまざまな技術は、次のように分配されています。たとえば、ひとりの人間が医術を持っていれば、他の多くの人たちが素人でも十分に間に合います。他のいろいろな専門家でも同じです。そこで、道義心と謙譲心についても、これと同様に人間に与えてやればよいのでしょうか？　それとも、すべての人間に分配してやるべ D

63　ゼウスの息子で、幸運と富の神。ゼウスの使者。

64　謙譲心（アイドース）とは、慎み深く謙虚にふるまう態度。道義心（ディケー）とは、道徳を守って正しく生きる態度のこと。いずれもギリシャ人が古来重んじてきたもの。

(322) きなのでしょうか？』

『すべての人間にだ』とゼウスは言った。『すべての人間がそれらを持つようにするのだ。なぜなら、他の技術のように、その所有者が少数であるなら、国は生まれないからだ。さらに、わたしの名において法を制定し、謙譲心と道義心を持つことのできない者があれば、国の病として処刑せよ』

＊

以上のようなわけだ、ソクラテス。このような理由によって、アテネ人であろうが他の国の人であろうが、話題が大工の徳《アレテー》や他の職人の徳《アレテー》に関係するときには、助
E 言できるのは少数の人だけだと考える。そして、その少数の人以外の誰かが助言しても聞き入れはしない。これはきみの言うとおりであり、わたしも至極当然のことだと主張する。

323A だが、政治的な徳《アレテー》に関係する助言の場合には、終始一貫して正義[65]と節度[66]にのっとった助言をしなければならない。だから当然、人々はすべての人の助言を聞き入れるのだ。なぜなら人々は、すべての人がこの徳《アレテー》を持っているのが当たり前で、そう

でなければ国が成り立つはずがないと考えているのだから。人々のふるまいの背後には、まさにこうした考えかたがあるわけだよ、ソクラテス。

このように、ほんとうに誰もが思っているのだよ。すべての人は正義をはじめとする政治的な徳《アレテー》を持っているのだとね。しかし、きみがだまされたと思わないように、さらにもう一つ、その証拠を示してあげよう。

政治的な徳《アレテー》以外の徳《アレテー》の場合には、きみの言うとおり[67]、もし誰かが自分は笛の演奏に優れているとか、何か他の技術に優れていると言って、事実に反する主張をするなら、人々は嘲笑するか腹をたてる。そして、その人の家族がやって来て、気でもふれたかと叱りとばすことだろう。

ところが、正義をはじめとする政治的な徳《アレテー》の場合、たとえある人物が不正な人で

B

65　正義（ディカイオシュネー）とは、古代ギリシャにおける主要な徳目の一つで、法に従った正しい行動をする能力。「道義心」に相当する。

66　節度（ソーフロシュネー）とは、古代ギリシャにおける主要な徳目の一つで、欲望や感情を制御して、法《のり》をこえずに行動する能力。「謙譲心」に相当する。

67　54頁（319C）を参照。

(323) あることが周知の事実だったとしても、その人みずから大衆の面前で自分の真実を語るようなまねをしたらどうなるだろうか。それまでは節度とみなされていた〈真実を語る〉という行為が、今度は狂気と見なされるのだよ。そして人々は言うのだ。じっさいにそうであろうとなかろうと、すべての人が、自分は正しい人間だと言わなければならない。もし正義をよそおわない人がいるとしたら、その人は気が狂っているとね。それは人々が、人間はかならずやこの正義の徳《アレテー》を何らかのしかたで持っていなければならず、持っていない者を人間社会の一員と認めるわけにはいかないと思っているからなのだ。

＊

C このように、人々はこの［政治的な］徳《アレテー》に関しては、あらゆる人を助言者として受け入れるが、誰もがこの徳《アレテー》を持つと考えられているのだから、それは当然のことなのだ。この点については、以上で語られた。

だが、人々はさらに、こうも考えている。この徳《アレテー》は、生まれつき身についているものでも、ひとりでに身につくようになるものでもなく、むしろ教えられて身につく

ものであり、誰かに徳《アレテー》がそなわるときには、そのように配慮した結果としてそなわるのだと。そこでわたしは次に、この点をきみに説明することにしよう。

人間というものは、お互いに相手がいろいろな欠点を持つと考えているものだ。だ
が、欠点が生まれつきや偶然に由来する場合には、そうした欠点を持つ人たちに腹を D
たてたり、忠告したり、あるいは教育したり、罰を与えたりして、その欠点を矯正しようとする人は誰もいない。むしろ、たんに彼らを憐れむだけだ。たとえば醜い人や、小さな人や、虚弱な人に対して、いま言ったようなことをしようとする愚か者がどこにいよう？　わたしが思うに、人々は、人間がこのような美点や欠点を持つのは、生まれつきや偶然によるのだとわかっているのだ。

これに対して、配慮と訓練と教育によって人間にそなわると思われているような美
徳の場合、もし誰かがそれを持たずに、反対物の悪徳を持つならば、そうしたものに E
対してこそ、怒りと罰と忠告が投げかけられることになるのだ。不正[68]や不敬虔[69]など、

68　正義に対応する悪徳で、法に反した正しくない行動をすること。
69　敬虔（注71参照）に対応する悪徳で、神をないがしろにした行動をすること。

まとめて言えば政治的な徳《アレテー》のすべての反対物がこの部類に入る。そうしたものの場 324A
合には、すべての人が、誰に対してであれ、腹を立てたり忠告したりする。だから、
人々が、政治的な徳《アレテー》は配慮と学習によって手に入ると考えているのは明らかだ。
ソクラテス、不正をした人を罰する行為の意図を考えてみてほしい。そうすれば、
徳《アレテー》は人が授けることのできるものだという、人々の考えかたが明白になるであろう。
すなわち、不正をした人を罰するとき、不正をしたということだけに目を向けて、そ
のためだけに罰する人は誰もいない。懲らしめるさいに、獣のように理性を失ってい
るような人でない限りね。理性を保ったうえで罰しようとする人であれば、すでに為 B
されてしまった不正のために懲らしめることはないのだ。(だって、すでに為されて
しまったことを、なかったことにすることなどできないのだから。)そうではなく、
人は未来のために罰する。つまり、不正をした当人や、その人が罰せられるのを見る
他の人が、再び不正をしないように罰するのだよ。そして、このような考えを持って
いる以上、人は徳《アレテー》を教育できると考えているはずなのだ。なぜなら、少なくとも、
改心させようとして罰しているわけだからね。
懲らしめを行なう人々はすべて、それが私的な懲らしめであれ、公的な懲らしめで

C あれ、このような考えかたを持っているのだ。そして、どの国の人々も、不正をしたとみなす者たちを懲らしめ罰するのだが、とりわけ、きみの同国人であるアテネ人たちはそうする。したがって、以上の議論にしたがえば、アテネ人たちもまた、徳《アレテー》は人が授けることのできるものであり、それゆえ教えることのできるものだと考えていることになる。

さてソクラテス、これでわたしは、きみに次のことを明らかにしたことになる。すなわちひとつは、きみの同国人たちは政治的問題に関しては鍛冶屋の助言であろうが靴職人の助言であろうが聞き入れるが、それはもっともなことだということ。そしてもうひとつは、彼らは、徳《アレテー》というものは人に教えられてそなわるものだと考えているということである。以上については、これで十分だと思う。

D

＊

しかし、きみが優れた人たちをめぐって指摘した難問がまだ残っている。[70]すなわち、

70　55–57頁（319D–320B）を参照。

優れた人たちは、教師を頼りにできる事柄については、自分の息子に教育を施して賢 (324)
者にしているのに、自分自身を優れた者にしている徳《アレテー》については、息子を他の人よ
り優れた者にしないのは、一体なぜなのかということだった。ソクラテス、この問題
については、きみに物語を語るのはもうやめて、理論を語ることにしたい。
では、次の問いを考えてみてほしい。『国が成り立つために、すべての国民が持た
なければならない、何かひとつのものが存在するか、しないか？』じつは、この問い E
のなかにこそ、きみが陥っている難問を解決する鍵が隠されているのであり、他のや
りかたではこの難問は決して解決できないのだ。
さて、そうしたものが存在するとしよう。そして、そのひとつのものとは、大工の
技術でも鍛冶屋の技術でも陶工の技術でもなく、むしろ正義と節度と敬虔[71]、つまり、 325A
まとめてひとことで言うなら、人間の徳《アレテー》のことだとしよう。それは、すべての人が
持たなければならないものであり、何かを学んだり行なったりしようとするときには、
誰もがそれを働かせながら行動しなければならず、それなしに行動するようなこと
があってはならないものだ。そして、それを持たない者がいれば、子どもであれ、
［成人の］男であれ女であれ、教育したり罰したりしなければならない。そして、

罰するときには、その人の性格が改善されるまで罰し、罰しても教育しても効果の
ない者がいれば、治療不可能な者として、国外追放にしたり死刑にしなければなら B
ない。

以上が事実であり、そのひとつのものとは、以上のようなものだとする。すると、優れた人たちは息子に、他のことは教えても、そのひとつのものだけは教えないことになる。だが、考えてみてほしい。そうだとしたら、優れた人たちというのは、何というわけのわからない人たちだろうか。

というのも、われわれがすでに説明したように、彼らは、徳《アレテー》は私的にも公的にも教えることができると考えている。ところが、徳《アレテー》は教えることができ、きちんとした世話をすれば身につくものであるのに、彼らは、徳《アレテー》以外のことばかり息子に教えるというのだろうか？　そんなものは、たとえ知らなくても死罪になることはない。ところが、彼らの息子が徳《アレテー》を学ばず、徳《アレテー》を身につけるような世話もされないなら、
たんに息子が死罪にされたり、追放されるだけではすまないのだ。死罪に加えて財産 C

71　敬虔（ト・ホシオン）とは、古代ギリシャの主要な徳目の一つで、神々を信じ敬うこと。

(325) まで没収され、いってみれば家全体が転覆してしまうのだよ。なのに、彼らはそれを
教育せず、十分な配慮もしないというのだろうか？　いや、ソクラテス、していると
考えるべきだよ。
　彼らはね、まだ子どもが小さいころから始めて、子どもが人生を歩み続ける限り、
教育としつけを行なっているのだ。言葉がわかるようになるとすぐに、乳母も母親も
D 養育係も、さらには父親自身も、子どもができるだけ優れた者になるようにと、一生
懸命に努力する。彼らは、子どもが何かをしたり、言ったりすると、そのひとつひと
つについて、『それは正しいことだが、これは正しくないことだよ』とか、『それは立
派なことだが、これはみっともないことだよ』とか、『それは敬虔なことだが、これ
は不敬虔なことだよ』とか、あるいは『それはしてもいいが、これはしてはいけない
よ』などと言って、子どもに教え示してやる。子どもがすすんでそれに従うなら、
願ったり叶ったり。だが、もし従わなければ、彼らは、ねじれ曲がった木材をまっす
ぐにするように、子どもを叱ったり叩いたりして矯正するのだ。
　その後、彼らは子どもを先生のところに通わせるのだが、そのときも先生に、読み
E 書きや音楽よりも子どもの礼儀作法にいっそう気を配ってほしいとお願いする。もち

ろん、先生のほうでもその点に気を配る。子どもは話し言葉はすでに学んでいるわけだが、今度は文字を学んで、書き言葉を理解できるようになる。すると、先生は子どもの机の上に優れた詩人たちの作品を置き、それを読ませて暗記させるのだ。そこにはたくさんの戒めの言葉や、いにしえの優れた人たちの物語や、彼らへの賛辞や、彼らをほめたたえる歌が含まれている。だから、子どもは憧れを抱いてその姿をまね、 326A
そんな人物になりたいという願望を抱いてくれるわけだ。

　音楽の先生たちも、同じようなことをする。すなわち、彼らは子どもが節度の徳《アレテー》を身につけるように気を配るとともに、まだ幼い子どもが何も悪い行ないをしないように気をつける。これに加えて、彼らは子どもが竪琴の演奏を学び終えると、さきほどとは別の優れた詩人たち――すなわち抒情詩人たち――の作品を竪琴の調べにのせて教え、そのリズムとメロディーを子どもの心のなかに住まわせる。このようにして、 B
子どもをより穏和にし、よりよいリズムとメロディーを身につけさせて、言葉においても行為においても有用な人物にするのだ。じっさい、このよきリズムとメロディーは、人生のあらゆる場面で必要なものなのだよ。

　さらにまた、以上に加えて、彼らは子どもを体育の先生のところに通わせる。これ

によって、子どもがより立派な体を持ち、優れた理性の命令に従って行動できるよう (326) C にする。そして、戦争においても、その他の行為においても、体の弱さゆえに臆病なふるまいを余儀なくさせられることのないようにするのだ。

ところで、以上のような教育を十分に与えるためには、そうする力が十分になければならない。そして、そうする力が十分にあるのは、最も裕福な人たちだ。だから、彼らの息子は、最も早い年齢で先生のもとに通いはじめ、最も遅く先生のもとを離れるのだ。

さて、子どもたちが先生のもとを離れると、こんどは国が彼らに法律を学ばせ、法律を規範とした生活を送らせる。それは、彼らが自分勝手なふるまいをしないように D するためだ。読み書きの先生は、まだ上手に字を書けない子どものために、ペンでまっすぐな線を何本も下書きしてから書板を渡し、その罫線《けいせん》に従って字を書かせる。国もそれと同様に、いにしえの優れた立法家によって作られた、法律というまっすぐな線を下書きし、支配をするさいにも支配を受けるさいにも[72]、それに従わせるのである。そして、その外にはみ出す者があれば、国は罰を与えるのだ。こうした罰［を与 E える制度］には、きみの国でも他の多くの国でも、〈是正監査〉という名前が付けら

れている。[73] なぜなら、その法手続きが、［不正をした者を］まっすぐに是正してくれるからだ。

徳《アレテー》をめぐるこれだけの配慮が、私的にも公的にもなされている。なのにソクラテス、きみは、徳《アレテー》を教えることなどできるのだろうかと不思議がり、それを難問と見なすのかね？　いや、不思議がる必要などないのだよ。むしろ、徳《アレテー》が教えることのできないものだとしたら、それこそはるかに不思議なことだ。

＊

それでは、父親は優れているのに、その息子の多くがつまらない人間になってしまうのはどうしてか？　次に、この疑問に答えてあげよう。

さきほどわたしは、国が成り立つためには、誰もこの事柄――つまり徳《アレテー》――に関

72　アテネの民主制では、国民の代表がくじなどで選ばれて支配の任に着くとともに、ほかの国民はその支配に従うことが要求された。

73　是正監査（エウテュナイ）とは、役人の任期の終了時に実施された、在職中の仕事の監査制度のこと。在職中の不正が発覚すれば、罰せられた。

して素人であってはならないと述べた。[74] これが真実とすれば、問題の現象もなんら不思議なものではなくなるのだ。

ともかく、わたしの言葉が真実だとしてくれたまえ。(じっさい何よりも確かなことなんだがね。) そして、いろいろな職業や専門教科のなかから、何でもいいから徳《アレテー》以外のものをひとつ選び、それをもとに考察してみるのだ。

それでは、われわれ全員が笛の演奏家でないと、国は成り立つことができず、各人は可能な限りの演奏力を持たなければならないと仮定してみよう。私的にも公的にも、すべての人が誰にでもその技術を教えてやり、演奏のうまくない者がいれば叱りつけ、技術を与えるのを惜しむ者などいないとする。それは、ちょうどいま現実に、正しい事柄や合法的事柄については、他の技術的事柄の場合とは異なり、だれも惜しんだり隠したりしないのと同様だ。(わたしが思うに、人々がそうするのは、皆がお互いに対して正義や徳《アレテー》を発揮できれば、それがわれわれ全員の利益につながるからだ。それゆえに、正しい事柄や合法的事柄については、すべての人が誰にでも熱心に語り、教えるわけだ。)

これと同様に、笛の演奏においても、われわれはそれをお互いに教え合うことにと

ても熱心で、その技術を与えるのを惜しまないとしよう。ソクラテス、その場合きみは、優れた笛の演奏家の息子であれば、劣った演奏家の息子よりも、優れた演奏家になる見込みが少しでも高くなると思うかね？

わたしはそうは思わない。むしろ誰の息子であろうが、笛の演奏において最も才能豊かに生まれた息子が、成長後に名声を獲得するし、誰の息子であろうが、無能に生 C
まれついた息子は無名のまま終わるのだ。

じっさい、優れた笛の演奏家の息子がつまらない演奏家になったり、つまらない演奏家の息子が優れた演奏家になるようなことは、しばしば起こりうることだよ。しかしだね、にもかかわらず、これらの息子たちがみな十分に立派な笛の演奏家であることも事実なのだ。笛の演奏について何も知らない素人と比較するならね。

いまわれわれが直面している問題についても、これと同じことがいえる。法律に依拠する人間社会で育った人である限り、たとえきみが最も不正だと思う人間であったとしても、その人は正しい人であって、この分野における専門家だといえるのだよ。

74　72-73頁（324E-325A）を参照。

教育も法廷も法律も持たず、徳《アレテー》を気遣うよう強いられることも全くない、野蛮人のような存在と比較して判断すべきとしたらね。野蛮人と言ったが、それは劇作家のペレクラテス[75]が去年レナイオン[76]で上演した劇に出てきたような人たちのことだ。その劇では、あの「野蛮人からなる」合唱隊のなかに、人間嫌いたちがまぎれ込む設定だったが、そのように、きみが本当にあんな野蛮人たちのなかにまぎれ込んでしまったと考えてみたまえ。きみは、エウリュバトスやプリュノンダス[77]に出会っても、彼らを大歓迎するだろう。そして、この国の人間たちの悪徳を恋しがって、泣き叫ぶことだろう。

ソクラテス、いまのきみは、わがままな子どものようだ。だって、すべての人々が各自の力の及ぶ範囲で徳《アレテー》の先生であるというのに、自分には誰もそんなふうにはみえないと言い張るのだからね。しかしそれは、「われわれの母語である」ギリシャ語の先生は誰なのかと探しても、ひとりも見つからないのと同じことなのだ。わたしが思うに、職人の息子たちに専門技術を教えるのは誰なのかと探す場合でも、同じことがいえる。もちろん、そうした技術は自分の父親から学ぶものだね。しかしそれは、父親や父親の友人の同業者たちの力の及ぶ範囲での話だよ。さらにそれ以上のことを、職人の息子たちに教えてくれるのは誰なのかと探しても、ソクラテス、彼らの先生を

D (327)　E　328A

見つけるのは容易ではないとわたしは思うのだよ。（もちろん、素人が相手なら、先
生は容易に見つかるだろうがね。）徳《アレテー》であろうが他の何であろうが、これが実情だ。
だから、人を徳《アレテー》へと導くことにおいて、われわれより少しでも優れている人がいる
なら、それで満足すべきなのだよ。

じつは、わたしは自分がそうした者のひとりであり、人を立派で優れた者にする手 B
助けをすることにかけては、他の人々より優れていると思っている。その効果は、わ
たしの請求する授業料に見合うどころか、それをはるかに凌ぐものだ。この点は、わ
たしの受講生も認めてくれる。だから、わたしは授業料の請求方法も次のようなもの
にしている。すなわち、誰かがわたしの授業を受けたとき、わたしの請求する金額に
納得するなら、その金額を支払ってもらう。だが納得できない場合には、神殿に行っ
てもらい、神々に誓いをたてたうえで、自分の学んだ知識に見合う金額を述べ、その C

---

75 アテネの喜劇作家。

76 アテネのアクロポリスの麓にあるディオニュソスの神域。劇場があり、ディオニュソスの祭礼であるレナイア祭で喜劇が上演された。

77 悪人の代名詞として、しばしば言及される人物。

額を納めてもらうのだ」

彼は言った。「ソクラテス、これでわたしは物語と理論の両方をきみに語り終えたことになる。その内容は、徳《アレテー》は教えることができるということ、アテネ人たちもそのように考えているということ、そして、優れた父親の息子がつまらない人物になったり、つまらない父親の息子が優れた人物になったりするのは、なんら不思議なことではないということであった。じっさい、ポリュクレイトス[78]の息子たちだって、ここにいるパラロスやクサンティッポス[79]と同じ年頃だが、父親にくらべればものの数にも入らない。他の職人の息子でも同じだ。だが、ここにいる二人をそのようなことで非難すべきではないよ。彼らにはまだ希望があるではないか。だって若いのだから」

D

(328)

78 26頁（311C）で言及された著名な彫刻家。

79 40頁（314E-315A）と56頁（319E）で言及されている、ペリクレスの二人の息子。

第四章　プロタゴラスとの対話　第一幕

プロタゴラスは、以上のような大演説をぼくたちに聞かせてくれたあと、ここで話をやめた。しかし、ぼくは話が終わったあとも、ずいぶんと長いあいだ、魅了されたまま彼をじっと見つめていた。彼がまだ何かを話すだろうと思い、それを聞こうと一生懸命だったのだ。しかし、彼がほんとうに話をやめたと気づいたので、必死になって何とか気をとりなおすと、ヒポクラテスのほうを見てこう言った。

「アポロドロスの息子さん、ここに来ようとぼくを誘ってくれたことに、ぼくはなんと感謝したらよいだろう。プロタゴラスからこのような話を聞けて、じつに有益だったよ。というのも、これまでぼくは、優れた人々が優れたものになるのは人間の配慮によるのだとは思っていなかったけれど、いまはそうだと確信しているのだからね。

E

ただね、ぼくには、ちょっと気にかかることがあるんだ。でも、もちろんプロタゴ
ラスなら、いともたやすく補足説明をしてくれるだろう。なにしろ彼は、こんなにた
くさんのことを完璧に教えてくれたのだものね。
それだけではない。たしかに、誰か大衆演説家[80]のところに行って、同じ問題につい
て意見を求めても、おそらくはペリクレスなどの有能な演説家が同じような説明をし 329A
てくれるだろう。でも、その人に何か質問を投げかけても、本に向かって質問するよ
うなもので、質問に答えることも、自分のほうから質問することもできないのだ。も
し誰かが、説明の内容についてちょっとした質問でもしようものなら、どうなるだろ
う。銅製の器は、叩かれると長時間鳴り響き、誰かが手で押さえない限り鳴りつづけ
るが、弁論家もそれと同じように、ちょっとした質問をされただけで、いつまでも
延々と話しつづけるのだよ。これに対して、ここにいるプロタゴラスは、いまぼくた B
ちが目の当たりにしたように、長くて立派な演説もできるけれども、そればかりでな
く、質問に簡潔に答えることだってできるし、自分のほうから質問して、返答を待っ

80　民会などで、大衆のまえで政治演説を行なう演説家。

てそれに耳を傾けることだってできるのだ。こんな力を持った人は、そうはいないだ
ろうね。 (329)

＊

さて、プロタゴラス、わたしにはちょっとした疑問があり、それに答えていただければ、完全に納得できるのです。あなたは、徳《アレテー》は教えることができると主張されます。そして、わたしは、あなたの言葉を他のどの人の言葉よりも信頼しています。し
かし、あなたのお話でひとつ疑問に思ったことがあります。そこで、それに答えて、 C
わたしの心を完全に満たしていただきたいのです。

あなたは、ゼウスが正義［道義心］と謙譲心を人間に与えたとおっしゃいました。[81]また、あなたはお話の随所で、正義や節度や敬虔など、こうしたものはすべて、まとめて言えば、徳《アレテー》というある一つのものだとおっしゃっています。[82]この点について、わたしに正確な説明をしていただけないでしょうか。徳《アレテー》はある一つのもので、正義や節度や敬虔はその部分なのでしょうか？　それとも、いま言ったこれらすべてのも
のは、同一のものにつけられたいくつもの名前なのでしょうか？　わたしがさらに知 D

りたいのは、この点なのです」

彼は言った。「なんだ、そんなことなら簡単に答えられるよ、ソクラテス。徳《アレテー》は一つのものであり、きみが尋ねているものはその部分だ」

ぼくは言った。「その部分というのは、顔の部分、すなわち口、鼻、目、耳のようなものでしょうか？　それとも、金塊の部分のようなもので、大小の違い以外は、部分と部分をくらべても互いに何の違いもなく、また、部分と全体をくらべても何の違いもないようなものなのでしょうか？」

「前者だと思うね、ソクラテス。顔の部分が顔全体に対して持つような関係だよ」

ぼくは言った。「では、人間がこれら徳《アレテー》の部分を持つ場合、ある E
人はこれ、ある人はこれというふうに、人によって別々の部分を持つのでしょうか？　それとも、もし誰かが一つの部分を持てば、必然的にすべての部分を持つようになるのでしょうか？」

81　65頁（322C）を参照。
82　69-70頁（323E-324A）、72頁（324E-325A）を参照。

(329) 彼は言った。「それはありえない。勇気はあるが不正な人間や、正しいが知恵のない人間がたくさんいるのだから」

330A ぼくは言った。「すると、いま言われた知恵と勇気も、徳《アレテー》の部分なのですね？」

彼は言った。「まったくそのとおり。とりわけ知恵は、すべての部分のなかでいちばん重要なものだ」

ぼくは言った。「そして、各部分はそれぞれ、互いに別のものなのですね」

「そうだ」

「では、各部分の働きも、それぞれ独自なのでしょうか？　たとえば顔の部分ですと、目と耳は同様のものではありませんから、その働きも同じではありません。さらに、それ以外のどの部分も、働きの点でもそれ以外の点でも、他の部分とは同様ではありません。では、徳《アレテー》の部分もこのように、ひとつの部分は、それ自体としても働

B きの点でも、他の部分と同様ではないのでしょうか？　顔の例を適用できるとしたら、そのとおりであることは明白だと思うのですが」

彼は言った。「そのとおりだよ、ソクラテス」

そこで、ぼくは言った。「そうすると、徳《アレテー》の部分のうち、知恵は知恵以外の部分と

は同様でないことになり、また、正義、勇気、節度、敬虔についても、自分以外の部分とは同様でないことになります」

「そうだ」と彼は言った。

＊

ぼくは言った。「さて、それでは、徳《アレテー》の部分がそれぞれどんなものであるのかを、一緒に考察していくことにしましょう。最初の質問です。『はたして、正義というひとつのものは存在するのか、それとも、そんなものは存在しないのか？』わたしは存在すると思います。あなたはいかがでしょうか？」

「わたしもそう思う」と彼は言った。

「では、どうでしょう？ もし誰かが、わたしとあなたにこう尋ねたとしたら？『プロタゴラスにソクラテス、わたしに答えてください。いまあなたたちが名前をあげたもの、すなわち正義なのですが、正義自体は正しいものなのでしょうか、不正なものなのでしょうか？』わたしならその人に、正しいものだと答えます。あなたはどちらを支持されますか？ わたしと同じですか、それとも違いますか？」

C

「同じだ」と彼は言った。

「それでは、わたしとしては、正義は正しい性質を持つと質問者に答えましょう。あなたもそうされますか?」

「そうする」と彼は言った。

「では、そのあと質問者が、わたしたちにこう尋ねたとします。『あなたたちは、何か敬虔というものがあると主張しますか?』おもうに、わたしたちはそう主張するでしょう」

「そうだ」と彼は言った。

「『では、それもまたひとつのものだと、あなたたちは主張するのですね?』と聞かれたら? わたしたちはそう主張するでしょうね。それとも、しませんか?」

これにも彼は同意した。

ぼくは言った。「『では、あなたたちは、その「敬虔という」もの自体は不敬虔な性質を持つと主張しますか、それとも、敬虔な性質を持つと主張しますか?』わたしがこんな質問をされたら、腹を立ててこう言うことでしょう。『言葉に気をつけたまえ、きみ。もし敬虔自体が敬虔なものでないとしたら、他の何かが敬虔だということもあ

りえなくなる』あなたはどうでしょう？　このようにお答えにならないでしょうか？」

「たしかに、そう答える」と彼は言った。

「さて、このあと質問者が、わたしたちに次のように尋ねたとします。『ところで、あなたたちは少し前に何と言っていましたっけ？　ひょっとしたら、あなたたちの言うことを正しく聞いていなかったのでしょうかね？　たしか、あなたたちは、徳《アレテー》の部分のあいだには、一つの部分は他の部分とは同様でないという関係が成り立つと主張していたように思うのですが……』

わたしはこう答えるでしょう。『おおむね正しく聞いているが、ぼくも一緒になって主張していると思っているところは聞き間違いだよ。なぜなら、そう答えたのは、ここにいるプロタゴラスなのであって、ぼくは質問しただけなのだからね』

これに対して質問者が、『この人が言っていることは、ほんとうですか、プロタゴラス？　徳《アレテー》の部分のあいだには、一つの部分は他の部分とは同様でないという関係が成り立つと主張しているのは、あなたなのですか？　これはあなたのお考えなのですか？』と言ったとします。あなたは彼に何と答えますか？」

(331) 「認めなければならないだろうね、ソクラテス」と彼は言った。

「では、プロタゴラス、わたしたちがそれを認めたとき、彼がわたしたちに次のように質問したら、わたしたちは彼に何と答えましょうか？『ほう、そうすると、敬虔は正しい性質を持たず、また、正義も敬虔な性質を持たずに、敬虔でない性質を持つことになるわけですか？　敬虔が正しくない性質を持つということは、それは不正な性質を持ち、他方、正義のほうは不敬虔な性質を持つことにでもなるのですか？』

B わたしたちは、質問者に何と答えたらよいでしょう？　わたし自身は、自分の立場としては、正義は敬虔なものであり、敬虔は正しいものだと主張するでしょう。そして、もしお許しいただけるなら、あなたの立場としても、これと同じ返答をしたいのです。つまり、正義は敬虔と同一のものであるか、あるいはきわめてよく似たものであり、何にもまして正義は敬虔のようなものであり、敬虔は正義のようなものであると。さあ、どうでしょう。このように答えることを、あなたは拒否されますか？　それとも、あなたもこれに賛成していただけますか？」

C 彼は言った。「ソクラテス、わたしには、正義が敬虔なもので敬虔が正しいものだと同意できるほど、事柄が単純だとは思えないよ。そこには、何か違いもあるんじゃ

ないかな……。でも、そんな違いはまあよしとしよう。――そして彼はこう言ったんだ――もしきみがお望みなら、正義は敬虔なもので敬虔は正しいものだ、ということにしておこうじゃないか」

ぼくは言った。「ちょっと待ってください。わたしは〈もしきみがお望みなら〉とか、〈もしきみがそう思うなら〉などという［仮定の］議論を吟味したいとは思いません。わたしが吟味したいのは、わたしとあなたなのです。〈わたしとあなた〉という言いかたをしましたが、それは、このようにして議論から〈もし〉という仮定が取り除かれるなら、議論は最もよく吟味されると思うからなのです」

彼は言った。「よかろう。正義は敬虔に少しは似ている。じっさい、どんなものでも互いに較べれば、どこか似ている点はあるのだ。白だってある点では黒に似ているし、硬さだって柔らかさに似ている。その他の互いに正反対だと思えるものでもそうだ。

さらにいえば、さきほどわれわれは、顔の各部分は異なる働きを持っていて、どの部分も他の部分と同様ではないと主張したわけだが、それらだってどこか似ている点はあり、それゆえ、どの部分も他の部分と同じようなものだともいえるのだ。だから、

この意味でなら、もしきみがお望みなら、顔のすべての部分が互いに似ていることを証明することだって可能なのだよ。もっとも、類似点が極めて小さい場合には、ちょっと似たところがあるだけで、似ていると言ったり、ちょっと似ていないところがあるだけで、似ていないと言ったりするのは、正当な言いかたとはいえないが」

ぼくはびっくりして、彼に向かって言った。

「あなたはほんとうに、正義と敬虔のあいだの関係は、互いにその程度の小さな類似点しか持たないようなものだとお考えなのですか？」

彼は言った。「そこまで小さなものではない。かといって、きみが信じていると見受けられるほどの類似性もないのだ」

＊

ぼくは言った。「わかりました。あなたはこの議論にうんざりされているようですから、もうやめにして、あなたのおっしゃったことのなかから、別の問題を考察することにしましょう。あなたは、何かを無分別という名で呼びますか？」

彼は、呼ぶと言った。

「それと正反対のものは、知恵ではないでしょうか？」

「そう思う」と彼は言った。

「人が正しく有益に行為するとき、あなたは、そのように行為する人には節度があると思いますか？　それとも、その反対だと思いますか？」

「節度があると思う」と彼は言った。

「その人が節度ある人なのは、節度を持っているからではありませんか？」

「もちろんだ」

「では、正しくない行為をする人は、節度のない行為をしているのであり、そのように行為する以上、節度があるとはいえないのではありませんか？」

「わたしもそう思う」と彼は言った。

「そうすると、節度のない行為をすることは、節度ある行為をすることの反対であることになりますね？」

彼は、そうなると言った。

「節度のない行為は、無分別を持つからなされ、節度ある行為は、節度を持つから

B

なされるのではありませんか?」

彼は同意した。

「では、何かが強さをもってなされるなら、それは強くなされるのであり、何かが弱さをもってなされるなら、それは弱くなされるのではありませんか?」

彼は、そう思うと言った。

「また、何かが速さを伴ってなされるなら、それは速くなされ、何かが遅さを伴ってなされるなら、それは遅くなされるのではありませんか?」

彼は、そうだと言った。

「また、何かが同じしかたでなされるなら、それは同じものによってなされ、何かが反対のしかたでなされるなら、それは反対のものによってなされるのではありませんか?」

彼は同意した。

「さて、それでは、何か美しいものは存在しますか?」とぼくは言った。

彼は認めた。

「その反対物として、みにくいもの以外に何かあるでしょうか?」

「ない」

「では、どうでしょう？ 何かよいものは存在しますか？」

「存在する」

「その反対物として、悪いもの以外に何かあるでしょうか？」

「ない」

「では、どうでしょう？ 声には、高音というものがありますか？」

彼は、あると言った。

「その反対物として、低音以外に何かあるでしょうか？」

彼は、ないと言った。

ぼくは言った。「そうすると、互いに反対のいろいろなものがあるとき、そのひとつの反対物はひとつだけであり、たくさんはないのではありませんか？」

彼は同意した。

ぼくは言った。「さあ、それでは、わたしたちによって同意されたことをまとめま D
しょう。わたしたちは、ひとつのものにはひとつの反対物があるだけで、それより多くはないということに同意しましたね？」

「同意した」

「そして、反対のしかたでなされるものは、反対物によってなされるということにも」

彼は、そうだと言った。

「また、わたしたちは、節度のない行為は、節度ある行為とは反対のしかたでなされるということに同意しましたね？」

彼は、そうだと言った。

「そして、節度ある行為は、節度によってなされ、節度のない行為は、無分別によってなされるのだということにも」

彼は同意した。

「反対のしかたでなされるとしたら、反対物によってなされるのではありませんか？」

「そうだ」

「一方は節度によってなされ、他方は無分別によってなされるのですね？」

「そうだ」

「反対のしかたでなされますね？」

「そのとおり」

「反対物によってなされるのですね？」

「そうだ」

「そうすると、無分別は節度の反対物であることになりますね？」

「そうなるようだ」

「ところで、わたしたちはさきほど、無分別は知恵の反対物だと同意しました。覚えていらっしゃいますか？」

彼は認めた。

「では、わたしたちが、ひとつのものにはひとつの反対物しかないと同意したことは？」

「そうだった」

「そうすると、プロタゴラス、わたしたちは、どちらの主張を取り下げればよいのでしょうか？　ひとつのものにはひとつの反対物しかないという主張のほうでしょうか。それとも、もう一方の主張のほうでしょうか？　すなわちそこにおいては、知恵と節度は別のものであり、両者とも徳《アレテー》の部分であるけれども、ちょうど顔の部分のように、それ自体としてもその働きにおいても、互いに似ていないと言われていたわ

333A

けですが？[83]

さあ、わたしたちは、どちらを取り下げましょう？　じっさい、この二つの主張は調和していません。お互いに一致することを言っておらず、ひとつにまとまっていないのですから。じっさい、どうして一致しえるでしょう？　だって、一方の主張では、ひとつのものにはひとつの反対物があるだけで、それより多くはないはずなのに、他方の主張では、無分別というひとつのものに、知恵だけでなく節度という反対物まであることが判明したわけですからね」

ぼくは言った。「そうではありませんか、プロタゴラス？　それとも、別の考えかたがありますか？」

彼は同意こそしたものの、じつに気乗りのしない様子だった。

「そうすると、節度と知恵はひとつのものであることになりますね？　そして、先の議論では、正義と敬虔はほぼ同じものであることが、わたしたちに明らかになっています」[84]

＊

ぼくは言った。「さあ、プロタゴラス。これで終わりにせずに、残りの考察を続けましょう。あなたは、不正をする人間は、不正をしている点で、節度があると思いますか？」

彼は言った。「わたしはね、ソクラテス、それに同意することを恥ずかしく思うよ。 C
じっさい、それは大衆の主張していることではないか」

ぼくは言った。「わたしは、彼らを相手に議論したらよいのでしょうか？　それとも、あなたを相手に議論したらよいのでしょうか？」

彼は言った。「きみがそうしたければ、まずは大衆の説と議論をしたらよかろう」

「わたしは、べつにどちらでもいいのです。あなたが答えてくれさえすれば、あなたがそれを正しいと思っていようがいまいが、かまいません。なぜなら、わたしはもっぱらこの［大衆の］説を吟味していくことになりますが、にもかかわらず、おそらく、問い手であるわたしも、そして答え手［であるあなた］も、結局は吟味されて

83　86-89頁（329D-330B）を参照。
84　91-92頁（331A-B）を参照。

しまうことになるのですから」

プロタゴラスは、はじめは抵抗した。そんな［大衆の］説など気に食わないというのだ。しかし、とうとう彼は答えることに同意してくれた。

ぼくは言った。「それでは、はじめのところから、わたしに答えてください。あなたは、不正をしながら、節度のある人がいると思いますか？」

「いるとしておこう」と彼は言った。

「節度があるとは、うまく分別を働かせるということですね？」

彼は、そうだと言った。

「うまく分別を働かせるとは、不正をするさいに、うまく策を練るということですね？」

「そうだとしておこう」と彼は言った。

ぼくは言った。「それは、不正をうまく行なう場合のことでしょうか、それともまずく行なう場合のことでしょうか？」

「うまく行なう場合だ」

「ところで、あなたが〈よいもの〉と呼んでいるものが、何かありますか？」

「ある」

ぼくは言った。「人間にとって有益なものが、よいものではありませんか？」

彼は言った。「まさにそのとおり。だがね、たとえ人間にとって有益でなくとも、わたしはよいものと呼んでいる！」

ぼくには、プロタゴラスはもうすっかり頭に血がのぼってしまい、言葉でやり返そうと、臨戦態勢に入ったようにみえた。そんな彼の様子が見て取れたので、ぼくは用心してやさしく尋ねた。

ぼくは言った。「プロタゴラス、それは、どの人間にとっても有益でないものという意味なのでしょうか？　それとも、あらゆる点でまったく有益ではないものという意味なのでしょうか？　そのようなものでも、あなたはよいものと呼ぶのですか？」

「呼ぶものか」と彼は言った。「そうではなく、わたしは、たくさんの事例を知っているのだ。すなわち、食べ物であれ、飲み物であれ、薬であれ、そうした事例は無数に存在するのだが、そのあるものは人間にとって有害であるが、あるものは有益である。ところが、あるものは人間にとってはどちらでもないが、馬にとってはそうなのだ。また、あるものは牛にとってのみそうであり、あるものは犬にとってのみそうだ。

(334) また、あるものはこれらのいずれにとってもそうではないが、樹木にとってはそうだ。
B さらに樹木でも、根にとってはよいが、芽にとっては悪いものもある。たとえば肥料
は、どんな植物でもその根に撒けばよいものだが、若芽や若枝にかければすべてを枯
らしてしまうことになる。また、オリーブ油はすべての植物にとってきわめて有害で
あり、人間以外の動物の毛にとってもダメージの大きなものであるが、人間の場合は、
毛だけでなく身体の各所にとって有用なのである。[85] よいものとは、これほどまでに多
C 種多様なのだ。だからいまの事例にしても、オリーブ油は、人間の身体の外部にとっ
てはよいものだが、身体の内部にとっては、この同じものがきわめて有害となる。そ
れゆえ、すべての医者は病人に対して、食べ物にごく少量のオリーブ油——すなわち
パンと料理のにおいを鼻で嗅いで生じる不快感を消してくれるだけの量——を使うこ
としか許さないのだ」

プロタゴラスがこのように語り終えると、そこに居合わせた人たちは、なんと見事な演説かと賞賛の声をあげたよ。しかし、ぼくはこう言わせてもらった。

「プロタゴラス、わたしはいささか記憶力の弱い人間なのです。だから、人に長い
D 話をされても、何の話だったか忘れてしまうのです。かりに、わたしが耳の遠い人間

であったとします。そのわたしと対話をするおつもりなら、あなたは、他の人に話すときよりも大きな声で話さなければならないと思うのではないでしょうか。いまの場合だってこれと同じです。あなたは、記憶力の弱い人間と話をしているのです。ですから、わたしのために答えを切り詰めて、もっと短くしてください。そうしないと、あなたの話についていけません」

彼は言った。「きみがわたしに短く答えよと命じるのは、どういう意味なのだろうか？　必要以上に短く答えろとでも言うのかね？」

「とんでもない」とぼくは言った。

「必要な長さでよいのだね？」と彼は言った。

「はい」とぼくは言った。

「その場合、答えるのに必要だとわたしに思われる長さだけ、きみに答えればよいのか、それとも、きみにそう思われるだけの長さだろうか？」

ぼくは言った。「わたしの聞き及ぶところでは、あなたは同じ問題について、その

85　当時、オリーブ油は食用だけでなく、薬用あるいはマッサージなどにも使用された。

気になればいつまでも話が尽きないほどの長い話をすることもできるが、他方、あなたより短く話せる人は誰もいないほど短い話をすることもできるそうです。しかも、自分ができるだけでなく、それを人に教えることもできるとか。ですから、あなたがわたしと対話を続ける気があるなら、わたしに対しては後者のやりかた、つまり短い話しかたを用いていただきたいのです」

彼は言った。「ソクラテス、わたしはこれまで、たくさんの人たちと論戦をくりひろげてきた。だが、もし、いまきみが命じているようなことをして、対戦相手の命じるやりかたで討論をしていたら、わたしは誰にも勝てなかっただろうし、プロタゴラスの名がギリシャ人の間に知れわたることもなかっただろう」

＊

ここまできて、ぼくにははっきりとわかったよ。プロタゴラスは、いままでの自分の答えに不満を抱いており、答え手となって対話を行なおうという気持ちもないのだ。それでぼくは、もはや自分がこの会合に留まる意味はないと思い、こう言った。

「プロタゴラス、わたしとしましても、あなたのお考えに逆らってまで、わたした

ちのこの会合を続けたいとは思いません。あなたが、わたしのついて行けるやりかたで対話をする気になったとき、あなたと対話をすることにいたします。といいますのも、あなたは、人からも言われ、ご自分でも認めるように、長い話しかたでも短い話しかたでも会合をお持ちになれますが——なにせ、あなたは賢者ですから——、しかし、わたしのほうは長い話ができないのですから。できるようになりたいんですがね。 C

この会合を成立させるために、どちらもおできになるあなたのほうが、譲歩してくださるべきでした。しかし、あなたにはいま、そうする気持ちがありませんし、わたしにも用事があり、あなたのもとに留まって長い話を聞いていることもできません。わたしには、行かなければならないところがあるのです。ですから、これにて失礼いたします。あなたから長い話のほうも聞くことができれば、きっと楽しいだろうと思うのですが……」

第五章　幕間

ぼくは、こう言うと同時に、出て行くために席を立とうとした。するとカリアスが、立ち上がろうとするぼくの手を右手でつかまえ、左手でぼくのこの外套[86]をひっつかんで、言ったんだ。

「あなたを行かせはしませんよ、ソクラテス。あなたが出て行ってしまったら、わたしたちでは、同じ対話を続けられません。だから、お願いです、わたしたちのもとに留まってください。あなたとプロタゴラスの対話より楽しいものなど、他の誰からも聞けないでしょう。さあ、わたしたちみんなを喜ばせてください」

ぼくはもう出て行くために席を立っていたのだが、彼にこう答えた。

「ヒポニコスの息子さん、ぼくはいつも、きみが知恵を愛する気持ちはすばらしい

(335) D

と思っているよ。もちろんいまだって、ぼくはその気持ちに感嘆し、好意を抱く。だから、きみのたのみがぼくにできることであれば、ぼくは喜んできみの願いをかなえてあげたい。

だが、いまのきみのたのみは、いってみれば、絶頂期のヒメラの陸上選手クリソン[87]の後について走れとか、あるいは誰か長距離選手や伝令[88]と競走をして、遅れずについていけとたのむようなものだ。そんなことをたのまれたら、ぼくはきみにこう答えるだろう。『きみよりはるかに熱心に、ぼくは自分の体にたのんでいるよ。どうか彼が走るのについていってくれとね。でも、そんなことできるわけがない。むしろ、ぼくとクリソンが一緒に走るところを見たいなら、クリソンのほうにスピードを落とすようたのんでくれ。ぼくは速く走ることができないけれど、クリソンは遅く走ることができるのだからね』

86 外套（トリボーン）とは、粗悪な素材で作られた短い外套であり、アテネでは貧しい市民が着用することが多かった。ソクラテスは、いつもこれを着用していた。
87 シシリー島のヒメラ出身の陸上選手。古代オリンピック競技で三回連続優勝した。
88 長い距離を一日がかりで走り、重要な知らせを伝える人。

(336) だから、きみが、ぼくとプロタゴラスの対話を聞きたいのであれば、プロタゴラス
のほうにたのんでくれないか。最初はぼくに、短い言葉で、質問されたことだけに答
えていたが、そのやりかたを今後も踏襲して答えてくださいとね。そうしなければ、
B ほかにどんな対話のやりかたがあるというのだろうか？　じっさい、ぼくは、互いに
対話しながら議論することと、人々の前で演説することは、まったく別のことだと
思っているんだよ」

するとカリアスが言った。「わからないのですか、ソクラテス？　プロタゴラスが、
自分の望むやりかたで対話するのを認めてほしいと要求するのは、正当なことだと思
いますよ。あなただって、自分の望むやりかたで対話するのを認めてほしいと要求し
てるじゃありませんか」

ここで、アルキビアデスが話に割り込んできて、こう言った。

「あなたのおっしゃることは、正しいとはいえませんね、カリアス。このソクラテ
スは、自分は長い話が苦手だと率直に認め、プロタゴラスに降参しています。しかし、
C これに対して、対話の能力と言葉のやりとりの知識にかけてなら、もしこの人が誰か
に降参するようなことでもあれば、ぼくは驚くことでしょう。

ですから、プロタゴラスも、対話ではソクラテスに劣ると率直に認めるなら、ソク
ラテスだって納得するのです。でも、あくまでも［対話で］張り合おうというのなら、
きちんと質問と応答をして対話しなければなりません。質問をされるたびに延々と長
い演説をしたり、話を拒んだり、説明しようとせずに、聴衆の多くが何の質問だった D
か忘れてしまうまで、話を引き延ばすようなまねをしてはいけませんよ。（もっとも、
ソクラテスは決して忘れませんがね。この点は、ぼくが請け合います。ふざけて、記
憶力が弱いなんて言っていますけれども。）

そういうわけで、めいめいが自分の判定を明確にすべきと思うから言いますが、ぼ
くはソクラテスの言いぶんのほうが筋が通っていると思います」

アルキビアデスの次に発言したのは、たしかクリティアスだったと思う。

「プロディコスにヒッピアス、ぼくの印象だと、カリアスはずいぶんとプロタゴラ
スに肩入れしていますよ。対するアルキビアデスですが、こちらは毎度のことながら、 E
自分の望むほうを勝たせたがっています。しかし、われわれとしては、ソクラテスと
プロタゴラスいずれかの側に味方して争うべきではありません。むしろ、この会合を
途中で放棄することのないように、おふたりに対して公平にお願いするべきでしょ

うね」

彼がこう述べると、プロディコスが言った。「きみの言うことは正しいと思うよ、クリティアス。このような討論の場に臨席する者は、対話をする両者のいずれに対しても、公平な聞き手であるべきだからね。ただし、平等な聞き手であってはいけないよ。だって、公平と平等は同じ意味ではないのだから。どういうことかというと、人は、両者の話を公平に聞くべきだが、それぞれを平等に尊重するべきではなく、賢い人は多く尊重すべきだが、賢くない人は少ない尊重でよいのだ。

プロタゴラスにソクラテス、わたし自身としても、あなたがたが和解して、この話題について互いに論議をしてほしいと思う。ただし、論争はやめていただきたい。（なぜなら論議とは友人たちの間で友好的になされるものだが、論争とは互いに仲の悪い敵たちによってなされるものだからね。）そうすれば、われわれのこの会合は、最もすばらしいものになるだろう。なぜなら、そうすれば、あなたがた語り手のほうは、わたしたち聞き手から尊敬を勝ち取ることになる。賛美ではなくね。（というのも、尊敬は聞く人の心から生まれる偽りなきものだが、賛美は嘘つきの心にもない言葉であることがしばしばだから。）そして、わたしたち聞き手のほうは、そうするこ

とで、最も多くの愉楽を手にすることになるのだ。快楽ではなくね。（というのも、愉楽とは、何かを学んで思慮を持つときに、精神だけで感じるものだが、快楽とは、何かを食べるなどの快い経験をしたときに、肉体だけで感じるものだから。）」[89] C

プロディコスがこのように述べると、そこに居合わせた人たちの大多数が、その意見に賛成した。プロディコスに続いて発言したのは、賢者ヒッピアスだった。

彼は言った。「ここにおられる皆さん、わたしは、あなたがたはみな同族であり、親戚であり、同じ国の民だと思っている。ただしそれは、法律上そうだという意味ではなく、自然本来の姿においてはそうだという意味である。なぜなら、何かと何かが互いに類似しているとき、両者は自然本来の姿においては同族であるといえるのだから。ところが、これに対して、法律は人々を支配する暴君であり、自然本来の姿に反するたくさんのことを強要するのだ。[90] D

89　プロディコスは言葉の正しい使用を重んじたソフィストであり、言葉の細かい使い分けをした。ここでの彼の発言にはその特徴がよくあらわれている。

90　多くのソフィストは、人間の恣意的な取り決めにすぎない〈法律（ノモス）〉と自然界全体に通用する〈自然本来の姿（ピュシス）〉を区別し、両者を対立的に捉えていた。

(337) われわれは、ものごとの自然本来の姿を知っており、ギリシャ人のなかで最も賢い。
だからこそ、われわれはいま、このギリシャの知恵の殿堂［アテネ］に集まり、しか
も、この国のなかでも最も大きくて、最も豊かなこの家にいるわけだ。なのに、その
われわれが、その値打ちに値することを何ひとつ示さずに、人間のなかで最もくだら
E ない人々のように、互いに口論するのは恥ずべきことである。

だから、プロタゴラスにソクラテス、わたしはあなたがたに、お願いと忠告をした
い。あなたがたは、われわれを仲裁者と認め、妥協して互いに歩み寄りなさい。きみ
［ソクラテス］のほうは、短い話をするという対話の厳密な形式を、プロタゴラスが好
338A まない場合には強く求めてはならない。むしろ、言葉に対する手綱を放して緩めなさ
い。そうすれば、言葉はもっと威厳に満ちた優美な姿をわれわれに見せてくれること
だろう。他方、プロタゴラスのほうだが、すべての帆綱を伸ばして順風の中を進んで
いくのはよいが、言葉の大海のなかに逃げ込んで、陸地を見失わないようにしてほし
い。そうではなく、両者とも中道をゆきなさい。

そういうわけで、あなたがたにはそのようにしてほしいわけだが、そのために、わ
たしの次の提案を受け入れてはもらえないだろうか。すなわち、審判とか監督とか議

長といった人を選び、それぞれの話が適度な長さとなるように、あなたがたを見張っ B
てもらうのだよ」

そこにいた人たちは、この話が気に入って、みんなこぞってほめたたえたよ。まっ
たく、カリアスはぼくを行かせないと言うわ、みんなは監督を選べと言うわ。だから、
ぼくはこう言わせてもらったんだ。

「議論の審判員を選ぶという提案は、適切とはいえませんね。だって、もし選ばれ
た人がわたしたちよりも劣っていたら、劣った人が優れた人たちを監督するのは正し
いことではないでしょうから。また、同程度だったとしても、やはり正しいとはいえ
ません。というのも、その場合、わたしたちと同程度の人である以上、同程度のこと
しかできないでしょうから、選ぶだけ無駄というものです。

それなら、わたしたちよりも優れた人を選べばいいと、みなさんは思われるかもし C
れません。しかし、わたしは思うのですが、みなさんがこのプロタゴラスよりも優れ
た人を選ぶのは、じっさいには不可能です。もしみなさんが、彼よりも優れていない
人を選んで、その人のほうが優れていると言い張るなら、それはプロタゴラスに対す
る侮辱になります。だって、まるで彼がつまらない凡人であるかのように、彼の監督

を選んでいるわけですから。まあ、わたしについては、それでもいっこうにかまわな (338)
いのですが……。
　それより、わたしたちの会合と対話をみなさんのお望みどおりに続けるためには、
こうしたらよいのではないかと思います。すなわち、プロタゴラスが答えたくないの
であれば、この人のほうから質問をしてもらい、わたしのほうは答え手にまわるので D
す。そのさい、わたしは同時に、わたしが答え手はこう答えるべきだと主張している
のはどんな答えかたなのかを、この人にお見せすることにしたいと思います。そして、
この人に質問したいだけ質問してもらい、わたしがそれに答えたら、こんどはこの人
に、同じやりかたでわたしの質問に答えてもらうのです。
　そのさい、もしこの人が質問に答えることに積極的でないようにみえたら、わた
しとみなさんで一緒に、彼にお願いすることにしましょう。みなさんがわたしにお
願いしたように、この会合をぶち壊しにしないでくださいとね。そのためには、誰
か一人が監督になる必要はありません。みなさん全員で、一緒に監督していてくだ E
さい」
　全員が、そのようにするのがよいと賛成してくれた。いっぽうプロタゴラスは嫌

がったのだが、結局は無理やり同意させられ、まずは彼のほうが質問し、十分に質問したら、こんどは短い言葉で質問に答えることになった。

第六章　ソクラテス、詩を論ず

プロタゴラスは、およそ次のようなところから質問を始めた。

「ソクラテス、わたしが思うに、人間教育における最も重要な部分とは、詩歌を解する能力である。それはどんなものかといえば、詩人たちによって語られた言葉について、正しく語られているものとそうでないものを把握できること、そして両者を区別して、質問されたら説明できるということだ。そういうわけで、わたしの質問は、わたしときみがいままで対話してきたのと同じ話題、すなわち徳《アレテー》についての質問なのだが、その領域は詩歌に移ることになる。しかし、違いはそれだけだ。

さて、シモニデス[91]はある詩のなかで、テッサリア人クレオンの息子のスコパスに向けて、次のように述べている。[92]

ほんとうによい人になることこそ困難だ
手足も心もまっとうな、欠点なき人となることは

きみはこの詩を知っているかね? それとも、全部きみに朗唱してあげようか?」

そこでぼくは言った。「その必要はありません。知っていますから。それに、その詩なら、詳しく研究したこともあります」

「それは結構なことだ」と彼は言った。「それではきみは、これが立派な詩で、正しいことが語られていると思うかね、思わないかね?」

ぼくは言った。「たいへん立派で、正しいことが語られています」

「だがね、詩人が自己矛盾するようなことを言っていたら、きみはそれを立派に作

91 注38参照。
92 スコパスはテッサリアの支配者で、シモニデスのパトロン。当時のこうした詩は、有力者の依頼によって書かれ、献呈された。ここで論じられる詩の全体像については、補注(200頁)を参照。

B

られた詩だと思うかね？」 (339)

「立派とは言えませんね」とぼくは言った。

「だったら、もっとよく見なければ」と彼は言った。

「しかし、お言葉を返すようですが、すでに十分に検討したのです」 C

彼は言った。「それならきみは知っているはずだ。この詩のあとのほうの箇所で、彼がこう言っているのを。

　わたしには、ピッタコス[93]の言葉も正しいとは思えない
　賢者によって語られた言葉だとしても
　彼は言う――立派な人であることは困難だと

きみはわかっているかね？　この箇所もさきほどの箇所も、同一人物の言葉だ」

「知っています」とぼくは言った。

彼は言った。「それではきみには、この言葉とさきほどの言葉が一致していると思えるかね？」

ぼくは言った。「すくなくとも、わたしにはそうみえますが……。（こう言いながらも、もしかしたら彼のほうが正しいんじゃないかと心配だったよ。）しかし、あなたには、そうはみえないのですか？」

D 「どうすれば、この二つのことを言う人物が、一貫しているようにみえるというのだね？　この人は、『ほんとうによい人になることこそ困難だ』と、はじめに自分で前提しておきながら、詩がすこし先に進むとそれを忘れてしまい、『立派な人であることは困難だ』と自分と同じことを言っているピッタコスを非難して、彼を受け入れないと言うのだよ。自分と同じことを言っているのにねえ。だが、自分と同じことを言う人を非難するとき、この人が自分自身をも非難していることは明らかだ。それゆえ、前の言葉か後の言葉のいずれかが間違っているのだよ」

*

彼がこのように言うと、たくさんの聴衆から拍手喝采が沸き起こった。ぼくは最初、

93　レスボス島のミュティレネの支配者で、七賢人（注101参照）の一人。

まるで強いボクサーに殴られたかのようだったよ。プロタゴラスの言葉と、周りの連中の喝采に目がくらんで、ふらふらになってしまったのだ。それから、――きみには本当のことを言うよ。じつは、詩人の言葉の意味を考える時間をかせぐためだったんだが――、ぼくはプロディコスのほうを向いて、彼に呼びかけて言った。

「プロディコス、シモニデスはあなたのお国の人ですよ。ですから当然、あなたはこの人を助けなければなりません。そこでわたしも、あなたの助けを求めることにしたいと思うのです。ホメロスによれば、スカマンドロス河は、アキレウスの攻撃にさらされたとき、こう言ってシモエイス河の助けを求めたといいます。

　　愛する兄弟よ、ふたりでこの男の力を抑えよう[94]

わたしも、これと同様に、プロタゴラスがシモニデスを滅ぼしてしまわないように、あなたの助けを求めたいのです。

それに、じっさい、シモニデスの詩に新たな解釈を与えるためには、あなたの技術が必要なのです。あなたは、その技術をつかって〈望む〉と〈欲する〉を区別し、両

E (339)　340A

者は同じ意味ではないとしていますし、[95]さきほどだって、たくさんの言葉の意味をみごとに区別されていました。

ですからいまも、あなたがわたしと同意見であるかどうか、考えていただきたいのです。というのも、わたしには、シモニデスが自己矛盾するようなことを言っているとは思えないからです。

それでは、プロディコス、あなたのご意見をお聞かせください。あなたは、〈なる〉と〈ある〉は同じ意味だと思いますか、それとも違う意味だと思いますか？」

「あきらかに、違う意味だね」とプロディコスは言った。

ぼくは言った。「さて、前のほうの詩句において、シモニデスはみずから自分自身の意見を表明したのではないでしょうか？　すなわち、『ほんとうによい人になるこ

B

94　ホメロス『イリアス』二一巻三〇八〜三〇九行。ギリシャの英雄アキレウスが、トロイ近くを流れるスカマンドロス河で多数のトロイ兵を殺害したとき、怒ったスカマンドロス河は、支流のシモエイス河の助けを借り、激流をひき起こしてアキレウスを倒そうとした。

95　〈望む〉（ブーレスタイ）が理性的な欲求を指すのに対して、〈欲する〉（エピテューメイン）は肉体的な欲求を指す。

とこそ困難だ』とね」

「きみの言うとおりだよ」とプロディコスは言った。

ぼくは言った。「ところが、シモニデスがピッタコスを批判するとき、ピッタコス C (340) は、プロタゴラスの考えるように、シモニデスと同じことを述べているのではなく、むしろ違うことを述べているのです。なぜなら、ピッタコスが『困難だ』と言ったのは、シモニデスが言ったように『立派な人になること』ではなくて、『立派な人であること』なのですから。

プロタゴラス、このプロディコスが主張されているように、〈ある〉と〈なる〉は同じ意味ではないのです。そして、〈ある〉と〈なる〉が同じ意味でないとすれば、シモニデスは自己矛盾していないことになります。

おそらく、「その意味の違いについては」ここにいるプロディコスをはじめ多くの人 D が、ヘシオドスを引用して、次のように説明してくれることでしょう。すなわち、ほんとうによい人になることこそ困難だ。なぜなら、

神々は、徳《アレテー》を、汗なしには手に入らぬものとした

のであるから。しかし、

徳《アレテー》の頂点にたどり着いたなら
最初は困難であったものも
その後それを所有することは容易である[96]

とね」

プロディコスは、以上の話を聞いて、ぼくをほめてくれた。だが、プロタゴラスはこう言った。

「ソクラテス、きみの新たな解釈は、もとのものよりも大きな間違いを含んでいるぞ」

そこでぼくは言った。「おや、そうするとわたしは、何かへまをしでかしたようで

96 ヘシオドス『仕事と日』二八九〜二九二行。

すね、プロタゴラス。わたしは、間抜けなヤブ医者のようです。病気を治療したつもりが、悪化させているのですから」

「まさに、そのとおり」と彼は言った。

「なぜでしょう?」とぼくは言った。

彼は言った。「その詩人が、徳《アレテー》を所有することを、そんなふうに何かつまらないことだと主張しているなら、彼はじつに無知であることになる。なぜなら、すべての人々が認めるように、これこそ、あらゆることのなかで、最も困難なことなのだから」

*

そこでぼくは言った。「しかしそれにしても、このプロディコスが議論の席に居合わせてくれて、ほんとうに幸運だと思いますよ。じつをいいますと、プロタゴラス、このプロディコスの知恵は、どうもいにしえより伝わる神の知恵らしいのです。それがシモニデスに由来するものか、あるいはもっと古いものなのかは、ともかくとしましてね。あなたはたくさんの経験をお持ちだが、どうやらこの知恵のことはご存じな

E (340)

341A

いようだ。わたしはこのプロディコスの弟子だから、よく知っているんですが。
げんに、いまだって、あなたはわかっていないようですね。シモニデスはおそらく、
この〈困難な〉という言葉を、あなたの考えるような意味では使っていないのですよ。
ではどんな意味なのかといいますと、〈おそろしい〉という言葉について、このプロ
ディコスがいつもわたしに言っているような意味なのです。すなわち、わたしがあな
たや他の誰かを賞賛して、『プロタゴラスは賢者で、おそろしい男だ』と言うと、こ
B の人は、よいものを〈おそろしい〉などと呼んで、恥ずかしいとは思わないのかと尋
ねるのです。その理由を、彼はこう説明してくれます。——おそろしいものとは、悪
いもののことである。じっさい、だれも『おそろしい富』とか『おそろしい平和』と
か『おそろしい健康』などについて語ることはなく、むしろ『おそろしい病気』とか
『おそろしい戦争』とか『おそろしい貧乏』について語る。これは、おそろしいもの
が悪いものである証拠だとね。

だから、おそらく、この〈困難な〉という言葉についても、ケオス島の人々とシモニデスは、悪いものという意味で使っているか、さもなくば、あなたの知らない他の意味で使っているのでしょう。

それでは、プロディコスに尋ねてみましょう。シモニデスの言葉の使いかたについては、当然この人に尋ねるべきでしょうから。プロディコス、シモニデスは〈困難な〉という言葉を、どんな意味で使っているのですか？」

「〈悪い〉という意味だ」と彼は言った。

ぼくは言った。「そうすると、プロディコス、『立派な人であることは困難だ』と主張するピッタコスをシモニデスが批判する理由も、ここにあることになりますね。シモニデスには、彼の言葉は『立派な人であることは悪い』という意味に聞こえたわけです」

彼は言った。「シモニデスがそれ以外のどんな意図を持っていたと思うのかね、ソクラテス？ いかにも、彼はピッタコスを非難しているのだ。ピッタコスはレスボス島の人で、粗野な言葉づかいのなかで育ったから、言葉の正しい使い分けを知らなかったのだよ」

ぼくは言った。「ほら、お聞きになりましたか、プロタゴラス。このプロディコスの言葉を。これに対して、なにかおっしゃりたいことはありますか？」

すると、プロタゴラスが言った。「そんなはずはないぞ、プロディコス。わたしに

はよくわかっている。シモニデスだって、この〈困難な〉という言葉を、きみら以外のわれわれと同じ意味で使っているのであって、決して〈悪い〉なんて意味で使ってはいない。そうではなくて、〈容易ではなく、たくさんの苦労をして得られるもの〉という意味で使っているのだ」

ぼくは言った。「じつは、わたしも、それがシモニデスの言葉の意味だと思っているんですよ、プロタゴラス。このプロディコスだって、それを承知のうえで、おふざけであなたがご自分の議論を擁護できるか試したのだと思います。

じっさい、シモニデスが〈困難な〉を〈悪い〉という意味で使っていないことは、そのすぐ後の詩句が大きな証拠になります。すなわち彼は、

　こんな特典にあずかれるのは神だけであろう

と述べているのです。『立派な人であることは悪い』という意味のことを述べたあとで、神だけがそれにあずかれると主張して、その特典を神だけに割り当てるようなまねをするはずがありません。もしそんなことをしたら、プロディコスはシモニデスの

ことを悪党と呼んで、決してケオス島の人とは認めますまい。

では、シモニデスは、この詩で何を言おうとしているのか。この点をめぐるわたしの考えを、あなたにお話しすることにしましょう。あなたは、あなたが〈詩歌を解する能力〉と呼ばれるものについて、わたしがどれくらいの力を持っているのか、試したいのでしょうからね。しかし、お望みなら、わたしがあなたのお話をお聞きしてもいいですよ」

するとプロタゴラスは、ぼくの言葉を聞いて、「きみの好きにしたまえ、ソクラテス」と言った。プロディコスもヒッピアスも、他の人々も、ぜひそうしてほしいと言った。

＊

ぼくは言った。「それではわたしが、この詩に関するわたしの解釈を、みなさんに説明してみたいと思います。

ギリシャにおいて、知恵を愛する営みが最も古くから存在し、そして最も盛んな地域は、クレタ島とスパルタです。[97]ソフィストたちも、この地域に最もたくさんいます。

(341)　342A　B

しかし、彼ら［クレタ島とスパルタの人々］はそれを否定して、無知のふりをしています。それは、自分たちが他のギリシャ人たちに立ち勝っているのは知恵があるからだということがばれないようにするためです。（ちょうどプロタゴラスがさきほど、ソフィストたちについて言っていたのと同じ理由ですね。[98]）むしろ彼らは、自分たちが立ち勝っているのは戦いと勇気においてであると思わせています。そんなことをするのも、自分たちが本当は何において立ち勝っているのかを知られてしまったら、すべての人たちがそのもの――すなわち知恵――を手に入れようとするだろうと考えてのことなのです。

いまでも、彼らはそれを隠して、あちこちの国々にいるスパルタ主義者たち[99]をだましています。だから、スパルタ主義者たちは彼らの真似をして、［ボクシングをして］耳をつぶしたり、［ボクシングをするために］革紐を拳に巻いたり、運動競技を愛好し C

97 クレタ島はエーゲ海の大きな島で、古くから文明が栄えていた地域。スパルタは、当時アテネとライバル関係にあった大きなポリス。

98 46頁（316D-E）を参照。

99 スパルタの質実剛健な気風や政治体制を崇拝する人たちのこと。

たり、短い外套を身につけたりしています。[100]彼らは、スパルタ人がほかのギリシャ人に勝るのは、このようなことをしているからだと思っているのです。

いっぽう、当のスパルタ人のほうですが、彼らは、自分の国にいるソフィストたちと秘密裏に交際することに嫌気がさして、公然と交際したくなると、外国人追放令を発令して、あのスパルタ主義者たちや、もしいればそれ以外の在留外国人も追い出します。そして、外国人には気づかれないように、ソフィストたちと交際するのです。また、スパルタ人は若者が外国に行くことを認めません。この点は、クレタ島の人も D 同じです。それは、若者が自分たちの教えることを忘れてしまわないようにするためです。また、これらの国では、男性ばかりでなく女性も、自分たちの教育に対して誇りを持っています。

さて、わたしのお話ししたことが真実であり、スパルタ人が知恵を愛することや議論することに関して最良の教育を受けているということは、次のような事実からうかがい知ることができるでしょう。誰かが、スパルタ人のなかで最も凡庸な人物と交際する気になったとします。その人物と議論するとき、彼はその大部分において、その人物が凡庸な話し手だと感じることでしょう。ところがそのうち、話がある部分にさ E

しかかると、その人物は、短くて引き締まった含蓄ある言葉を、槍投げの達人のように投げかけるのです。そのため、議論の相手のほうは、まるで子どものように見えてしまうことになるのです。

さて、いまも昔も、一部の人たちはこの事実――すなわちスパルタ式とは、体育の愛好ではなく知恵の愛好だという事実――に気づいています。完璧な教育を受けた人間でなければそんな言葉を口にするのは不可能だということを知っているからです。そのような人たちのなかには、ミレトス人のタレス、ミュティレネ人のピッタコス、プリエネ人のビアス、わが国のソロン、リンドス人のクレオブロス、ケナイ村のミュソンなどがおり、そしてその第七番目には、スパルタ人のキロンの名があげられてきました。[101]

343A

100　軍事国家スパルタでは、国民はつねに運動をして体を鍛えていた。その生活は質素であり、短い外套を着用していた。

101　ここで名前の挙げられている七名の人物は、古代ギリシャの七賢人と呼ばれ、いずれも紀元前七～前六世紀にかけて活躍した賢者たち。なお、ミュソンはケナイ村の農夫であったが、これがどのポリスに属するのかは不明。

(343) 彼らはみなスパルタ人の教育の崇拝者であり、愛好者であり、弟子でした。ご存じ
のとおり、彼らの知恵はスパルタ式であり、それぞれの賢者が短くて印象的な言葉を
述べています。また、これらの賢者たちは、一緒に集まってデルフォイ[102]の神殿に赴き、
B 誰もが口にするあの〈汝みずからを知れ《グノーティ・サウトン》〉と〈度を越すなかれ《メーデン・アガーン》〉という格言を書き記
して、彼らの知恵の初穂として、アポロン神に奉納しました。[103]
では、わたしは何のために、以上のことを述べたのでしょう？　それは、このスパ
ルタ式の短い言葉づかいこそ、昔の人々が知恵を愛好するやりかたであったというこ
とを示すためです。そして、ピッタコスの『立派な人であることは困難だ』という言
葉もまた、人から人へと言い伝えられていくなかで、賢者たちの賞賛を勝ち取って
いったものなのです。
シモニデスは、知恵に関してよい評判を得たいと思っていました。そこで、ちょう
C ど名声の高い選手を打ち負かすようにこの言葉を打ち負かして、それにまさることを
言えば、自分が当時の人々の間で名声を手に入れられると考えました。こうしてシモ
ニデスは、この言葉にねらいをさだめ、名声を手に入れるために、それをおとしめよ
うとしてこの詩全体を作った。わたしにはそう思えるのです。

＊

それでは、わたしの言うことが本当かどうか、みんなで一緒に、この詩を調べていくことにしましょう。

まずいきなりですが、この詩の冒頭の行は異常に思えます。シモニデスは、『ほんとうによい人になることは困難だ』と言いたいわけですが、そこにわざわざ、〈こそ〉という語を挿入しているのですから。

じっさい、この語の挿入は、シモニデスがピッタコスの言葉に挑戦するつもりで語っているのだと解釈しない限り、説明がつかないように思われます。つまり、ピッタコスが『立派な人であることは困難だ』と言っているので、彼はそれに反論して、『そうではない。よい人になることこそ困難なのだ、ピッタコスよ。ほんとうに』と主張しているわけです。〈ほんとうによい人〉というふうに、この〈よい人〉という

D

102 古代ギリシャ最大の宗教的聖地で、アポロン神を祀っていた。
103 古代ギリシャには、その年最初の収穫物、初穂を神殿に奉納する習慣があった。

語を修飾するために、〈ほんとうに〉と言っているのではありません。(もしそう解するなら、〈ほんとうによい人〉のほかに、〈よい人だが、ほんとうによいとはいえない人〉が存在することになってしまいます。しかし、それは愚かな考えにみえますから、シモニデスにはふさわしくありません。)むしろ、〈ほんとうに〉という語は、詩のなかで「本来あるべき位置から」転置されているのだと考えるべきです。そして、そこではピッタコスの言葉が何らかのかたちですでに前提されていて、ピッタコス自身がそれを語ったあとで、シモニデスがそれに答えて語っているのだと解釈するのです。つまり、シモニデスは、『人々よ、立派な人であることは困難だ』と語るピッタコスに向かって、次のように答えているわけです。『ピッタコス、あなたの言うことは、ほんとうではない。なぜなら、よい人であることではなく、よい人になること、すなわち手足も心もまっとうな、欠点なき人となることこそ困難なのだから。ほんとうに』と。

以上のように解釈すれば、〈こそ〉という語が挿入されている理由も説明できますし、〈ほんとうに〉という語が、正しくは行の最後に置かれるということもわかります。そして、これに続くすべての詩句が、シモニデスの語る言葉の意味が以上のようなものだということを立証してくれます。

344A E (343)

　わたしは、この詩の文言の各部分について、それがいかにうまく書かれているかを、
いくらでも説明することができます。じつに優美に、そして念入りに作られています B
からね。しかし、それを同じ調子で説明していくと、長くなってしまうでしょう。で
すから、この詩の全体の輪郭と意図を説明するにとどめたいと思います。そして、そ
の意図とは、何よりも、この詩全体をとおしてピッタコスの言葉に反駁《はんばく》を加えるとこ
ろにあるのです。

＊

　いまの部分から少し先に進みましょう。シモニデスが話をしているようにまとめる
ならば、彼は次のように言っています。
——よい人になることこそ困難なのだ、ほんとうに。もっとも、ごくわずかの間で
あれば、よい人でいることはできる。しかし、よい人になった者がその状態を堅持す
ること、すなわち、あなたの言う〈よい人である〉ということは、ピッタコスよ、不 C
可能であり、人間にできることではない。むしろ、こんな特典にあずかれるのは神だ
けであろう。

だが、人間が悪くない人でありつづけることは不可能だ

防ぎようのない災いが、彼を打ち倒すから

それでは、防ぎようのない災いは、どんな人を打ち倒すのか？［たとえば］船の舵取りにおいては、どうだろうか？あきらかに、舵取りの素人を打ち倒しはしない。というのも、舵取りの素人は、つねに打ち倒された状態にあるからだ。立っている人であれば、投げ倒して横にすることができるが、すでに横になっている人をそうすることはできないのだ。それと同様に、防ぐてだてのある人を、防ぎようのない災いが打ち倒すのであって、防ぐてだてのつねにない人を打ち倒すことはできない。だから、大嵐が船頭を襲い、防ぐてだてのない者にしてしまう。また、厳しい季節がやってくれば、農夫を防ぐてだてのない者にしてしまう。医者の場合でも同様だ。かくして、立派な人は悪い人になりうる。それは、別の詩人が証言しているとおりだ。

D

　　だが、よい人は、あるときには悪い人、あるときには立派な人

これに対して、悪い人は悪い人になりえず、つねに悪い人であるのが必然だ。それ E
ゆえ、防ぐてだてのある、賢くてよい人を、防ぎようのない災いが打ち倒すとき、彼が『悪くない人でありつづけることは不可能だ』。ところが、ピッタコス、あなたは『立派な人であることは困難だ』と主張する。しかし、立派な人になることであれば、困難ではあるが可能なのだが、立派な人であることは不可能なのだ。なぜなら、

　　たしかに、よくやっているときには、誰もがよい人だ
　　ところが、しくじれば、悪い人になってしまう

のだから。それでは、〈よくやる〉とは、［たとえば］読み書きにおいてはどんなこと 345A
だろうか？　つまり、読み書きにおいて、人をよい人にしてくれるものは何だろうか？　あきらかに、読み書きを学び知ることだ。それでは、どんなよいふるまいが、

人をよい医者にしてくれるのだろうか? あきらかに、病人の治療法を学び知ることだ。『ところが、しくじれば、悪い人になってしまう』それでは、どんな人が悪い医者になるのだろうか? まず、医者でなければならないのは当然だが、それに加えて、よい医者でなければならない。なぜなら、そのような医者であれば、悪い医者にもなれるだろうから。これに対して、われわれのような医術の素人がしくじりをしても、われわれは決して医者になることなどないし、また大工になることも、他の何になることもない。そして、しくじりをしても医者になることなどないのだから、その人が悪い医者になることもないのはあきらかだ。

このように、よい人も、時の経過や、労苦や病気や、他の何らかの災難ゆえにいつかは悪い人になりうる。(というのも、[よい人にとって]しくじりがあるとしたら、それはただひとつ、知識をなくしてしまうということしかないのだから。)だが、悪い人が、悪い人になることは決してないだろう。なぜなら、つねに悪い人であるのだから。そうではなく、悪い人になろうというなら、その人は、それ以前によい人にならなければならないのだ――。

以上見てきたように、この詩のここまでの部分も、次のようなことを言おうとして

いるのです。『よい人であること――すなわち、よい人でありつづけること――は不可能である。これに対して、よい人になることならできるが、しかし、その同じ人が悪い人になることもありうる。最も長いあいだ最もよい人でいられるのは、神々の愛する人々なのだ』 C

＊

このように、以上の言葉はすべてピッタコスに向けられたものなのですが、詩の続きの部分を見ると、このことはさらに明白になります。シモニデスは、次のように述べています。

それゆえ、わたしは決して、実現不可能な事柄を求め
かなわぬ望みのなかで、むなしく人生の時をすごすまい
広き大地の実りを享受するわれわれのなかに
ひとかけらの欠点もない人間を見つけたなら
あなたがたに知らせてあげよう

彼はこのように述べているのです。彼はこんなにも激しく、また詩全体をつうじて、ピッタコスの言葉を攻撃しているわけです。 D (345)

わたしは、すべての人をほめたたえ、愛する
こころから、恥ずかしいふるまいをしない人であるならば
だが、神々すら必然にはさからえないのだ

この箇所も、ピッタコスの同じ言葉に向けられたものです。シモニデスは、無教養な人間ではありませんでした。ですから、『こころから悪いことを何もしない人がいれば、ほめたたえる』などと言うはずはありません。こころから悪いことをする人がいると考えていることになりますからね。といいますのも、わたしは、おおよそ次のように思っているのです。すなわち、賢者であれば誰も、人間のなかにこころから過ちを犯したり、恥ずかしくて悪い行ないを、こころからする者がいるとは考えない。むしろ、恥ずかしいことや悪いことをす E

る人はすべて、こころならずもそうしているのだということを、賢者はよく知っているのだと。

ですから、シモニデスも、『こころから悪いことを何もしない人がいれば、ほめたたえる』と言っているのではありません。むしろ彼は、この〈こころから〉という言葉を、自分自身について語っているのです。

シモニデスは、立派でよい人は、しばしば自分自身を強いて、誰かと親しくしたり、
346A 誰かをほめたたえたりしなければならないと考えていました。たとえば、自分の母親
や父親や祖国、あるいは何かそれに類するものと反りが合わなくなることが、人間に
はしばしば起こります。悪い人たちであれば、何かそのようなことが起こると、まる
で親や祖国の欠点を見るのが楽しいことであるかのように、文句を言いながら欠点を
あげつらい、とがめだてます。彼らは親や祖国をないがしろにしているものだから、
そのことで世間の人たちの非難や叱責にさらされないようにと、そんなことをするの
です。そして、その結果、彼らはよりいっそう親や祖国に文句を言うようになり、も
B との避けがたい憎しみに、自分から生み出した憎しみを積み重ねていくことになります。
これに対して、よい人たちは、相手の欠点を覆い隠してほめたたえるように強いら

れるのです。そして、親や祖国から不正なことをされて、腹を立てることがあっても、 (346)
彼らは自分自身をなだめて、和解します。そして、自分の身内を愛してほめたたえるよう、自分自身を強いるのです。

わたしが思いますに、シモニデスの念頭には、自分もまたしばしば、こころからではなく強いられて、僭主[104]とかあるいは何かそういったたぐいの人のことを、ほめたり讃えたりしてきたという思いがあったのでしょう。[105]それゆえ、彼はピッタコスに言うのです。

――ピッタコス、わたしはあなたを批判するが、それはわたしが批判好きだからで C
はない。むしろ、

悪い人でなく、あまりの無法者でもない
国を益する道義心を知る、健全な人でありさえすれば
わたしにはそれで十分なのだ
わたしはその人を非難すまい

わたしは非難好きではないのだから。

　なぜなら、愚か者たちの一族は数えきれないほど多いのだから

それゆえ、もし非難することの好きな人がいれば、その人は、このような愚か者たちを非難すれば満足するだろう。しかし、

　みっともないものが混じっていなければ
　どんなものでも、たしかに立派なのだ

（シモニデスはこの言葉を、『黒いものが混じっていなければ、どんなものでも、た D

104　僭主（テュランノス）とは、古代ギリシャのポリスにおいて、非合法的手段によって政権を握った独裁者のこと。

105　シモニデスは、各地の僭主や支配者たちから庇護をうけた。

しかに白い』というような意味で述べているのではありません。もしそうだとしたら、それは多くの点でおかしなものになるでしょうからね。むしろ彼は、自分は中間にあるものも受け入れ、非難はしないと言っているのです。だから彼は、『広き大地の実りを享受するわれわれのなかに、ひとかけらの欠点もない人間を見つけたなら、あなたがたに知らせてあげよう』と述べたわけです。）

それゆえ、その［ひとつも欠点がないという］理由で、わたしが誰かをほめたたえることはない。むしろ、中間にあっても、何も悪いことをしなければ、わたしにはそれで十分なのだ。なぜなら、

わたしは、すべての人を愛し、ほめたたえる

（ここの［「ほめたたえる」という］ところで、彼は［ピッタコスの国］ミュティレネの方言を使っていますが、ピッタコスに語りかけているのです。）

E

わたしは、すべての人をほめたたえ、愛する、こころから

（この「こころから」の後ろで、文を区切らなければなりませんよ。）

　恥ずかしいふるまいをしない人であるならば

しかしながら、わたしがこころならずもほめたたえ、愛する人たちもいるのだけれども。

　それゆえ、ピッタコスよ、もしあなたが、多少なりとも道理にかなった、正しい言葉を語ったのであれば、わたしはあなたを非難しなかっただろう。ところがじっさいには、あなたは最も重要な事柄に関して、ひどい間違いを犯しているにもかかわらず、正しいことを語っていると思われている。それゆえに、わたしはあなたを非難するのだ――」

＊

347A

(347) ぼくは言った。「プロディコスにプロタゴラス、シモニデスは以上のようなことを
意図してこの詩を作ったのだと、わたしには思われます」

するとヒッピアスが言った。「ソクラテス、この詩をめぐるきみの解釈は、みご
B とだと思う。しかし、この詩についてなら、わたしにもうまい説明があるのだ。お望
みとあらば、きみたちに話してさしあげるが」

すると、アルキビアデスが言った。「もちろんです、ヒッピアス。しかしそれは、次の機会にお願いします。いまは、プロタゴラスとソクラテスがお互いに同意したことを、きちんと実行しなければなりません。すなわち、もしプロタゴラスがさらに質問したいのであれば、ソクラテスがそれに答え、プロタゴラスがソクラテスに答えたいのであれば、ソクラテスのほうが質問するのです」

そこで、ぼくは言った。「ぼくとしては、プロタゴラスにお任せするから、どちら
でもこの人のしたいほうにしてもらってかまわないのだ。でも、この人さえよければ、
C 詩と歌に関する話はもうやめにしたい。

プロタゴラス、わたしは、あなたに最初に質問した問題を、あなたと一緒に最後まで考察できればと思っています。じっさいわたしには、詩歌について議論するという

のは、低俗で卑しい人たちの催す酒宴にとてもよく似ているように思えるのです。そういう人たちは、教養がないものですから、酒盛りをするときに、自分の声と自分の言葉を使って、自分たちだけの交わりを楽しむことができません。そこで彼らは、笛吹き女[106]に高い料金を支払い、笛の音という第三者の声のためにたくさんのお金を費やすのです。そして、その声を使って互いの交わりをするわけです。しかし、立派なよい人たちで、十分な教養を持つ人たちが酒宴を催す場合、そこには笛吹き女も、舞い女も、琴弾き女[107]も見出すことはできません。彼らは、そんなくだらない子どもじみたものなどなくても、自分たちの声を使って、十分に自分たちだけの交わりを楽しむことができるのであり、たとえたくさんの酒を飲んでいても、秩序正しく順番に話をしたり、聞いたりするのです。 D

いまのこのような会合だって、同じことです。わたしたちの多くは、自分がそのような人間だと主張するでしょう。そんな人々によって催される会合であるなら、第三 E

106　笛吹き女（アウレートゥリス）とは、宴会に興を添えるために雇われる芸妓のこと。
107　舞い女（オルケートゥリス）も琴弾き女（プサルトゥリア）も、笛吹き女と同様の芸妓。

者の声も、詩人たちも必要ないのです。だいいち、わたしたちは、詩人たちが述べていることについて、彼らに質問することができません。たくさんの人が話のなかで詩人を引用すれば、ある人たちは詩人の考えはこうだと主張し、またある人たちはいやこうだと主張して、決着をつけようのない事柄を論じるはめにおちいるでしょう。優れた人たちであれば、そんな会合にはさよならをします。そして、自分たちだけで、自分たちのものだけを使って互いに交わり、自分たちの言葉だけで互いにやり取りして、お互いを試すのです。

わたしとあなたは、このような人たちのほうを、みならうべきだと思います。つまり、詩人たちは脇において、わたしたちのものだけを使って、お互いに議論をしながら、真理を、そしてわたしたち自身を試すのです。もし、あなたがまだ質問なさりたいのであれば、わたしはあなたの質問にお答えするつもりでいます。しかし、あなたさえよろしければ、あなたにわたしの質問にお答えいただき、わたしたちが中断した議論を、最後までやることにしましょう」

ぼくは、以上の話だけでなく、ほかにもいろいろと話をしたのだけれど、プロタゴラスはどちらにするかはっきりしなかった。すると、アルキビアデスが、カリアスの

B　348A　(347)

ほうを見てこう言った。「カリアス、あなたは、いまのプロタゴラスの態度も立派だと思われるのですか？ 答えるのか答えないのか、ちっともはっきりさせようとしないのですよ。わたしには立派な態度とは思えませんね。対話をしていただくか、さもなくば、対話をするのはいやだと言っていただかないと。まあ、そうなったとしても、わたしたちのほうは、この人はそんな人なのだと知ることができるわけだし、ソクラテスのほうは、誰か別の人と対話をすればすむ話です。あるいは、誰かソクラテス以外の希望者同士で対話してもいいでしょうし」

プロタゴラスは、恥じ入ってしまった。（すくなくとも、ぼくにはそう見えたよ。）なにしろ、アルキビアデスはこんなことを言うし、さらにはカリアスをはじめ、出席者のほぼ全員が彼にお願いしたからね。そして、彼はとうとう、対話するほうを選んだんだ。そして、答えるから質問してくれと言った。

第七章　プロタゴラスとの対話　第二幕

そこで、ぼくはこう言った。「プロタゴラス、わたしがあなたと対話するのは、わたし自身がいつも頭を悩ましている難問を、じっくり考察したいからなのです。何かそれ以外の意図があるとは、お思いにならないでください。ホメロスは、じつにいいことを言っていると思います。[108]

ふたりで一緒に行けば、どちらかが先に気がつく

なるほど、そのようにすれば、われわれ人間は誰であれ、何かをするときにも、言うときにも、考えるときにも、あらゆる場合に、よりうまくやることができますもの

D

ね。ところが、

ひとりのときに、気がついたなら

その人はすぐに、誰かにその内容を示して一緒に確かめ合おうとして、そんな人に出会えるまで、あちこち探し回ることになるのです。

　わたしも、まさにそんな理由から、他の人よりもむしろあなたと対話ができればと思っています。といいますのも、あなたは、立派な人物が考察するにふさわしい事柄ならじつにみごとに考察されますが、とりわけ徳《アレテー》をめぐる考察においてそうだと思うからです。

E

　じっさい、あなた以外に誰がいるというのでしょう？　あなたは、ご自分のことを立派で優れた人物と自負しておられますが、それだけではありません。あなた以外の人たちは、自分を気高い人物と思っていても、他の人を気高い人物にする力はありま

108　ホメロス『イリアス』第一〇巻二二四行以下。

せん。ところがあなたは、ご自分が優れた人物であるばかりでなく、他の人を優れた人物にすることもできるのです。しかも、なんと自信に満ちあふれていることか。なにしろ、他の人たちはみな、この［ソフィストの］技術を隠しているというのに、あなたは、全ギリシャ人に対して公然と自己宣伝して、みずからソフィストを名のり、教養と徳《アレテー》の教師だと公言して、その報酬を要求した最初の人物なのですから。

ですから、こうした問題の考察のために、どうしてあなたの助けを求めて質問や相談をしないでいられましょうか？　どうしても、そうしなければなりません。そこでいまも、わたしは、この問題についてわたしが最初に質問した場面に立ち返り、ふたたび最初から、ある部分についてはわたしの記憶を蘇らせていただきたいし、ある部分については一緒に考察をしていただきたいと思うのです。

わたしの質問は、たしかこのようなものでした。――知恵、節度、勇気、正義、敬虔。これら五つの名前は、一つのものにつけられた名前なのか？　それとも、それらの名前のそれぞれには、何か独自のありかたを持つもの、つまりそれぞれが自分だけの働きを持っていて、他のどれとも同様だとはいえないようなものが対応しているのか？

これに対して、あなたはこうおっしゃいました。――それらは一つのものにつけら

(348)　349A　B

れた名前ではなく、それらの名前のそれぞれに独自のものが対応している。それらは C
すべて、徳《アレテー》の部分である。だがそれらは、金塊の部分のように、部分と部分とが互いに似ていたり、部分とその部分の属する全体が似ていたりするようなものではない。むしろ、それらは顔の部分のようなものであって、部分とその部分の属する全体も、部分同士も互いに似ておらず、それぞれの部分が独自の働きを持っている。

あなたは、あのとき、このようにおっしゃいましたが、いまでも同じお考えであれば、そうおっしゃってください。しかし、何か違ったお考えなら、それをはっきりおっしゃってください。あなたがいま何か違うことを主張なさっても、文句など言いませんから。あのとき、あんなふうにおっしゃったのは、わたしを試すためだったと
しても、べつに不思議ではありませんからね」 D

プロタゴラスは言った。「それでは、きみにこう言おう、ソクラテス。それらはすべて徳《アレテー》の部分である。そして、そのうちの四つは、「きみとの議論で明らかになったように」互いにとてもよく似ている。しかし勇気だけは、それら四つのいずれともまったく違うものなのだ。

わたしの主張が正しいことは、次の事実をみればきみにもわかるはずだ。すなわち、

きみも気づくだろうが、人間のなかには、とても不正で、不敬虔で、節度を欠き、また知恵もないけれども、にもかかわらず、きわだって勇気のある人たちがたくさんいるのだよ」

ぼくは言った。「ちょっとお待ちください。あなたのおっしゃることは、調べてみる価値があります。あなたが勇気のある人たちとおっしゃっているのは、大胆な人たちのことでしょうか？ それとも、違いますか？」

「そうだ。しかも、大衆が恐れて立ち向かわないようなものに立ち向かっていくのだよ」と彼は言った。

「結構です。では、あなたは、徳《アレテー》は立派なものだと主張なさいますか？ あなたご自身が徳《アレテー》の教師をされているのは、徳《アレテー》を立派なものとみなしているからなのでしょうか？」

「もちろん、何よりも立派なものだとも。わたしの気が狂っているのでない限りは」と彼は言った。

ぼくは言った。「その場合、徳《アレテー》には、みっともない部分と立派な部分とがあるので

しょうか？　それとも、徳《アレテー》全体が立派なのでしょうか？」

「全体が、これ以上ないほどに立派なのだ」

「ところで、あなたは、井戸のなかに大胆に飛び込むのはどんな人か、ご存じですか？」

「知っている。潜水士だ[109]」

「彼らがそんなふうにふるまうのは、知識を持っているからでしょうか？　それとも、何か他の理由によるのでしょうか？」

「知識を持っているからだ」

「では、馬に乗って戦うときに、大胆なのはどんな人でしょうか？　馬の扱いにたける騎兵でしょうか、騎兵ではない人でしょうか？」

「騎兵だ」

「では、小盾[110]を持って戦うときには？　小盾の扱いにたける歩兵でしょうか、歩兵

109　清掃や修理のために井戸に飛び込み作業する者のことと思われるが、詳細は不明。
110　小盾（ペルテー）とは、歩兵が持つ軽量の盾のこと。

350A

ではない人でしょうか？」

彼は言った。「歩兵だ。そんなことを探求しているなら、他のすべての場合でも、同じことがいえるよ。すなわち、知識を持っている人たちは、知識を持っていない人たちよりも大胆である。また彼らは、学んだあとのほうが、学ぶまえの自分よりも、より大胆である」

ぼくは言った。「ところで、あなたは、そうした事柄すべてについて、何の知識も持っていないにもかかわらず、どの事柄においても大胆にふるまう人を、いままでに見たことがありますか？」

彼は言った。「ある。それも、あまりにも大胆にふるまう人たちを」

「では、その大胆な人たちは、勇気のある人たちでもあるのでしょうか？」

彼は言った。「そうだとしたら、勇気がみっともないものになってしまうだろう。なぜなら、そんな奴らは、気が狂っているのだから」

ぼくは言った。「そうすると、あなたが勇気のある人たちとおっしゃっているのは、どんな人たちなのですか？　それは、大胆な人たちのことだったのではありませんか？」

「そうだ。その主張はかわらない」と彼は言った。

ぼくは言った。「そうすると、そのような意味において［何の知識もないのに］大胆 C
である人の場合には、［大胆であるとしても］勇気のある人とはいえず、むしろ気の狂った人であることになるのですね？　そして、これとは別に、最も知恵のある人が、最も大胆でもあり、最も大胆であるがゆえに、最も勇気があるわけですね？　すると、以上の議論によれば、知恵は勇気であることになりますね？」

彼は言った。「ソクラテス、きみは、わたしがきみに答えて言ったことをきちんと覚えていないね。わたしはきみに『勇気のある人は大胆ですか』と質問されたから、それに同意した。しかし、『大胆な人は勇気がありますか』とは質問されなかった。もしあのとき、きみがそう質問していたら、わたしは『すべてがそうとは限らない』
と答えていただろう。また、『勇気のある人は大胆である』という、わたしのじっさ D
いの同意についても、きみはどこにおいてもその同意が正しくないということを論証してはいないのだ。

その後きみは、知識を持っている人たちが、知識を持つようになるまえの自分や知識を持たない他の人たちよりも大胆であるという事実を示して、そのことをもって勇

気と知恵は同一だと考える。だが、この論法に従えば、強さとは知恵だと考えることだってできてしまう。すなわち、きみはまず、同じ話の進めかたで、強い人は力があるかとわたしに質問する。わたしは、そうだと答えるだろう。つぎに、レスリングの知識を持つ人たちは、知識を持たない人たちよりも力があり、また、彼らは、学んだあとのほうが、学ぶまえの自分よりも力があるかと質問する。わたしは、そうだと答えるだろう。そして、わたしが以上のことに同意すれば、きみはさきほどと同じ論法を使って、わたしの同意に従えば知恵は強さであることになると言うことができるだろう。

だがこの場合にも、わたしは、力がある人は強いという同意などどこにおいてもしていない。わたしは、強い人は力があるということに同意しただけだ。じっさい、力と強さは同一のものではない。力は知識から生じることもあるし、狂気や怒りから生じることだってある。これに対して、強さのほうは、身体の素質が優れ、かつそれを上手に育てなければ生じてこないのだ。

さきほどの場合もこれと同様であり、大胆さと勇気は同一のものではない。だから、勇気のある人は大胆だとはいえるが、大胆な人であればすべて勇気があるとはいえな

いのだ。大胆さは、力のように、技術から生じて人間にそなわることもあるし、怒りや狂気から生じることもある。これに対して、勇気のほうは、心の素質が優れ、かつ B それを上手に育てなければ生じてこないのだ」

*

ぼくは言った。「プロタゴラス、人間のなかには、よく生きる人もいれば、悪く生きる人もいると、あなたは主張されますか?」

「主張する」と彼は言った。

「それでは、あなたは、人間が嘆きと苦しみのなかで生きるとき、その人はよく生きていると思われますか?」

「思わない」と彼は言った。

「それでは、快く生きて、人生を全うする場合はどうでしょう? そのような場合、その人はよく生きたことになると、あなたは思われますか?」

「そう思う」と彼は言った。

「そうすると、快く生きるのはよいことであり、苦しく生きるのは悪いことだとい C

うことになります」

「ただし、立派なことに快さを感じながら、生きるのであればね」と彼は言った。

「おや、なぜですか、プロタゴラス？　まさか、あなたまで、快いもののなかにも悪いものがあり、苦しいもののなかにもよいものがあるなどと、大衆みたいなことを言い出すのではないでしょうね？　わたしが言っているのは、次のような意味なのです。快いものは、たとえそこから何か他のことが結果することがあるとしても、それが快いという点だけから判断するなら、よいものなのではないでしょうか？　また、苦しいものの場合も同様に、それが苦しいという点だけから判断するなら、悪いものなのではないでしょうか？」

彼は言った。「ソクラテス、きみが質問するように、快いものはすべてよいもので、苦しいものはすべて悪いものだと、単純な答えをしてよいものかどうか、わたしには D
わからない。むしろ、いまの答えの場面だけでなく、わたしに残されたすべての人生のことも考えあわせると、こう答えておくほうが、より安全だと思える。すなわち、快いもののなかにはよいとはいえないもの、また苦しいもののなかには悪いとはいえないものがある。他方、［快いものと苦しいもののそれぞれのなかには］そうだといえるも

のがある。そして、「それぞれのなかには」よいとも悪いともいえない第三のものもあるとね」

ぼくは言った。「あなたが快いものと呼ぶのは、〈快楽を含んだもの〉あるいは〈快楽を生み出すもの〉のことではありませんか？」 E

「そのとおり」と彼は言った。

「ですから、わたしが『快いものは、それが快いという点だけから判断するなら、よいものなのではないでしょうか』と言うのは、そのことなのです。つまり、快楽そのものはよいものではないのかとお尋ねしているわけです」

彼は言った。「ソクラテス、きみがいつも言っているように、それを考察することにしよう。そして、考察される主張が理屈にかなっているようにみえ、〈快い〉と〈よい〉が同じものであることが明らかになったなら、われわれはそれを認めることにしよう。もしそうでなければ、そのときには、われわれは反論することにしよう」

ぼくは言った。「それでは、あなたにこの考察を先導していただけますか？　それとも、わたしが先導しましょうか？」

彼は言った。「当然、きみが先導するべきだ。この議論を始めたのはきみなのだ

から」

＊

ぼくは言った。「それでは、おそらくこうすれば、事柄が明瞭になるのではないでしょうか？　たとえば、ある［医者の］人が、人間の健康状態や、それ以外の身体機能を、外見の様子をもとに検査するとき、彼は顔や手を見たあとで、『さあ、それでは、胸と背中も外に出して見せてください。もっと精密に検査するためです』と言います。わたしも、考察のために、これと同じようなことをしたいのです。つまり、善と快に関するあなたの見解を見たわけですから、こんどは次のように言わなければなりません。

それではプロタゴラス、あなたのお考えのこの部分も外に出して、わたしに見せてください。あなたは、知識に関してはどのようなお考えをお持ちですか？　この点についても、あなたのお考えは大衆と同じですか、それとも違いますか？　大衆の考えによれば、知識というものはなんら強力なものではなく、人を導くことも統制することもできません。彼らは知識をそのようなものとは見なさず、たとえ人間が知識を

持っているとしても、現実に人間を統制しているのは知識ではなく、何か他の要素であることがしばしばだと考えています。それはたとえば、あるときには怒り、あるときには快楽、あるときには苦痛、あるときには情欲であり、また恐怖であることもしばしばです。彼らは素朴にも、知識というものは、まるで奴隷のように、知識以外のあらゆる要因によって引きずり回されるようなものだと思っているのです。 C

あなたもまた、知識に関してそのようにお考えでしょうか？　それとも、次のようにお考えでしょうか？　すなわち、知識は立派なものであり、人間を統制する力を持っている。そして人は、よいものと悪いものがわかれば、何ものにも屈することなく知識の命令を遂行する。つまり、知識は人間を救うに十分な力を持っているのだと」

彼は言った。「きみの言うとおりだと思う、ソクラテス。それだけではない。人間にかかわるすべてのもののなかで、知恵と知識が最も強力なものとはいえないと主張 D
するなら、その発言は、わたしばかりでなく、他の誰にとっても恥ずべき発言となる」

ぼくは言った。「あなたのお答えは、立派で正しいものです。ところが、あなたも

ご存じのとおり、大衆はわたしとあなたを信用せずに、次のように主張しています。すなわち、何をするのが最もよいかをわかっていて、しかもそれをすることができるのに、それをしようとはせずに、他のことをしてしまう人がたくさんいると。そして、そんなことが起こる原因は何なのかとわたしが尋ねると、彼らは口をそろえて言うのです。そんなことをする人は、快楽や苦痛に征服されたり、あるいは、わたしがさきほど挙げたもののどれかに支配されて、そんなことをするのだと」

彼は言った。「おもうに、大衆は、ほかにも間違ったことをたくさん言っているからね、ソクラテス」

「それなら、わたしといっしょに大衆を説得して、彼らの経験するこの事態の正体が何であるのかを、彼らに教えてあげる努力をしていただけないでしょうか？　彼らはそれを、〈快楽に征服されて、それゆえに、何をするのが最もよいかをわかっているのに、それをしない〉ことだと言っています。もし、わたしたちが彼らに向かって、『大衆諸君、きみたちの言うことは正しくないね。間違っているよ』と言えば、おそらく彼らは、わたしたちにこう尋ねてくるでしょう。『おや、プロタゴラスにソクラテス、この事態が〈快楽に征服される〉ということでないとしたら、いったいぜんた

い何なのです？　あなたがたは、その正体を何だと言うのですか？　われわれに説明してください』」

「ソクラテス、どうしてわれわれが、大衆の意見なぞ考察しなければならないのかね？　彼らは、口から出まかせを言っているだけなのに」

ぼくは言った。「わたしたちの課題は、勇気がそれ以外の徳《アレテー》の部分に対してどう関係するのかを見出すことにありますが、そのために役立ってくれると思うのです。わたしたちはさきほど、こうすれば事柄が明瞭になるとわたしが考えるやりかたにしたがって、わたしが議論を先導していくという方針で同意しました。その方針を守ったほうがよいとあなたが思われるなら、どうか従ってください。しかし、あなたがそれを望まないのであれば、あなたさえよければ、この話はもうやめにしましょう」

彼は言った。「きみの言うとおりだ。やり始めたからには、最後までやってもらおう」

B

＊

ぼくは言った。「それでは、もう一度さっきのところから再開しましょう。彼らがわたしたちに、こう尋ねたとします。『われわれが〈快楽に征服される〉と呼ぶ事態の正体を、あなたがたは何だと言うのですか？』わたしなら、彼らに次のように答えるでしょう。

『それでは、聞いてほしい。ぼくとプロタゴラスが、きみたちに説明してみるから。大衆諸君、きみたちは、問題の事態が自分たちに起きるのは、次のような場合だと主張するのではないか？　たとえば、よくあることだが、飲み食いやセックスが快いので、それに支配されて、悪いとわかっているのに、それでもしてしまうような場合だ』

彼らは、そうだと言うでしょう。そこで、わたしとあなたは、彼らに再度こう尋ねるでしょう。

『きみたちは、そのようなことを悪いことだと言うが、それはどういう意味なのだろうか？　そのようなことのそれぞれが、そのときにその快楽を与えてくれて、快くなるから悪いのか？　あるいは、時間がたってから病気や貧乏をもたらしたり、同じような他のたくさんの悪いことのもとになるから悪いのか？　それとも、時間がたってもそのような悪いことのもとにはならず、喜びしかもたらさないのだとしても、そ

C (353)

D

れでもなお、それは悪いものなのかね？　いかなるしかたであれ、喜びをもたらすものは悪いのだとでも言いたいのかね？』

プロタゴラス、わたしたちは思うでしょうね。彼らは、『快楽そのものを、そのときにもたらすから悪いのではない。むしろ、時間がたってから病気などのいろいろなものが生じてくるから悪いのだ』と答えるしかないと」

プロタゴラスは言った。「わたしが思うに、大衆はそんなふうに答えるだろうね」

「『では、それらが病気をもたらすというのは、苦しみをもたらすということであり、また貧乏をもたらすというのも、苦しみをもたらすということではないか？』大衆は同意するだろうと、わたしは思うのですが」

プロタゴラスは賛成した。

「『それなら、大衆諸君、ぼくとプロタゴラスの主張するとおりであることが、きみたちにもわかるだろう？　それらが悪いものであるのは、それらが結局は苦しみをもたらして、他のいろいろな快楽を奪ってしまうからにほかならないのだ』彼らはこれに同意するでしょうか？」

ぼくたちふたりの意見は一致した。

「それでは今度は、彼らに、さきほどとは逆の質問をしたとします。『大衆諸君、きみたちは他方で、よいもののなかには苦しいものもあると言っているが、それは次のようなもののことではないだろうか？　つまり、たとえば体育とか従軍、あるいはまた、［患部を］焼いたり切開したり、投薬や絶食などをする、医者の病気治療などだ。よいけれども苦しいものとは、このようなもののことではないか？』彼らは、そうだと言うでしょうか？」

プロタゴラスは賛成した。

「『では、きみたちがそれらをよいものと呼ぶ理由は、次のどちらだろうか？　それらが、そのときに、極度の痛みや苦しみをもたらすからだろうか？　それとも、時間がたってから、健康や体の好調さ、国の安全、他の人々に対する支配、富などがそれらから生じてくるからだろうか？』彼らは後者だと言うでしょう。わたしはそう思うのですが」

プロタゴラスは賛成した。

「『そして、それらがよいものである理由は、それらが結局は快楽をもたらしてくれたり、苦痛から解放してくれたり、苦痛を予防してくれたりするといったこと以外に

ないのではないだろうか？　それとも、きみたちは、それらをよいものと呼ぶさいに C
目を向ける結果として、何か快楽と苦痛以外のものを挙げることができるだろう
か？』わたしが思いますに、彼らはできないと言うでしょう」

「わたしもできないと思うね」とプロタゴラスは言った。

「『そうすると、きみたちが快楽を追求するのは、それをよいものとみなしているからであり、きみたちが苦痛を避けるのは、それを悪いものとみなしているからではないか？』」

彼は賛成してくれた。

「『そうすると、きみたちは、苦痛は悪いもので、快楽はよいものだと考えていることになる。たしかに、きみたちは、喜び自体を悪いものと呼ぶこともある。だがそのような場合には、それをした結果として、その喜びに含まれるよりも大きな快楽が奪われたり、そこに含まれる快楽よりも大きな苦痛が生じたりしているのだ。きみたち
が、喜び自体を悪いものと呼ぶときに、何かそれとは別の基準に従い、何か別の結果 D
に目を向けているのなら、きみたちは、それをわれわれに言うことができるはずだ。しかし、きみたちにはできないだろうね』」

「わたしも、できないと思うよ」とプロタゴラスは言った。

「『そうすると今度は、苦しみ自体についても、同じことがいえるのではないだろうか？　きみたちは、苦しみ自体をよいものと呼ぶことがある。だがそのような場合には、そこに含まれるよりも大きな苦痛が取り除かれたり、［そこに含まれる］苦痛よりも大きな快楽が生じたりしているのだ。きみたちが苦しみ自体をよいものと呼ぶとき、ぼくが言う以外の何か別の結果に目を向けているのなら、きみたちはそれをわれわれに言うことができるはずだ。しかし、きみたちにはできないだろうね』」

「きみの言うとおりだよ」とプロタゴラスは言った。

＊

ぼくは［大衆に向かって］言った。

「それでは、大衆諸君、今度はきみたちがぼくに次のような質問をしたとしよう。

『しかしまあ、それにしても、あなたはいったい何のために、この問題に関して、たくさんのことを言われるのです？』

ぼくなら、こう答えるだろう。

どうかお許しいただきたい。まず第一には、きみたちが〈快楽に征服される〉と呼ぶ事態がほんとうはどんなものであるのかを説明するのは容易ではない。そして第二には、その説明が全体としてうまくいくかどうかは、まさにこの点にかかっているのだ。しかし、いまからでも、きみたちの主張を撤回してもらってもかまわないのだよ。もしきみたちが、よいものとは快楽以外の何かであり、悪いものとは苦しみ以外の何かであると、どんなしかたであれ主張できるならね。それとも、きみたちは、苦痛なしに快く人生を全うできれば、それで満足だろうか？　もしそれで満足であり、また、最終的に快苦に還元されてしまわないような、快苦とは別のよいものや悪いものがあると主張することもできないなら、どうか話の続きを聞いてほしい。

わたしは、もし以上のとおりであるとしたら、きみたちの言っていることは、おかしなものになると主張したい。きみたちは、『人間はしばしば、悪いことを、それが悪いことだとわかっていて、しかも、それをしないでいることができるのに、快楽に駆り立てられ、目がくらんで、それをしてしまう』と言っている。きみたちはまた、『人間は、よいことだとわかっていても、そのときの快楽に征服されて、それをしようとはしない』とも言っている。

これらの言いかたがおかしなものであることは、次のようにすれば明白になる。つまり、〈快い〉〈苦しい〉〈よい〉〈悪い〉といったたくさんの名称を同時に使うことをやめ、それらを二つの名称で呼ぶことにするのだ。なぜなら、それらは結局は二つにまとめられることが明らかになったわけだから。そこで、最初は〈よい〉と〈悪い〉を使い、次に〈快い〉と〈苦しい〉を使うことにしよう。

では、以上のように取り決めたうえで、次のように言ってみよう。

『人間は、悪いことを、それが悪いことだとわかっているのに、にもかかわらず、それをしてしまう』

さて、誰かがわれわれに尋ねたとする。『それは、どうしてなのか？』

『征服されたからです』とわれわれは答えるだろう。

『何に？』と質問者は、われわれに尋ねるだろう。

だが、われわれはもはや、『快楽に』と答えることはできない。なぜなら、それは〈快楽〉ではなくて〈よい〉という別の名称を与えられているのだから。だから、われわれは、質問者に答えて、こう言わなければならない。

『征服されたからです』

『何に？』と質問者は言うだろう。

『よいことに』としか、われわれには答えようがないだろうね。

さて、われわれの質問者が無礼なやつであれば、あざ笑って言うことだろう。

『なんて、おかしなことを言うやつらだ！　悪いことを、それが悪いことだとわ D
かっていながら、そうしなくてもいいのに、よいことに征服されたから、それをして
しまう人がいるなんて』

そして、質問者は言うだろう。『いったい、きみたちにおいては、よいことは悪いことにまさる値打ちもないのかね？　それとも、値打ちがあるのかね？』

これに答えて、われわれが『値打ちがないのです』と言わざるをえないのは明らかだ。なぜなら、もし値打ちがあるなら、われわれが〈快楽に征服されている〉と言うその人の行為が、間違いだったとは言えなくなってしまうから。

おそらく、質問者は言うだろう。『だが、よいことが悪いことよりも値打ちがないとか、悪いことがよいことよりも値打ちがないと言うとき、その基準はいったい何なのか？　それはまさに、一方がより大きく他方がより小さいとか、一方がより多く他
方がより少ないといったことにほかならないのではないか？』 E

われわれは、これ以外の基準をあげることはできないだろう。

質問者は言うだろう。『そうすると、明らかに、きみたちが〈征服される〉と言っているのは、〈より小さなよいことを手に入れようとして、より大きな悪いことを取ってしまう〉ことだということになる』

たしかに、そうなるね。

それでは、名称を入れ替えて、いままでと同じものを、こんどは〈快い〉・〈苦しい〉と呼ぶことにしよう。そして、次のように言おう。

『人間は、苦しいことを――いままでは〈悪いこと〉と言っていたが、こんどはそれを〈苦しいこと〉と呼ぶわけだ――、それが苦しいことだとわかっていながら、快いこと――それは明らかに、［苦しいことに］まさる値打ちのないものだが――に征服されて、やってしまう』

このとき、〈快楽が苦痛にくらべて値打ちがない〉ということの意味は、〈互いを比較したときの超過や不足〉にほかならないのではないか？　すなわちそれは、互いに比較したとき、一方が大きくて他方が小さいとか、一方が多くて他方が少ないとか、一方が強くて他方が弱いといった意味なのだ。

ここで、誰かが次のように言うかもしれない。
『でもソクラテス、そのときの快さと、時間がたってからやってくる快さや苦しさ
の間には、大きな違いがありますよ』
これに対して、ぼくは次のように言うだろう。
『違いといったって、まさか快楽と苦痛以外の点で違いはあるまいね。だって、こ
れ以外の基準はないのだから。だから、そんなことを言ってないで、計量の上手な人
がするように、快いことと苦しいことをそれぞれひとまとめにして、［時間的な］近
さと遠さを考慮して天秤にかけ、どちらのほうがより多いかを［客観的に］判断する　B
のだ。快いことと快いことを天秤にかけるときには、いつでも、より大きくて多いほ
うを取るべきだ。苦しいことと苦しいことを天秤にかけるときには、より少なくて小
さいほうを取るべきだ。快いことと苦しいことを天秤にかけるときには、快いことが
苦しいことよりも大きいならば、苦しいことが近くて快いことが遠い場合でも、苦し
いことが遠くて快いことが近い場合でも、快いことが含まれた行為のほうをするべき
だ。これに対して、苦しいことのほうが快いことよりも大きいならば、その行為をす　C
るべきではない』

わたしは言うでしょう。『大衆諸君、以上に相違ないだろうね？』彼らが反論できないことは、よくわかっています」

＊

プロタゴラスも、これに同意した。

「わたしは言うでしょう。『以上のとおりだとしたら、こんどは、ぼくの次の質問に答えてほしい。きみたちが目でものを見るとき、同じ大きさのものであっても、近づけば大きく見えるし、遠ざかれば小さく見えるのではないだろうか？』

彼らは、そうだと言うでしょう。

『また、厚みのあるものや、数がたくさんあるものについても、同じようなことがいえるのではないだろうか？　さらに、音の場合も、同じ大きさの音でも、近づけば大きく聞こえ、遠ざかれば小さく聞こえるのではないだろうか？』

彼らは、そうだと言うでしょう。

『それでは、ぼくたちが幸福であるためには、大きなものを選んで行ない、小さなものは避けて行なわないようにしなければならないのだとしたら、ぼくたちの生活の

安全を保障してくれるものは何だと思うかね？　計量の技術だろうか？　それとも、見かけが持つ力だろうか？　たしか、見かけの力のほうは、ぼくたちをたぶらかして、同じものをしばしばあべこべに取り違えさせ、何かをするときにも、大小さまざまなもののなかから選択をするときにも、ぼくたちを後悔させるようなものではなかっただろうか？　これに対して、計量の技術のほうは、その見かけの力を削いで、真実の姿を明らかにし、心が冷静にその真実の姿のうえに留まれるようにして、生活の安全を保障してくれるのではなかっただろうか？』

はたして大衆は、この問いかけに対して、われわれの安全を保障してくれるのは計量の技術だと認めてくれるでしょうか？　それとも、なにかほかの技術だと言うでしょうか？」

「計量の技術だと言うだろう」とプロタゴラスは同意してくれた。

「『では、ぼくたちの生活の安全が、奇数と偶数［という二種類の数によって測られる量］の［正しい］選択にかかっているとしたら、どうなるだろう？　その選択においてぼくたちは、同じ種類の数同士を比較する場合も、違う種類の数同士を比較する場合も、対象が近くにあるか遠くにあるかにはかかわりなく、どのようなときに大きな

ほうを選択するのが正しく、どのようなときに小さなほうを選択するのが正しいのかを判断しなければならないのだ。そのとき、ぼくたちの生活の安全を保障してくれるものは何だろうか？　知識ではないだろうか？　しかもそれは、何か計量にかかわる知識ではないだろうか？　なぜなら、この技術は超過と不足に関係しているわけだから。そしてそれは、奇数と偶数に関係しているのだから、まさしく計算術というべきではないだろうか？』

大衆は、わたしたちに同意するでしょうか、しないでしょうか？」

プロタゴラスも、彼らが同意するだろうと認めてくれた。

「『さて、大衆諸君。これで、ぼくたちの生活の安全を保障してくれるものは、快楽と苦痛の正しい選択のうちにあることが明らかとなった。そして、その選択とは、多いものと少ないもの、大きいものと小さいもの、遠いものと近いものの選択であった。だから、それがまず第一に計量の技術だということは明らかではないだろうか？　なぜなら、お互いをくらべて、どちらが超過しているとか、どちらが不足しているとか、あるいは両者が等しいとかいったことを調べるわけだから』」

「そのとおり」

「『しかるに、計量の技術なのだから、それは必然的に技術であり知識でなければならない』」

「彼らは同意するだろうね」

「『それがどのような技術や知識なのかという問題については、また後日考察することにしよう。いまは、それが知識だという事実があれば十分だ。それさえあれば、ぼくとプロタゴラスは、諸君がわれわれに投げかけた質問について、なすべき説明をす C
ることができるのだから。

ところで、諸君が質問を投げかけたのは、われわれが、知識よりも強いものは何もなく、いかなる状況においても、知識は快楽をはじめ、すべてのものを支配すると同意したときだった。[111] 覚えているだろうか。諸君は、知識を持った人でも、快楽に支配されることがしばしばあると主張した。だが、われわれが諸君の主張に同意しなかったので、諸君はそのあと、われわれにこう質問したのだった。

——おや、プロタゴラスにソクラテス、この事態が〈快楽に征服される〉というこ

111　164頁（352B）以下を参照。

とでないとしたら、いったいぜんたい何なのです？　あなたがたは、その正体を何だと言うのですか？　われわれに説明してください。

さて、もしあのとき、われわれがただちに、その事態の正体は無知だと答えたら、諸君はわれわれを嘲笑したことだろう。しかし、もしいま諸君がわれわれを嘲笑するなら、諸君は自分自身をも嘲笑していることになるのだ。なぜなら、諸君もまた、快楽と苦痛――これはよいものと悪いものだった――を選択するときに間違える人がいるなら、それは知識を持っていないからだということに同意したからだ。（しかも、それはただの知識ではなく、計量の技術なのだということにすら、諸君はさっき同意してくれた。）知識を持っていないがゆえに間違った行為をしたのだから、当然諸君にもおわかりかと思うが、その行為は無知ゆえになされたことになるのだよ。

だから、〈快楽に征服される〉とは、最大の無知のことなのだ。ここにおられるプロタゴラス、プロディコス、ヒッピアスは、その無知を治療する医者であると主張されている。ところが諸君は、それは無知ではなく、何か別のものだと思い込んでいるものだから、そうした事柄の教師であられるこのソフィストの方々のところに、自分で行こうともしないし、自分の子どもを通わせようともしない。そんなことは教える

(357)　D　E

ことができないと思っているからね。だから、諸君はお金を惜しんで、この方々に支払おうとしない。だがそれは、私的にも公的にも間違ったふるまいだ』」

＊

「さて、大衆に対しては、われわれは以上のように答えればよいでしょう。それでは、今度はヒッピアスにプロディコス、わたしはプロタゴラスとともに、あなたがたにお尋ねしたいと思います。（と申しますのも、これ以後は、あなたがたにも議論に加わっていただきたいのです。）あなたがたも、わたしの言うことが正しいと思われますか、それとも間違っていると思われますか？」

彼らはみな、ぼくの言ったことが正しいと、強く支持してくれた。

ぼくは言った。「それでは、あなたがたは、快いことはよいことで苦しいことは悪いことだと、同意してくださいますか？　ただし、ここにおられるプロディコスのように細かい名前の使い分けをすることはご勘弁ください。それを〈快いこと〉とお呼びになっても、〈楽しいこと〉とお呼びになっても、〈気持ちよいこと〉とお呼びになっても、あるいはそれ以外のどんな名前でお呼びになっても結構です。しかし、恐

れ入りますがプロディコス、答えるさいには、わたしの意図する意味に合わせていた B (358)
だきたいのです」
すると、プロディコスは笑って同意してくれた。ほかの人たちもそうしてくれた。
ぼくは言った。「それでは、みなさん。次の点についてはどうでしょうか。苦しま
ずに快く生きるという結果につながる行為は、すべて立派な行為ではありませんか？
そして、立派な行動はよいものであり、有益なものではないでしょうか？」
彼らは同意した。
ぼくは言った。「そうすると、もし快いことがよいことなのだとすれば、自分のし
ていることよりもよいことがあって、かつそれをできると知っているか思っている場
合、よりよいほうができるのに、なおもその行為を続けるような人は、ひとりもいま C
せん。そして、〈自分に支配される〉という事態は、まさしく無知にほかならず、〈自
分を支配する〉という事態は、まさしく知恵にほかならないことになります」
全員が同意した。
「それでは、どうでしょう。あなたがたが〈無知〉と呼ぶのは、とても大切な事柄
に関して間違った考えを持ち、間違いをおかすということではありませんか？」

この点も、全員が同意した。

ぼくは言った。「そうすると、次のようなことになるのではないでしょうか？　すなわち、自分からすすんで、悪いものや、悪いものだと思うもののほうに向かっていくような人は、ひとりもいないことになります。（わたしが思いますに、よいものではなく悪いもののほうに向かっていこうとするような性質は、そもそも人間本性のなかには含まれていないのです。）また、二つの悪いもののいずれかを選ばざるをえない場合であれば、小さなほうを選ぶことができるのに大きなほうを選ぶような人は、ひとりもいないことになるでしょう」
D

ぼくたち全員が、以上すべてに同意した。

ぼくは言った。「それでは、どうでしょうか。あなたがたが、何か〈不安〉とか〈恐怖〉といった名前で呼ぶものがありますか？　それは、わたしがそう呼ぶのと同じ意味でしょうか？（これは、あなたへの質問ですよ、プロディコス。）あなたがたが〈恐怖〉と呼ぶ場合でも〈不安〉と呼ぶ場合でも、わたしはそれを〈悪いことが起こるのではないかという予感の一種〉と定義します」

プロタゴラスとヒッピアスは、〈不安〉も〈恐怖〉も、そのような意味だと同意し

てくれた。しかし、プロディコスは、〈不安〉はそうだが、〈恐怖〉は違うと言った。[112]

ぼくは言った。「プロディコス、その点はどうでもいいですよ。大切なのは次の点です。もしこれまでの話が正しいとしたら、人間たちのなかに、恐れていないものに立ち向かって行くことができるのに、「そうせずに、わざわざ」恐れているものに立ち向かっていこうとするような者がいるでしょうか？　それとも、これまでの同意から判断すれば、それはありえないことでしょうか？　といいますのも、すでに同意されているように、人は自分の恐れているものを悪いものだと考えているわけですが、自分が悪いと考えているものに自分からすすんで立ち向かっていったり、それを選んだりするような人は誰もいないのですから」

この点も、全員が同意した。

＊

ぼくは言った。「それでは、プロディコスにヒッピアス。以上の議論に基づいて、ここにおられるプロタゴラスに、このかたが最初にお答えになったことがどうして正しいといえるのか、われわれに弁明してもらうことにしましょう。――といっても、

E (358)　359A

いちばん初めの答えではありません。そのときには、このかたは、徳《アレテー》には五つの部分があるが、そのどの部分も他の部分と同様とはいえず、それぞれが自分だけの独自の働きを持っているとおっしゃいました。[113]しかし、わたしが言っているのはそれではなくて、そのあとで、このかたがおっしゃった答えなのです。[114]そのあとのほうの答えでは、このかたは、四つの部分は互いによく似ているが、一つだけ他の部分とはまったく違うものがあって、それは勇気だとおっしゃいました。そして、その主張が正しいことは、次のような証拠をみれば、わたしにもわかるはずだとおっしゃいました。

『すなわち、ソクラテス、きみも気づくだろうが、とても不敬虔で、不正で、節度を欠き、また知恵もないけれども、にもかかわらず、きわだって勇気のある人たちがいるのだよ。この事実をみれば、勇気が徳《アレテー》の他の部分とはまったく違うということ B

112 不安（デオス）が比較的長期にわたる認知的な気分であるのに対して、恐怖（フォボス）は瞬間的に感じる非認知的な感情だから、というのがその理由だと思われる。
113 86-89頁（329D-330B）を参照。
114 155-156頁（349D-E）を参照。

が、きみにもわかるはずだ』とね。

わたしはそのときすぐに、このお答えにたいへん驚きました。（そして、あなたがたとの議論を終えたいま、驚きはさらに増しています。）だからわたしは、このかたに、勇気ある人と呼んでいるのは、大胆な人のことなのですかとお尋ねしたのです。すると、このかたは、『そうだ、しかも、立ち向かっていくのだ』とお答えになりました」

ぼくは言った。「プロタゴラス、あなたは、このようにお答えになったのを覚えておられますか？」

すると、彼はそれを認めた。

ぼくは言った。「さて、それでは、われわれに言ってください。勇気のある人は何に立ち向かっていくと、あなたは言われるのですか？　臆病な人と同じものに立ち向かっていくのですか？」

「ちがう」と彼は言った。

「そうすると、それとは別のものに立ち向かっていくことになります」

「そうだ」と彼は言った。

「臆病な人は、大胆になれるものに立ち向かっていき、勇気のある人は、恐ろしいものに立ち向かっていくのでしょうか?」

「まあ、大衆はそう言っているね、ソクラテス」

ぼくは言った。「たしかに、おっしゃるとおりです。しかし、わたしがお尋ねしているのはそんなことではなく、あなたのお考えなのです。 D あなたは、勇気のある人は何に立ち向かっていくと主張なさいますか? 恐ろしいと思いながら、恐ろしいものに立ち向かっていくのでしょうか? それとも、恐ろしくないものに立ち向かっていくのでしょうか?」

彼は言った。「いや、前者のようなことが不可能であることは、きみの語った議論で証明されたばかりだ[115]」

ぼくは言った。「それも、おっしゃるとおりです。したがって、そのときの証明が正しかったとすれば、恐ろしいと思っているものに立ち向かっていく人など、ひとりもいないことになります。なぜなら、自分に支配されるのは無知にほかならないとい

115　186頁(358E)。

うことが判明したわけですから」

彼はそれを認めた。

「ところが他方、大胆になれるものには、臆病な人も勇気のある人も、すべてが立ち向かっていきます。つまり、少なくともこの点に限っていえば、臆病な人も勇気のある人も、同じものに立ち向かっていくわけです」 E

彼は言った。「いや、ソクラテス、それはちがう。臆病な人と勇気のある人では、立ち向かっていくものがまったく逆だよ。戦争をみれば一目瞭然だ。一方はすすんで戦争に行こうとするが、他方は行きたがらない」

ぼくは言った。「戦争に行くのは、立派なことですか？　それとも、みっともないことですか？」

「立派なことだ」と彼は言った。

「そうすると、立派なことである以上、それはよいことです。わたしたちは、さきほどの議論のなかで、そう同意しました。というのも、立派な行為はすべてよいものだと、わたしたちは同意したのですから」[116]

「そのとおりだ。わたしはいつでもそう考えている」

(359)

ぼくは言った。「おっしゃるとおりです。では、戦争に行くことが立派でよいことであるにもかかわらず、行きたがらないのは、どちらのほうだとおっしゃいますか？」

「臆病なほうだ」と彼は言った。

ぼくは言った。「ところで、もしそれが立派でよいことだとしたら、それはまた快いことでもあるのでしょうか？」

「それも、同意されたことだ」と彼は言った。

「それでは、臆病な人は、それがより立派で、よりよく、より快いことであることをわかっていながら、それに立ち向かっていこうとしないのでしょうか？」

彼は言った。「もしそれに同意するなら、われわれは以前の同意を覆してしまうことになるだろう」

「では、勇気のある人についてはどうでしょう？　より立派で、よりよく、より快いことに立ち向かっていくのではありませんか？」

360A

116　184頁（358B）を参照。

「認めなければならないね」と彼は言った。

「一般的にいって、勇気のある人は、恐れを抱く場合でも、その恐れはみっともないものにはならず、大胆にふるまう場合でも、その大胆さはみっともないものにはならないのではありませんか？」

「そのとおりだ」と彼は言った。

「みっともなくないのだとしたら、立派なのではありませんか？」

彼は認めた。

「立派なのだとしたら、よいのではありませんか？」

「そうだ」

「それとは反対に、臆病な人や、向こう見ずな人や、気の狂った人が恐れを抱く場合には、その恐れはみっともないものであり、大胆にふるまう場合には、その大胆さはみっともないものではないでしょうか？」

彼は認めた。

「彼らの大胆さが、みっともなくて悪いものになるのは、まさに彼らがわかっておらず、無知だからなのではありませんか？」

「そのとおりだ」と彼は言った。

「では、どうでしょう？　臆病な人を臆病たらしめているものを、あなたは〈臆病〉 C
と呼びますか、〈勇気〉と呼びますか？」

「もちろん、わたしは〈臆病〉と呼ぶ」と彼は言った。

「しかるに、臆病な人が臆病であるのは、恐ろしいものについての無知のためだということが判明したのではありませんか？」

「たしかに」と彼は言った。

「すると、臆病な人は、この無知のために臆病なのですね？」

彼は認めた。

「そして、あなたは、臆病な人を臆病たらしめているのは〈臆病〉であるということに同意されています」

彼は認めた。

「そうすると、〈恐ろしいものと恐ろしくないものについての無知〉が臆病であることになりますね？」

彼はうなずいた。

ぼくは言った。「ところが、勇気は、その臆病の反対物なのです」 (360)

彼は、そうだと言った。

「さて、〈恐ろしいものと恐ろしくないものについての知恵〉は、そのようなものに D
ついての無知の反対物ではありませんか?」

こんども、彼はうなずいた。

「しかるに、そうしたものについての無知とは、臆病のことですね?」

こんどは、彼はしぶしぶうなずいた。

「そうすると、〈恐ろしいものと恐ろしくないものについての知恵〉が勇気であることになりますね? 勇気は、そのようなものについての無知の反対物なのですから」

ここまでくると、彼はもはや、うなずく気もなく黙っていた。

そこで、ぼくは言った。「プロタゴラス、どうしてあなたは、わたしの問いに対して肯定も否定もされないのですか?」

「自分で決着をつけてくれ」と彼は言った。

ぼくは言った。「それでは、あと一つだけ、あなたに質問させてください。あなた
はいまなお、最初におっしゃったように、きわめて無知であるにもかかわらず、きわ E

だって勇気のある人がいるとお考えでしょうか?」

彼は言った。「ソクラテス、きみは勝ちたい一心で、わたしに答えを強いるのだね。それなら、ひとつ、きみを喜ばせてあげることにしよう。すでに同意されたことから考えれば、そのようなことはありえないと思う。わたしはそう主張しよう」

エピローグ

ぼくは言った。「わたしが、以上すべてのことをお尋ねしたのは、徳《アレテー》についていろいろな問題を考察して、徳《アレテー》とはいったい何なのかを明らかにしたかったからにほかならないのです。というのも、それが明らかになれば、あの［徳《アレテー》は教えることができるのかという］問題も、とてもはっきりすることを、わたしは知っているからなのです。わたしとあなたは、その問題について、それぞれが長い話をしました。すなわち、わたしの主張は、徳《アレテー》は教えることができないというものであり、あなたの主張は、徳《アレテー》は教えることができるというものでした。そして、わたしたちは、さきほど議論の結論に至りついたわけですが、それはまるで人の姿をした告発者のように、わたしたちを非難して、あざけっているように思えるのです。もしそれが言葉をしゃべれる

なら、次のように言うことでしょうね。
『ソクラテスにプロタゴラス、あなたがたは、まったくおかしな人たちだよ。きみ
〔ソクラテス〕のほうは、最初のうちは、徳《アレテー》は教えることができないと言っていた。
ところがいまは、その自分の意見に反対のことを熱心に主張して、正義や節度や勇気 B
などのすべてのものが知識であることを証明しようとしている。だが、そんなことを
すれば、徳《アレテー》は教えることができるということがきわめて明白になってしまうのだよ。
プロタゴラスが言おうとしていたように、徳《アレテー》が知識とは別のものであるとすれば、
それを人に教えることができないことは明らかだ。ところがソクラテス、いまきみが
熱心に主張しているように、徳《アレテー》はその全体が知識だということが明らかだとしたら、
それを教えることができなければじつに不思議なことになるよ。
　これに対して、プロタゴラスのほうはといえば、さっきは徳《アレテー》は教えることができ
るとしていたのに、いまでは反対に、とにかく何でもいい、それは知識とは別のもの
なのだと熱心に主張しているようにみえる。もしそうだとしたら、それは最も教えら C
れそうにないものになってしまうのにね』
　ですからプロタゴラス、わたしとしては、すべてがこのようにひどい混乱状態にあ

るのを目にして、すべてをはっきりさせたいという強い希望を持っています。そこで、わたしたちはこの問題を［もう一度］追究して、徳《アレテー》とは何かという問題の答えに到達したあとで、ふたたび、徳《アレテー》は教えることができるのかできないのかという問題を考察できればよいと思っています。そのさいには、わたしたちの考察において、あのエピメテウスが、わたしたちを欺いて失敗させることのないようにしなければなりません。あなたのお話では、エピメテウスは、［能力の］分配のときにも、そんなふうにわたしたち［人間］のことを忘れてしまったということですからね。だから、あの物語のなかでも、わたしは、エピメテウスよりもプロメテウスのほうに好感を持ちました。そういうわけで、わたしは、［あらかじめ考慮する神］プロメテウスの導きにしたがって、わたし自身の全人生のためにあらかじめ考慮をして、こうしたすべての事柄を熱心に考察しているわけなのです。そして、はじめにも言いましたように、あなたにそうする気があるなら、わたしはあなたと一緒にこれらの問題を考察したいと思うのです」

するとと、プロタゴラスは言った。「ソクラテス、わたしはきみの熱意と、きみの議論のやりかたをほめたたえよう。じっさい、わたしは、他の点でも自分を悪い人間と

は思わないが、とりわけ嫉妬心の少なさにかけては他の誰にも負けない。きみについてだって、わたしはこれまでたくさんの人たちに言ってきたのだよ。わたしが出会った人たちのうちで、わたしはきみのことをいちばん賞賛していて、とりわけ、きみの同年代の人たちのうちではそうだとね。そして、もうひとこと言えば、きみが知恵において屈指の人物のひとりになったとしても、わたしは決して驚かないだろう。ところで、いまの問題だが、またあとで、きみが望むときに論じることにしよう。いまはもう、別の用事に取り掛からなければならない時間なのだ」

ぼくは言った。「あなたがそう思われるなら、そうしなければなりません。じつは、わたしのほうも、ずいぶん前から、さきほど申し上げたところに行く時間になっていたのです。わたしは、この美しきカリアスへの好意のあかしとして、ここに留まっていたにすぎません」

＊

ぼくたちは、以上のようなことを話したり、聞いたりしたあと、その場を立ち去ったのだった。

補注　シモニデスの詩について

第六章で議論されているシモニデスの詩は、当時はよく知られた詩であった。ソクラテスが、この詩を研究していると述べ（119頁、339B）、ヒッピアスもこの詩についてうまい説明があると述べている（148頁、347B）ように、この詩は、当時さまざまに論じられていたのであろう。しかし、当時の詩は、口承によって伝えられるものであり、多くの詩が記録されることなく失われていった。シモニデスのこの詩は、さいわい、本作で引用されたことで、多くの部分が生き残ったが、しかし、その引用は完全なものではなく、本来の全体像を復元することは難しい。ここでは、伝統的に受け入れられてきた復元案を元に、日本語にしてみた。

一

ほんとうによい人になることこそ困難だ
手足も心もまっとうな、欠点なき人となることは
…………………………………
……〈数行欠落〉……………
…………………………………

二

わたしには、ピッタコスの言葉も正しいとは思えない
賢者によって語られた言葉だとしても
彼は言う——立派な人であることは困難だと
こんな特典にあずかれるのは神だけであろう
だが、人間が悪くない人でありつづけることは不可能だ

防ぎようのない災いが、彼を打ち倒すから
たしかに、よくやっているときには、誰もがよい人だ
ところが、しくじれば、悪い人になってしまう
最も長いあいだ最もよい人でいられるのは、神々の愛する人々なのだ

三

それゆえ、わたしは決して、実現不可能な事柄を求め
かなわぬ望みのなかで、むなしく人生の時をすごすまい
広き大地の実りを享受するわれわれのなかに
ひとかけらの欠点もない人間を見つけたなら
あなたがたに知らせてあげよう
わたしは、すべての人をほめたたえ、愛する
こころから、恥ずかしいふるまいをしない人であるならば
だが、神々すら必然にはさからえないのだ

四

・・・・〈一行欠落〉・・・・・
悪い人でなく、あまりの無法者でもない
国を益する道義心を知る、健全な人でありさえすれば
わたしにはそれで十分なのだ
わたしはその人を非難すまい
なぜなら、愚か者たちの一族は数えきれないほど多いのだから
みっともないものが混じっていなければ
どんなものでも、たしかに立派なのだ

解説

中澤　務

一　『プロタゴラス』はどんな作品か

『プロタゴラス』の魅力

プラトンは、紀元前四二七年に、古代ギリシャの都市国家アテネの名門の家系に生まれました。彼は文学的才能に溢れた人であり、ソクラテスに師事するまでは、詩人を目指していたともいわれています。しかし、ソクラテスとの出会いをとおして哲学に転向し、やがて、ソクラテスの刑死事件をきっかけに、ソクラテスを主人公にした対話篇形式の作品を書き始めました。その執筆活動は生涯にわたって続けられ、三十編以上の作品が現代に伝えられています。

これらの作品は、執筆時期によって、初期作品、中期作品、後期作品の三つのグ

ループに分けられ、それぞれで内容も作風も異なっています。初期作品は、プラトンがまだ若いころに執筆されたもので、ソクラテスの対話による探求を描写することに主眼が置かれています。しかし、プラトン哲学が完成する中期以降の作品になると、有名なイデア論などの哲学的学説の提示に力が注がれるようになっていきます。

本作『プロタゴラス』は、その特徴から、初期作品に属すると考えられます。おそらくは、プラトンが三十〜四十代のころ、刑死したソクラテスの記憶がまだ生々しく残っている時期に書かれたものでしょう。ですから、この作品では、生身のソクラテスが、他のどの作品にもまして、躍動しているように感じられます。ここに登場するソクラテスは、まだ三十六歳ころという設定です。これは、プラトンの作品に登場するソクラテスのなかではかなり若く、弱冠二十歳前後のソクラテスが登場する後期作品『パルメニデス』に次ぐものです。もっとも、この作品では、ソクラテスは大哲学者パルメニデスに圧倒され、話の前半で舞台から退《しりぞ》いてしまいますので、その対話の姿を十分に伝えている作品としては、本作のソクラテスが最も若いといってよいかもしれません。そこには、通常われわれがイメージしがちな老人のソクラテスはいないのです。しかも、この作品でのソクラテスの対話相手は、老獪なるソフィストの大

物プロタゴラスです。通常の対話相手のようにはいきません。ソクラテスは、悪戦苦闘を繰り広げていきます。こうした劇的な筋の展開が、本作に躍動感を与えています。

さらに、登場人物の多彩さも、この作品の特徴といえます。プロタゴラスにならび、同じく当時の大物ソフィストであるヒッピアスとプロディコスも登場し、個性的で存在感のある脇役を演じています。また、そうしたソフィストたちの周りに集まる人々もきわめて多彩です。美青年アルキビアデスを筆頭に、一癖も二癖もある人たちが対話を盛り上げています。これも、作品に活気を与えている大きな要因といえるでしょう。

本作の魅力は、こうした物語的面白さだけではありません。後半部分では、哲学的主題をめぐって、緊張感のある対話が展開していく筋立てになっており、哲学書としての面白さもかねそなえています。バランスの取れた総合性を持ち、プラトンを知るための入門書として、最初に繙《ひもと》くべき作品のひとつといえるのではないでしょうか。

『プロタゴラス』の時代とその執筆意図

プラトンの作品の多くは、対話が行なわれたおおよその年代を推測することができ

ます。本作の対話の設定年代は、プラトンが生まれる数年前の紀元前四三三年ころと推定され、そのころプロタゴラスは、じっさいにアテネに来ていたと考えられています。もっとも、こうした設定年代を推定できるとしても、このことは本作が史実の記録であることを意味するわけではありません。むしろ、プラトンは、みずからの想像力を駆使して、自分が生まれる以前の歴史的状況のなかにソクラテスとそれを取り巻く人々を配置し、ソクラテスの活動を生き生きと蘇らせようとしたのでしょう。

それでは、なぜプラトンは、この時代を物語の舞台に選んだのでしょうか?

この時代は、アテネの黄金時代です。遡ること半世紀ほど前に勃発したペルシャ帝国との大きな戦争は、ギリシャ側に有利に展開し、和睦が成立します。このかんに、アテネはギリシャ世界の軍事同盟の盟主となり、繁栄期を迎えます。この繁栄を決定づけたのが、本作にも名前の登場する政治家ペリクレスの活躍でした。ペリクレスは、アテネの政治的指導者として、平和政策と芸術・文化の振興を積極的に進め、その黄金期を作り出していきました。しかし、それは長くは続きません。紀元前四三一年には、ライバル国スパルタとの間にペロポネソス戦争が勃発します。この戦争は二十年以上も続き、アテネは次第に衰退していくことになるのです。この戦争とともに成長

し、戦後の混乱の時代を経験したプラトンにとって、本作の舞台となるアテネの黄金時代は、特別な意味を持っていたことでしょう。

そして、この時代は、本作に登場するようなソフィストたちが盛んにアテネにやってきて、アテネの知識人たちを魅了し、知的興奮を巻き起こしていた時代です。彼らは時代の寵児であり、思想界の花形でした。アテネの黄金期は、ソフィストの時代でもあったわけです。しかし、ソフィストたちの思想は、伝統的な哲学とはさまざまな点で異なっていましたし、何よりも、彼らのスタンスは、ソクラテスのそれとは異なるものでした。本作のなかでプロタゴラス自身が述べているように、ソフィストたちは、みずから知恵を持つ賢者を名のり、しかもその知恵を授業料を取って人々に教育しました。こうした姿勢は、知恵を持たない者であることを自覚し、それを求めて、人々と一緒に対話による探求をして行こうとするソクラテスの態度とは相容れないものでした。

プラトンは、ソフィストたちが活躍していた祖国の黄金時代を再現し、そこでソクラテスとプロタゴラスを対話させることによって、ソフィストの時代と、そのなかでのソクラテスの存在の意味を、もう一度根本から問い直そうとしたのではないでしょ

うか。

二　対話篇をいかに読むか

対話篇というスタイル

『プロタゴラス』という作品が持つ特徴はおわかりいただけたと思いますので、次に、他の作品とも共通する特徴を、簡単にお話しすることにしましょう。

プラトン作品の最大の特徴は、「対話篇」と呼ばれる独特のスタイルにあります。そこでは、ソクラテスを中心とする登場人物たちが、さまざまなテーマについて対話をし、その様子の描写をとおして筋が展開していきます。この対話篇というスタイルはプラトンのオリジナルというわけではなく、プラトンが執筆をはじめた時代にはすでに、ソクラテスを主人公とした同様の対話物語がさまざまな作家によって執筆され、流行していました。（その多くは失われてしまいましたが、われわれはいまでも、クセノフォンによって執筆された、プラトンの作品とは多少色合いの異なる対話篇を読むことができます。）プラトンもそうした作家たちのひとりなのですが、他の誰よりもこの表現

形式に固執しつづけました。これは、プラトンに対するソクラテスの影響の大きさを物語るものといえますが、プラトンが対話篇に固執しつづけた理由は、そればかりではありませんでした。そこには、対話篇という形式が持つ哲学的な意味があるのです。プラトンにとって、哲学とは、紙の上に書かれた既成の理論や学説のことではなく、問題を批判的に考察して真理を探究していく知的営みそのものでした。ものを考えるということは、自分自身を相手に行なう対話なのであり、自分自身を批判的な吟味にかける営みなのです。哲学の書物は、読者のこうした批判的思考をうながすものでなければなりません。ですから、プラトンの作品では、正解が解説されるのではなく、正解を求めて試行錯誤する思考の過程が描かれることになります。ソクラテスが対話相手と繰り広げる議論を追いながら、読者もその探求に巻き込まれ、みずからの批判的思考を鍛え上げていく――プラトンの対話篇は、そのように読むべきものだと思います。

こうしたスタイルに、読者の皆さんは戸惑いを覚えるかもしれません。しかし、こうした批判的な思考スタイルの意味を理解することなしに、西洋哲学を十分に理解することができないのも事実です。その意味でも、プラトンの対話篇に触れることの意

義は大きいのではないかと思います。

徳《アレテー》の探求とアポリア

それでは、この対話によって、ソクラテスはいったい何を問うたのでしょうか？ そして、彼がそれを対話という方法をとおして探求しようとしたのは、どうしてなのでしょうか？

プラトンの作品においてソクラテスが問うている問題は、きわめて多岐にわたります。しかし、初期作品では、その探求対象には明確な傾向が見られます。すなわち、徳《アレテー》をめぐるさまざまな問題です。すでに「訳者まえがき」で述べましたが、重要なことなので、ここでもう一度強調しておきます。

日本語で「徳」というと、通常は、人間が持つ道徳的高尚さ（人徳）のようなものがイメージされます。しかし、ギリシャ語における「アレテー」は、このような意味をも含みながら、それには収まらない広い意味を持っています。そもそも「アレテー」とは、ものが持っている固有の優れた性質のことで、日本語の「徳」のように人間に限定されるものではありません。たとえば、馬なら速く走る能力のように、他

の生物にもそれぞれ固有のアレテーがありますし、道具にも、たとえばナイフの切れ味のよさのような固有のアレテーがあります。（こうしたギリシャ語の「アレテー」の原義を、過不足なく正確に汲み取れる日本語の語彙《ごい》はありません。そこで本書では、一貫して「徳《アレテー》」というふうにルビを振ることにしました。）

それでは、人間が人間として持つべき、共通の徳《アレテー》はあるのでしょうか？　ギリシャ人たちはあると考えました。当時は、そのような徳《アレテー》として知恵、節度、勇気、正義、敬虔などが重視され、こうした徳《アレテー》を持つ人が人間として立派で優れた人であり、それゆえ幸福な人であると考えられていたのです。しかも当時は直接民主制の社会です。このような徳《アレテー》を持つことは優れた国民であることを意味し、政治的な成功を約束してくれるものでもありました。ソクラテスは、このような人間の徳《アレテー》について、それが何であるのかを問いました。本作においても、徳《アレテー》が教育できるものなのかという問題がテーマになっており、それを突き止めるために、そもそも徳《アレテー》とは何であるのかが探求されていきます。

それでは、どうしてソクラテスは、こうした徳《アレテー》をめぐる問題を、対話という方法をとおして探求しようとしたのでしょうか？　そのきっかけとなったのは、本作にも

登場するデルフォイ神殿でソクラテスに下された神託だったと考えられます。プラトンはその事情を、『ソクラテスの弁明』のなかで、ソクラテス自身に語らせています。それによれば、あるときソクラテスの友人がデルフォイ神殿を訪れ、「ソクラテスよりも知恵のある者がいるか?」という伺いをたてました。巫女《みこ》の答えは、「誰もいない」というものでした。自分には知恵がないと思っていたソクラテスは、この神託に困惑します。そこで彼は、自分より知恵のある人を探しました。しかし彼は、賢者と評判の人たちも、善美をめぐる大切な事柄については明確な知恵を持っていないことを発見します。しかも、彼らは、じっさいには知恵がないにもかかわらず、自分には知恵があると思い込んでいたのです。ソクラテスは、神託の真意を悟ります。ソクラテスが持っている知恵とは、知恵がないことの自覚だったのです。ソクラテスは考えました。人間はこの自覚にもとづいて、高慢な思い込みから逃れ、謙虚に本当の知恵を探し求めなければならないのだと。

この事件で語られる大切な事柄こそ、ソクラテスが人々に問い続けた、徳《アレテー》をめぐる問題なのです。ですから、ソクラテスの探求は、人々の意見を徹底的に吟味し、最終的には、知恵がないことの自覚に辿りつくことになるのです。こうした結果は「ア

ポリア」（行きづまり）と呼ばれ、プラトンの作品の顕著な特徴のひとつとなっています。本作でも、徳《アレテー》をめぐる対話は最終的にはアポリアに陥り、明確な答えの出ないまま、対話は終わっています。

しかし、われわれは、これが必ずしも無益な結末ではないことに注意しなければなりません。アポリアとは、自分に知恵がないことの再確認であるとともに、それを乗り越えて、新たな探求に向かおうとする動機を与えてくれるものでもあるからです。哲学（フィロソフィア）のもともとの意味は「知恵を愛する」ということですが、われわれは、このようなソクラテスの活動のなかに、知恵を愛する精神を見て取ることができるのではないでしょうか。

三　作品分析

プロタゴラスの教育

それでは、ここから先は、本作の筋を追いながら、具体的な作品分析をしていくことにしましょう。

物語は、アテネの裕福な家の青年ヒポクラテスが早朝にソクラテスを訪ねる場面から始まります。ヒポクラテスは、プロタゴラスがアテネに来たと知り、興奮しきっています。ヒポクラテスは、プロタゴラスに会ったこともなければ、その教育内容もわかっているとはいえません。しかし彼は、このソフィストに弟子入りすれば、必ずやアテネ屈指の人物になれると確信しているのです。こうしたヒポクラテスの姿は、当時のアテネの上流階級の青年たちの意識を代表するものだといえるでしょう。

興奮するヒポクラテスをなだめるため、ソクラテスは彼と対話を行ないますが、この部分はソフィストに対するプラトンの問題意識を浮き彫りにしています。ソクラテスはヒポクラテスに、プロタゴラスのところで何を学ぶつもりなのかと尋ねます。しかし、ヒポクラテスはうまく答えられません。ソクラテスは、ソフィストを知恵の商人にたとえ、用心するように忠告します。なぜなら、その知恵の正体が何なのかを知らないままに、それを自分の心のなかに取り入れてしまうことには危険があるからです。かくしてソクラテスは、プロタゴラスの知恵と教育の中身を明らかにすべく、ヒポクラテスとともにカリアス邸に向かうことになります。

カリアス邸に到着したソクラテスは、プロタゴラスと対面し、対話を始めます。そ

こで明らかになったプロタゴラスの知恵と教育とは、いったい、どのようなものだったのでしょうか？　プロタゴラスは、自分から学べるのは「たくみに策を練る力」であり、「これを使えば、家のことに関しては、自分の家を最もよく治めることができるし、国のことに関しては、国のことを行なうにも論じるにも、最も力のある者になれる」と述べています（53頁、318E–319A）。ソクラテスによれば、それは「政治の技術」と言い換えてもよいものです（53頁、319A）。これはどんな技術なのでしょうか？

直接民主制を採用する当時のアテネでは、国の政策を民会で審議するさいには、国民が誰でも発言することができました。この民会での演説に秀でていれば、国を動かすことができたのです。それゆえ、政治の技術とは、何よりもまず、巧みな弁論を行なう技術だったのです。じっさい、青年ヒポクラテスも、ソフィストとは「人を弁舌巧みな者にしてくれる達人」だと考えていて、その技術をプロタゴラスから学べると期待していました（30–31頁、312D）。

このように、ソフィストの教育とは、まずなによりも言葉を巧みに使って人々を説得する技術を教えることであり、この技術を教えるために、さまざまな内容の教育を施したのです。要するに、ソフィストとは、言葉が持つ威力にはじめて気がつき、そ

れを使いこなすためのさまざまな技術を開発して、人々に教えた人たちだといえるのです。それゆえ、彼らの思想もまた、言葉と密接に関係しています。本作にも登場するプロディコスは言葉の正しい使いかたを重視しましたし、プロタゴラスもまたそうだったといわれています。プロタゴラスが詩歌を正しく解釈する力を重視している（118頁、338E–339A）のも、このことと無関係ではないでしょう。

また、説得力のある演説をするためには、多様な知識を身につけている必要もあるでしょう。ヒッピアスが博識を重視し、従来型の専門教科の教育に力を入れていたのも、そうした理由によるのだと考えられます。じっさい、彼は博識をもって知られ、数学をはじめ、さまざまな学問に精通していました。さらに彼は、記憶術を開発して教えていたともいわれています。しかし、プロタゴラスは、そのような専門教育よりもむしろ実用的な弁論の技術教育に力を入れており、ヒッピアスのような教育法には批判的だったようです（52–53頁、318D–E）。

プロタゴラスの社会思想

このように、ソフィストたちは当時を代表する教育者でしたが、思想家としての側

面も見逃すことはできません。ソフィストたちはまた、さまざまな進歩的思想の持ち主でもあり、そうした点での影響力も大きなものでした。

プロタゴラスの思想で最もよく知られているのは、〈人間尺度説〉と呼ばれる思想です。「人間は万物の尺度である。あるものについては、あるということの。あらぬものについては、あらぬということの」という格言風の言葉で伝えられるこの思想は、一般的には、ものごとの真偽を決める主体は人間であるという相対主義的な真理観を表明したものと受け止められています。本作にも、こうした思想をうかがわせる短い演説が登場していました(103-104頁、334A-C)。

この他にも、プロタゴラスはいろいろな思想を唱えていたようで、断片的な証言がたくさん伝えられています。たとえば彼は、どんな問題にも互いに対立する二つの言説を作ることができると主張していたようですし、また、「神々は存在するとも存在しないともいえない」という懐疑的な説も唱えていたようです。一説によれば、この発言がもとでアテネを追放されたとも言われています。

しかし、本作で展開されるプロタゴラスの主張からは、こうした側面をうかがうことはほとんどできません。むしろ、プロタゴラスが展開しているのは、民主主義を擁

護する社会理論です。

ソクラテスは、プロタゴラスに、徳《アレテー》はほんとうに教えることができるのかという疑問を投げかけます。これは、ソクラテスだけでなく、当時の多くの人々が感じ、論じられていた問題です。伝統的には、徳《アレテー》は生まれのよさによってそなわっているものと思われていたからです。そうした徳《アレテー》を、教育によって、(授業料さえ払えば)誰にでも教えるというソフィストたちの宣伝文句は、当時は驚くべきものだったわけです。

ソクラテスはまず、アテネの民会では誰でも自由に発言できるという事実を持ち出し、政治的な徳《アレテー》は専門的な技術のようには教育できないのではないかと疑問を投げかけます(53-55頁、319A-D)。これに対してプロタゴラスは、理論的説明ではなく物語を語るという技巧を使い、印象的な神話的説明を展開しています(59-66頁、320C-322D)。プロメテウスとエピメテウスの神話です。この神話によれば、エピメテウスの失敗によって自然世界で生きるすべを失ってしまった人間たちは、プロメテウスが神々のもとから身を挺して盗み出した「火と技術」によって救われますが、プロメテウスはその罰を受けることになります。通常は、プロメテウスとエピメテウス

の神話はここで終わりです。しかし、プロタゴラスは、話はそれでは済まなかったのだと、(おそらくは、みずからの創作による) 神話の続きを述べていきます。

人間は、技術だけで厳しい自然世界を生き延びることはできませんでした。そこで人間は、最高神ゼウスから「謙譲心」と「道義心」を与えられます。この二つは人間が共同で生きていくために不可欠のものであり、そのおかげで人間は共同体を作り、社会的な存在として生きることが可能となりました。しかし、それは生まれつき人間にそなわっているようなものではありません。それゆえ、社会的存在として不可欠の徳《アレテー》をすべての人間が身につけるよう、社会全体で教育がなされることになるのです。こうしてプロタゴラスは、人類の来歴の神話的説明を通して、徳《アレテー》が教育されるものでなければならないことを明らかにすることができました。

ソクラテスはさらに、徳《アレテー》が教えられないものである証拠として、徳《アレテー》のある人が、自分の息子にそれを教えていないという事実を指摘します (55-57頁、319D-320B)。これに対してプロタゴラスは、理論的説明で答えようとします。プロタゴラスは、社会において、じっさいに、徳《アレテー》を身につけさせる教育の努力が、あらゆる手段で行なわれているという事実を具体的に示します。ですから、人間社会のなかで生きている

限り、誰もが多かれ少なかれ、徳《アレテー》を身につけているのです。しかし、プロタゴラスによれば、徳《アレテー》を身につける才能は、笛を演奏する才能のように、人によって差があります。それゆえ、徳《アレテー》のある人の息子であっても、才能に恵まれなければその力が劣るのは当然のことなのです（71－81頁、324D-328A）。このように、徳《アレテー》は万人に分け与えられたものであるにもかかわらず、そこには優劣の差があり、優れた教師につくことで、人はその力を向上させることができるのです。プロタゴラスは宣言します。その教師こそ自分なのだと。このように、彼は、誰もが徳《アレテー》を身につけ、誰もが徳《アレテー》の教師だという民主主義の前提を認めつつ、徳《アレテー》の教師としてのみずからの特権的立場を確保するという離れ業をやってのけるのです。

以上のプロタゴラスの演説の内容は、プラトンによる純粋な創作ではなく、プロタゴラスの実際の著作を下敷きにしていると考えられています。彼の啓蒙主義的な社会観をよく表現するとともに、ソフィストの演説の様子を生き生きと伝える貴重な資料といえます。

徳《アレテー》の多性と一性

プロタゴラスの演説が終わると、第四章から、物語は急転回していきます。ソクラテスは、プロタゴラスの演説に感銘を受けながらも、なお一つの問題にこだわり、ここから本格的な哲学的対話が始まることになります。

ソクラテスの提示した問題とは、さまざまな徳《アレテー》の間の関係をめぐるものでした。ソクラテスは、正義、節度、敬虔、勇気、知恵などの徳《アレテー》は、それぞれが顔の部分のように働きの異なるものなのか、それとも、金塊の部分のようにじつは同じものなのかとプロタゴラスに問いかけます（86－87頁、329C－D）。

ソクラテスは、なぜこのような問いを投げかけたのでしょうか？　エピローグでソクラテス自身が述べているように（196頁、360E）、その目的は、徳《アレテー》とは何なのかを明らかにするためでした。プロタゴラスの演説はみごとなものでしたが、それぞれの徳《アレテー》の本性が明らかにされることはありませんでした。しかし、ソクラテスにとっては、徳《アレテー》が教えられるものなのか否かを知るためには、まず徳《アレテー》の本性を知る必要があったのです。そのためにソクラテスが問うたのが、さまざまな徳《アレテー》が一であるのか多であるのかという問題だったわけです。これは、他の作品でも頻繁に問われる問題

で、徳《アレテー》とは何かを探求する際にソクラテスが手がかりにしていたものです。人間の持つさまざまな徳《アレテー》は、多様なものです。しかし、それぞれの徳《アレテー》の特徴を比較してみると、さまざまな共通点があることがわかります。それは、さまざまな徳《アレテー》が共通に持つ特質であり、それらが「徳《アレテー》」という共通の名で呼ばれる根拠だと考えられます。このように、徳《アレテー》の多性と一性の問題を問うことは、徳《アレテー》の本質を問うことにつながるのです。

さて、プロタゴラスはこの問題を問われて、さまざまな徳《アレテー》は、顔の部分のようにその働きが異なる別個のものだと答えます（87頁、329D）。この答えは常識に沿ったものといえます。しかし、ソクラテスはそれに疑問を投げかけます。ほんとうに、さまざまな徳《アレテー》の間には、密接な関係がないのだろうか？　たとえば、正義は正しいものだが、同時に敬虔な性質も持っていなければ、正義とはいえないのではないか？　敬虔もまた、同時に正しいものでもなければならないのではないか？　ソクラテスは、粘り強い対話をとおして、さまざまな徳《アレテー》の間には、じつは密接な関係があるのだということを明らかにしていきます。

シモニデスの詩の解釈

はじめは余裕を見せていたプロタゴラスですが、ソクラテスの土俵に引き入れられて、その問いかけに翻弄され、次第にいらだちを募らせていきます。ソクラテスは、これを見て、対話を打ち切ろうとしますが、対話の続行を期待する聴衆に引き留められ、今度はプロタゴラスの土俵で対話が進められていくことになります（第五章）。そこでプロタゴラスが選んだのが、詩歌の解釈でした（第六章）。

人間教育において詩歌を解する能力が最も重要だというプロタゴラスの言葉（118頁、338E–339A）は、現代の読者にとっては、あまりぴんとこないかもしれません。しかし当時は、詩歌に長ずることは人間にとって重要な教養であり、そうしたことにたけた人間の知性は高く評価されたのです。本作でも、ホメロスをはじめとする詩人たちの詩句が縦横無尽に引用されています。また、プロタゴラスが大演説のなかで語っている当時の教育プログラムのなかにも、詩人の言葉を暗記することが重要なステップとして登場していました（74–75頁、325E–326A）。それゆえ、対話の劣勢を挽回して自分が優位に立つために、プロタゴラスが自分の得意分野である詩歌の解釈を選んだのは、まっとうな戦略だったといえるでしょう。プロタゴラスは、著名な詩人シモニ

デスの詩を取り上げ、この詩に対するソクラテスの賛意を確認してから、そこに含まれる言説の矛盾を鋭く突き、ソクラテスをたちまち窮地に立たせます。こうしたプロタゴラスの戦法は、当時のソフィストたちの論戦の様子をほうふつさせるものです。

このように、いきなり劣勢に立たされてしまったソクラテスですが、何とか体勢を立て直して、シモニデスの詩を矛盾なく解釈することに、ともかくも成功します。しかし、ソクラテスは、このソフィスト的な詩の解釈論争に、本心から参加しているわけではありません。ソクラテス自身が明確に述べているように、詩歌についてあれこれと議論することは、低俗で卑しい人たちの酒宴のようなものであり、教養ある人たちのやるべきことではないのです（148–149頁、347C–D）。

それなら、どうしてソクラテスは、シモニデスを擁護する長大な解釈論を展開したのでしょうか？ ソクラテスがじっさいに行なっている解釈をみると、〈ある〉と〈なる〉の意味の違いをことさら強調したり、言葉の係りかたを無理やり読み替えたりと、いささか牽強付会《けんきょうふかい》の気があることは否めません。おそらく、あえてソフィストの土俵に引きずりこまれたソクラテスは、そこから脱出するために、プロタゴラスに立ち向かおうとしたのではない手法を真似た詩の解釈論を展開して、

でしょうか。

徳《アレテー》と快楽

こうして第七章から、対話は徳《アレテー》をめぐるもとの話題に戻り、最終的な局面に入っていきます。プロタゴラスはむりやり対話に引き戻され、再度、徳《アレテー》の間の関係を問われます。彼は、ある程度の譲歩をして、四つの徳《アレテー》が互いに似ていることは認めますが、勇気だけはまったく別のものであると主張します（155頁、349D）。プロタゴラスによれば、他の徳《アレテー》は持たないのに、勇気だけは持っている人間がたくさんいるというのです。これに対して、ソクラテスは、勇気のある大胆な人たちは知恵を持っているという事実を挙げて、勇気と知恵は同じものなのではないかと主張しますが、プロタゴラスはそれを強く否定します。

そこで、ソクラテスは、まったく新たな視点から考察を始めます（161頁、351B以下）。彼が新たに持ち出したのは、「よいものとは快楽であり、悪いものとは苦痛である」という快楽主義的な考えかたと、知識は人間の行為を律する強力な力を持つという主知主義的な考えかたでした。ソクラテスは、知識をめぐる大衆の考えかたを引き合い

にだし、二人で大衆の間違いを正そうとプロタゴラスを誘います。ソクラテスによれば、大衆は、人間の行為は欲望などのさまざまな情念に引きずりまわされるものであり、知識は無力だと信じています。その証拠に、人間はしばしば、ある行為を、悪いと知っているのに、快楽に征服されてやってしまうというのです。

ソクラテスは、大衆との仮想的な対話をとおして、彼らの考えかたが間違っていることを明らかにしていきます。ソクラテスはまず、大衆が快楽主義的な考えかたをしていると指摘します。ところが、もし快楽主義的な考えかたを採るなら、快楽や苦痛はその大小を量的に比較できるものとなりますから、問題の行為は、たんに大きなものと小さなものを取り違えているだけにすぎなくなります。すると、それを正しく計算する知性がきちんと働いていさえすれば、行為を誤ることなどありえないことになります。かくして、大衆が、〈快楽に征服される〉ことだと思っていた現象は、じっさいには計算間違い（つまり無知）にほかならないことが判明します。人間が幸福に生きるためには、快苦の量を正しく計算する「計量の技術」こそが必要だったのです。

こうして、ソクラテスとプロタゴラスは大衆の説得に成功し、知識の重要性を明らかにすることができました。しかし、これが、勇気と知恵はまったく異なる徳《アレテー》だと

いうプロタゴラスの主張を覆してしまうことになります。なぜなら、この議論を勇気に適用するなら、勇気とは、恐ろしいものと恐ろしくないものを正しく計量する能力だということになってしまうからです。この計量の技術とは知恵にほかなりませんから、結局、勇気の実体は知恵であるということになってしまうわけです。こうして、最後の砦を崩されたプロタゴラスは、もはや沈黙するしかありません。

以上が議論の骨子ですが、この部分が本作のなかで最も難解で、解釈の難しい部分です。その議論の複雑さもさることながら、そもそもソクラテスが何のためにこのような議論をしているのか、またこれが誰の考えであるのか、必ずしも明確ではないからです。この議論には、二つの考えかたが登場しています。すなわち、快楽主義と主知主義です。これらは、誰の考えかたなのでしょうか？　ソクラテスでしょうか、プロタゴラスでしょうか？　あるいは、両者に説得される大衆でしょうか？

一見すると、すべてソクラテスの考えかたにみえるかもしれません。しかし、これには問題があります。たしかに、知識の重要さをめぐる主知主義的考えかたは、ソクラテスの考えかたと矛盾するものではありません。しかし、もう一つの快楽主義的な考えかたは、ソクラテスの思想にはなじみにくいものなのです。ソクラテスは、この

ような考えかたには批判的でした。他の作品では、ソクラテスは、快楽をただちに〈よいもの〉と同一視するような考えかたに強く反対しています。

では、これらの考えかたは、プロタゴラスのものなのでしょうか？　ところが、プロタゴラスもまた、主知主義的な考えかたには強く賛成するものの、快楽主義的な考えかたに対しては、最初は懐疑的な姿勢を示していました（161–162頁、351B–D）。それでは、大衆でしょうか？　大衆は逆に、快楽主義的な考えかたには同意するとしても、知識の強さをめぐる考えかたには同意しないでしょう。

この議論は、特定の誰かの思想として断定することが難しい議論で、ソクラテスとプロタゴラスが一緒に大衆を説得する試みのなかで浮かび上がってきた一種の仮説のような性質を帯びています。いったい、プラトンはなぜこのような理論を提示したのでしょうか？　さまざまな意見があります。プラトン自身の実験的な理論だと考える人もいますし、ソクラテスがソフィストを説得するために作り出した理論だと考える人もいます。他にもいろいろな見方のできる興味深い議論です。

いずれにせよ、対話はようやく「徳《アレテー》とは知識である」という結論に辿りつきました。プロタゴラスの演説以来探し求めていた「徳《アレテー》とは何か」が明らかになったわけ

です。ところが、この結果が対話にアポリアをもたらすことになります。なぜなら、徳《アレテー》が知識であるなら、教えられるものであることになってしまうからです。ソクラテスは、徳《アレテー》は教えることができないという事実から出発しましたが、その事実を覆す結果が待ち構えていたのです。エピメテウスの話に言及されているように（198頁、361C–D）、議論のどこかで、間違いが起こったのでしょう。そこでソクラテスは、議論をもう一度最初からやり直そうとプロタゴラスを誘います。しかし、プロタゴラスには、もはやその気はありません。対話は終わりを迎え、ソクラテスとヒポクラテスはカリアス邸を後にすることになります。この結末に、読者は肩透かしをくらったような感覚を覚えるかもしれません。しかし、すでに述べたとおり、プラトンはこのアポリアの経験をとおして、読者を哲学にいざなおうとしているのだとお考えください。

ところで、こうして哲学へといざなわれるのは、読者だけではありません。青年ヒポクラテスも同じ状況に立たされるのです。プラトンは、物語の後半から、ヒポクラテスへの言及をあえて避け、沈黙をとおしてその姿を浮き立たせようとしているようにもみえます。おそらく、ヒポクラテスはこのあと、自分が聞いた対話の意味を考え続けることでしょう。そして、プロタゴラスの弟子になるべきか否か、おおいに悩む

のではないでしょうか。われわれ読者は、この問題こそ本作品のそもそものテーマであり、紆余曲折した対話が展開された理由なのだということを忘れてはなりません。作品全体をとおして、作者プラトンは、われわれに問いかけているのです。ヒポクラテスは、どのような決断をすべきなのかと。

ソクラテス・プラトン年譜

①事件の年代やその詳細については、できるだけ標準的な説に従い、異説があっても記載していない。②事件を現代の暦年に正確に換算できない場合も多いが、近似的に対応させている。③ソクラテスとプラトンの生涯に関する内容は、主としてプラトンの作品の情報にもとづく。

ソクラテス誕生以前

紀元前四九二年にアケメネス朝ペルシャ帝国がギリシャに遠征を開始し、ペルシャ戦争が勃発する。前四九〇年に第二回、前四八〇年に第三回の遠征が行なわれるが、いずれもアテネを中心とするギリシャ連合軍が勝利した。前四七七年にはエーゲ海地域の軍事同盟であるデロス同盟が結ばれ、アテネが盟主となる。

紀元前四六九年

ソクラテス、アテネのアロペケ区に生まれる。父ソーフロニスコスは石工あるいは彫刻家であったと伝えられる。母ファイナレテは助産師であった。若いころのソクラテスの姿を伝える証言は少ない。一説では、自然哲学の研究に関心を持っていたという。やがて、デルフォイ神殿の神託が下ったことをきっかけに対話活動を開始するが、これがいつごろのことなのかは不明。

紀元前四六一年　ソクラテス八歳

前年に政敵キモンの追放に成功した政治家ペリクレスは、この年からアテネ

の政治の実権を掌握する。ペリクレスは平和政策を実施するとともに、パルテノン神殿をはじめとする数々の建築物を完成させ、都市整備をすすめた。また、芸術と文化を振興した。これらの政策により、アテネは黄金期を迎える。

紀元前四四九年　ソクラテス二〇歳
アテネがペルシャ帝国と和睦を結び、ペルシャ戦争が終結する。

紀元前四四三年　ソクラテス二六歳
プロタゴラスが初めてアテネを訪れる。彼はペリクレスの依頼により、このころ建設された植民都市トゥリオイの法律を起草したという。

紀元前四三三年　ソクラテス三六歳
このころ、プロタゴラスがアテネに二度目の訪問をしたと推定される。本作『プロタゴラス』の設定年代である。

紀元前四三二年　ソクラテス三七歳
ソクラテス、デロス同盟を破ったポテイダイアの包囲戦に参加する。

紀元前四三一年　ソクラテス三八歳
スパルタとの間にペロポネソス戦争が勃発。翌年には疫病が流行し、ペリクレスもこの疫病で死去する。このころから、アテネは次第に衰退に向かっていった。

紀元前四二七年　ソクラテス四二歳
プラトン、アテネに生まれる。父はアリストン、母はペリクティオネ。父母ともにアテネの名門出身であった。

紀元前四二四年　ソクラテス四五歳

プラトン　三歳

ソクラテス、ボイオティア地方デリオンでの戦闘に参加する。

紀元前四二三年　ソクラテス四六歳

プラトン　四歳

アリストファネスの喜劇『雲』が上演される。この作品はソクラテスをソフィストとして揶揄する内容であり、この頃には、ソクラテスはすでに、保守的な人々から警戒されていたと考えられる。

紀元前四二二年　ソクラテス四七歳

プラトン　五歳

ソクラテス、スパルタ軍に占領されたアンピポリス奪還のための遠征軍に参加する。

紀元前四〇七年　ソクラテス六二歳

プラトン　二〇歳

この頃、プラトンがソクラテスに弟子入りしたといわれる。一説では、プラトンは、悲劇のコンテストに参加しようとしていたが、ソクラテスの言葉に感動して、自分の作品をすべて焼き捨てたという。ただし、じっさいには、プラトンの親戚や兄がソクラテスと親しく交際していたことから、プラトンも、これ以前からソクラテスを知っていたと考えられる。

紀元前四〇六年　ソクラテス六三歳

プラトン　二一歳

ソクラテス、政務委員会の執行委員を

務める。このとき、アルギヌーサイ沖の海戦で一〇人の将軍が漂流者を放置した責任を問われたが、ソクラテスはその措置が違法であるとして、ただひとり反対した。

紀元前四〇四年　ソクラテス六五歳　プラトン　二三歳

この年、アテネがスパルタに降伏し、ペロポネソス戦争が終結する。本作にも登場するプラトンの親戚のクリティアスやカルミデスらにより、独裁政権が樹立される（翌年に崩壊）。このとき、ソクラテスは独裁政権に、サラミスのレオンという人物を逮捕するように命じられるが、これを拒否する。

紀元前三九九年　ソクラテス七〇歳　プラトン　二八歳

ソクラテス、民主派のアニュトスを後ろ盾とするメレトスなる若者に、不敬罪および青年に害を及ぼした罪で告発される。裁判が行なわれ、死刑判決が下される。二月あるいは三月頃に刑死する。

ソクラテスの刑死後、プラトンはアテネを逃れ、各地を遍歴した。この期間に、本作をはじめとする初期作品を執筆したと考えられる。

紀元前三八七年　プラトン四〇歳

南イタリアのタラスでピュタゴラス派のアルキュタスと出会う。その後、シシリー島で大国シラクサの僭主ディオニュシオス一世に招かれ、青年ディオ

ンと出会う。ディオンはプラトンの理解者となり、以後、密接な関係が続く。その後、アテネに帰国したプラトンは、ほどなくして、アテネ郊外にアカデメイアと呼ばれる研究教育施設を開設する。プラトンは、その後二〇年近くにわたり、このアカデメイアでの研究教育活動に専念する。この時代に、『国家』をはじめとする中期作品が執筆され、イデア論を中心としたプラトン哲学が完成する。

紀元前三六七年　　プラトン六〇歳

この年、アリストテレスがアカデメイアに入学し、プラトンの弟子となる。シラクサでは、ディオニュシオス一世が死去し、ディオニュシオス二世が即位する。ディオンはディオニュシオス二世の教育のためにプラトンを招聘する。しかし、政争に巻き込まれ、ディオンは国外追放となる。プラトンは一年あまりにわたり、ディオニュシオス二世によって監禁される。

シラクサからの帰国後、プラトンは、アカデメイアでの研究教育活動を再開するが、この時期から、プラトンの思想に変化が訪れたと考えられる。その後プラトンは、死を迎えるまでの間、中期作品とは異なる特徴を持つ後期作品を執筆する。

紀元前三六一年　　プラトン六六歳

ディオニュシオス二世が再びプラトンを招聘する。プラトンはいったんは拒

絶するが、ディオンのために招聘に応じる。しかし、関係が悪化し、監禁される。タラスのアルキュタスの尽力によりようやく解放され、翌年、帰国する。

紀元前三五七年　プラトン七〇歳
ディオンがシラクサの政権を掌握する。

紀元前三五三年　プラトン七四歳
ディオンが政治的対立から暗殺される。

紀元前三四七年　プラトン八〇歳
プラトン死去。執筆中に死んだとも、婚礼の宴の最中に死んだともいわれる。アカデメイアは甥のスペウシッポスが引き継ぎ、以後、ギリシャ世界の学問の中心として、後五二九年まで存続した。

訳者あとがき

本書は、古典新訳文庫初のギリシャ・ローマの古典作品です。ギリシャ・ローマの古典というと、多くの人にとって敷居の高い分野のひとつかもしれません。そして、名前は知っているけれど読んだことはない作家がたくさんいる分野ではないでしょうか。じっさい、ソクラテスやプラトンにしても、その名前はよく知られていますが、作品をとおして彼らの思想に深くふれたことのあるかたは、それほど多くないのではないかと思います。しかし、この時代の古典作品には、名前の知識だけで終わらせてしまうにはもったいないものがたくさんあるのです。本作『プロタゴラス』もそうした作品のひとつであり、現代の読者にも興味深く読んでいただける作品だと信じています。

お読みになって感じられたかもしれませんが、この時代の人たちの考えていることは意外と現代的です。もちろん、異質な部分がたくさんあることも事実です。しかし、

彼らの論じている問題は、そうした異質なものを超えて、われわれの時代や社会にも通じる普遍的なものを持っているように感じられます。これは、西洋の文化や価値観が、この時代の古典作品からの大きな影響のもとで形成されてきたという事実から考えれば、ある意味では当然のことなのかもしれません。しかも、本作に登場するソクラテスとソフィストたちは、近代思想の源流ともいうべき人たちなのですから、そこで論じられる問題が、われわれと無関係であるはずがないのです。

もちろん、古典作品の読みかたはひとつとおりではありません。現代社会が失ってしまったものを求めて、古典作品を読む読者も多いことでしょう。そうした読者には、本書はまた別の姿を見せてくれるはずです。かくいうわたしも、若いころ、古代ギリシャの古典作品に魅力を感じてその研究を始めたのは、現代とはまったく異なる世界がそこにあると感じたからでした。そのころは、古典作品の現代的意味などほとんど考えることもありませんでしたが、十分に魅力的で面白く意味のあるものでした。しかし、自分が新しい知識を得て、新しい視点から世界を見られるようになると、読みなれていたその作品が、また別の姿をまとってあらわれて来るのです。本作も、わたしにとっては、つきあいの長い作品のひとつなのですが、思いかえすと、読みかえす

たびに違う姿を見せてくれたような気がします。優れた古典作品というのは、自分を映す鏡のようなものなのでしょう。本書が、そうした古典作品の多様な魅力を知る、ひとつのきっかけになってくれることを願っています。

翻訳について、二言三言、述べておきたいと思います。

『プロタゴラス』が日本語に翻訳されたのは比較的早く、一九二五年には、原典からの翻訳が刊行されています。その後、一九五九年に藤沢令夫による翻訳が登場し（筑摩書房）、岩波書店の『プラトン全集』第八巻に収録されたあと、一九八八年には岩波文庫に加えられます。文庫化されたのは、わたしが大学生のときで、ギリシャ哲学の勉強を本格的に始めていたころでした。この藤沢令夫訳は、読みやすい訳で、わたしはこの翻訳をとおして本作の面白さを知り、それ以来ずっと愛読してきました。

そんなこともあり、今回、古典新訳文庫に『プロタゴラス』を加えるというお話があったとき、屋下《おくか》に屋《おく》を架《か》すことにならないか躊躇しました。しかし、いかに優れた訳とはいえ、藤沢訳も初出からすでに五十年以上が経過しています。このかん、欧米での研究はさらに進展し、多くの翻訳や注釈、研究論文などが刊行されています。そ

のため、日本でも、そうした研究に基づく、新しい翻訳を提供する必要があると考えました。翻訳にあたっては、そうした新しい研究成果をできる限り参照し、訳文や注に反映させています。藤沢訳をはじめとするこれまでの翻訳とくらべると、解釈の異なる点も多々ありますが、そうした研究成果を反映したものだとご理解ください。

プラトンの古典ギリシャ語を日本語に移しかえるにあたっては、できるかぎり日本語として読みやすい訳文となるよう、いろいろと工夫を加えたつもりです。古典ギリシャ語は、関係代名詞や分詞を多用し、どこまでも文章が途切れずに長くなっていく特徴があります。しかし、この特徴をそのまま日本語に移せば、きわめて読みにくい文章になってしまいます。この翻訳では、日本語のセンテンスは、意味のまとまりごとに極力短くし、できるだけ原文の思考の流れにあわせて、センテンスを並べていくという方針を採っています。

本書は哲学の作品ですから、厳密さが命です。原文の意図を正確に反映させながら、しかも日本語として理解しやすい文章を作るのは、正直言って大変な作業でした。できる限りのことをしたつもりですが、この翻訳が本当に成功しているのか否かは、読者のみなさんの判断を仰ぐしかありません。ご意見・ご感想をお聞かせいただければ

さいわいです。

最後になりますが、本書をご担当いただき、最初の読者として、さまざまなアドヴァイスをしていただいた、光文社翻訳編集部の中町俊伸さんには本当にお世話になりました。この場をかりて、お礼申し上げます。

kobunsha classics
光文社古典新訳文庫

プロタゴラス
——あるソフィストとの対話《たいわ》

著者　プラトン
訳者　中澤《なかざわ》 務《つとむ》

2010年12月20日　初版第1刷発行
2023年5月30日　第4刷発行

発行者　三宅貴久
印刷　萩原印刷
製本　ナショナル製本

発行所　株式会社光文社
〒112-8011東京都文京区音羽1-16-6
電話　03（5395）8162（編集部）
03（5395）8116（書籍販売部）
03（5395）8125（業務部）
www.kobunsha.com

落丁本・乱丁本は業務部へご連絡くだされば、お取り替えいたします。
ISBN978-4-334-75221-7 Printed in Japan

いま、息をしている言葉で、もういちど古典を

長い年月をかけて世界中で読み継がれてきたのが古典です。奥の深い味わいある作品ばかりがそろっており、この「古典の森」に分け入ることは人生のもっとも大きな喜びであることに異論のある人はいないはずです。しかしながら、こんなに豊饒で魅力に満ちた古典を、なぜわたしたちはこれほどまで疎んじてきたのでしょうか。

ひとつには古臭い教養主義からの逃走だったのかもしれません。真面目に文学や思想を論じることは、ある種の権威化であるという思いから、その呪縛から逃れるために、教養そのものを否定しすぎてしまったのではないでしょうか。

いま、時代は大きな転換期を迎えています。まれに見るスピードで歴史が動いていくのを多くの人々が実感していると思います。

こんな時わたしたちを支え、導いてくれるものが古典なのです。「いま、息をしている言葉で」——光文社の古典新訳文庫は、さまよえる現代人の心の奥底まで届くような言葉で、古典を現代に蘇らせることを意図して創刊されました。気取らず、自由に、心の赴くままに、気軽に手に取って楽しめる古典作品を、新訳という光のもとに読者に届けていくこと。それがこの文庫の使命だとわたしたちは考えています。

このシリーズについてのご意見、ご感想、ご要望をハガキ、手紙、メール等で翻訳編集部までお寄せください。今後の企画の参考にさせていただきます。
メール　info@kotensinyaku.jp

光文社古典新訳文庫　好評既刊

テアイテトス
プラトン
渡辺 邦夫 訳

知識とは何かを主題に、知識と知覚について、記憶や判断、推論、真の考えなどについて対話を重ね、若き数学者テアイテトスを「知識の哲学」へと導くプラトン絶頂期の最高傑作。

ニコマコス倫理学（上・下）
アリストテレス
渡辺 邦夫
立花 幸司 訳

知恵、勇気、節制、正義とは何か？ 意志の弱さ、愛と友人、そして快楽。もっとも古くて、もっとも現代的な究極の幸福論、究極の倫理学講義をアリストテレスの肉声が聞こえる新訳で！

詩学
アリストテレス
三浦 洋 訳

古代ギリシャ悲劇を分析し、「ストーリーの創作」として詩作について論じた西洋における芸術論の古典中の古典。二千年を超える今も多くの人々に刺激を与え続ける偉大な書物。

人生の短さについて 他2篇
セネカ
中澤 務 訳

古代ローマの哲学者セネカの代表作。人生は浪費すれば短いが、過ごし方しだいで長くなると説く表題作ほか2篇を収録。2000年読み継がれてきた、よく生きるための処方箋。

ソクラテスの思い出
クセノフォン
相澤 康隆 訳

徳、友人、教育、リーダーシップなどについて対話するソクラテスの日々の姿を、自らの見聞に忠実に記した追想録。同世代のプラトンによる対話篇とはひと味違う「師の導き」。

光文社古典新訳文庫　好評既刊

神学・政治論（上・下）	スピノザ 吉田量彦 訳	宗教と国家、個人の自由について根源的に考察したスピノザの思想こそ、今読むべき価値がある。破門と焚書で封じられた哲学者スピノザの〝過激な〟政治哲学、70年ぶりの待望の新訳！
リヴァイアサン 1、2	ホッブズ 角田安正 訳	「万人の万人に対する闘争状態」とはいったい何なのか。この逆説をどう解消すれば平和が実現するのか。近代国家論の原点であり、西洋政治思想における最重要古典の代表的存在。
人間不平等起源論	ルソー 中山元 訳	人間はどのようにして自由と平等を失ったのか？ 国民がほんとうの意味で自由で平等であるとはどういうことなのか？ 格差社会に生きる現代人に贈るルソーの代表作。
社会契約論／ジュネーヴ草稿	ルソー 中山元 訳	「ぼくたちは、選挙のあいだだけ自由になり、そのあとは奴隷のような国民なのだろうか」。世界史を動かした歴史的著作の画期的新訳。本邦初訳の「ジュネーヴ草稿」を収録。
カンディード	ヴォルテール 斉藤悦則 訳	楽園のような故郷を追放された若者カンディード。恩師の「すべては最善である」の教えを胸に度重なる災難に立ち向かう……。「リスボン大震災に寄せる詩」を本邦初の完全訳で収録！

光文社古典新訳文庫　好評既刊

純粋理性批判（全7巻）

カント
中山 元 訳

西洋哲学における最高かつ最重要の哲学書。難解とされる多くの用語をごく一般的な用語に置き換え、分かりやすさを徹底した画期的新訳。初心者にも理解できる詳細な解説つき。

永遠平和のために／啓蒙とは何か 他3編

カント
中山 元 訳

「啓蒙とは何か」で説くのは、その困難と重要性。「永遠平和のために」では、常備軍の廃止と国家の連合を説いている。他三編をふくめ、現実的な問題を貫く論文集。

自由論 新たな訳による決定版

ミル
斉藤 悦則 訳

個人の自由、言論の自由とは何か？ 本当の「自由」とは？ 21世紀の今こそ読まれるべき、もっともアクチュアルな書。徹底的に分かりやすい訳文の決定版。（解説・仲正昌樹）

善悪の彼岸

ニーチェ
中山 元 訳

西洋の近代哲学の限界を示し、新しい哲学の営みの道を拓こうとした、ニーチェ渾身の書。アフォリズムで書かれたその思想を、肉声が音楽のように響いてくる画期的新訳で！

ツァラトゥストラ（上・下）

ニーチェ
丘沢 静也 訳

「人類への最大の贈り物」「ドイツ語で書かれた最も深い作品」とニーチェが自負する永遠の問題作。これまでのイメージをまったく覆す、軽やかでカジュアルな衝撃の新訳。

廣川洋一訳・解説
アリストテレス「哲学のすすめ」 大文字版

哲学とはなにか、なぜ哲学をするのか。西洋最大の哲学者の「公開著作」十九篇のうち唯一ほぼ復元された、哲学的に重要な著作を訳出、解説を付す。古代社会で広く読まれた、万学の祖による哲学入門が蘇る！

2039

福永光司著
荘子 内篇

中国が生んだ鬼才・荘子が遺した、無為自然を基とし人為を拒絶する思想とはなにか？ 荘子自身の手によるとされる「内篇」を、老荘思想研究の泰斗が実存主義的に解釈。荘子の思想の精髄に迫った古典的名著。

2058

中沢新一著（解説・鷲田清一）
フィロソフィア・ヤポニカ

一九二〇年代以降、西田幾多郎と日本的・独創的哲学＝「京都学派」を創造した田邊元。二〇世紀後半から展開する現代思想、ポスト構造主義、「野生の思考」、認知科学を先取りしていた田邊の豊潤な哲学に迫る！

2074

渡邊二郎編・岡本宏正・寺邑昭信・三冨　明・細川亮一著
ハイデガー「存在と時間」入門

二十世紀の思想界に衝撃と多大な影響を与え、現代哲学の源流として今なおその輝きを増しつづける〝現代の古典〟。その思索の核心と論点をわかりやすく整理し、解説しなおしたハイデガー哲学の決定版入門書。

2080

鷲田清一著
だれのための仕事 労働vs余暇を超えて

たのしい仕事もあればつらい遊びもある。仕事／遊び、労働／余暇という従来の二分法が意味を消失した現代社会にあって「働く」ことと「遊ぶ」ことのかかわりを探究し、人間活動の未来像を探る清新な労働論。

2087

ジャック・ラカン著／宮本忠雄・関　忠盛訳
二人であることの病い パラノイアと言語

フロイト精神分析を構造主義的に発展させ、二〇世紀の思想潮流にあって、確固たる地位を占めた著者が、一九三〇年代に発表した「症例エメ」他五篇の初期論文を収録。現代思想の巨人の出発点を探る必読書。

2089

柄谷行人著（解説・鎌田哲哉）
〈戦前〉の思考
国民国家を超克する「希望の原理」とは？「終わり」が頻繁に語られる時、我々は何かの「事前」に立っていることを直観している。戦前を反復させぬために〈戦前〉の視点から思考を展開する著者による試論集。

1477

中島義道著
哲学の教科書
平易なことばで本質を抉る、哲学・非-入門書。哲学とは何でないか、という視点に立ち、哲学の何たるかを探る。物事を徹底的に疑うことが出発点になる、哲学センス・予備知識ゼロからの自由な心のトレーニング。

1481

坂部　恵著
カント
哲学史二千年を根源から変革した巨人の全貌。すべての哲学はカントに流れ入り、カントから再び流れ出す。認識の構造を解明した『純粋理性批判』などカントの独創的作品群を、その生涯とともに見渡す待望の書。

1515

小坂国継著
西田幾多郎の思想
自己探究の求道者西田の哲学の本質に迫る。強靭な思索力で意識を深く掘り下げた西田幾多郎。西洋思想と厳しく対決して、独自の体系を構築。西田哲学とはどのようなものか。その性格と魅力を明らかにする。

1544

小此木啓吾著
現代の精神分析　フロイトからフロイト以後へ
精神分析百年の流れを、斯界第一人者が展望。二十世紀は精神分析の世紀でもある。始祖フロイトの着想から隣接諸科学を巻き込んだ巨大な人間学の大成へ。一世紀にわたる精神医学のスリリングな冒険を展望する。

1558

古川　薫全訳注
吉田松陰　留魂録
大文字版

死を覚悟して執筆した松陰の遺書を読み解く。志高く維新を先駆した思想家、吉田松陰。安政の大獄に連座し、牢獄で執筆された『留魂録』。松陰の愛弟子に対する最後の訓戒で、格調高い遺書文学の傑作の全訳注。

1565

浅野裕一著
墨子

博愛・非戦を唱え勢力を誇った墨子を読む。中国春秋末、墨子が創始した墨家は、戦国末まで儒家と思想界を二分する。兼愛説を掲げ独自の武装集団も抱えたが秦漢期に絶学、二千年後に脚光を浴びた思想の全容。

1319

鷲田清一著（解説・小林康夫）
顔の現象学 見られることの権利

曖昧微妙な〈顔〉への現象学的アプローチ。顔を思い描くことなしにその人について思いめぐらすことはできない。他人との共同的な時間現象として出現する〈顔〉を、現象学の視線によってとらえた思索の冒険。

1353

アリストテレス著／桑子敏雄訳
アリストテレス**心とは何か**

心を論じた史上初の書物の新訳、文庫で登場。心についての先行諸研究を総括・批判し、独自の思考を縦横に展開した書。難解で鳴る原典を、気鋭の哲学者が分かり易さを主眼に訳出、詳細で懇切な注・解説を付す。

1363

E・レヴィナス著／合田正人訳
存在の彼方へ

現象学に新たな一歩を印した大著文庫化成る。平和とは何か。今まさに切実な問題を極限まで考察し、現代思想に決定的な転回点をもたらしたユダヤ人哲学者レヴィナス。独自の〈他者の思想〉の到達点を示す主著。

1383

内山俊彦著
荀子

戦国時代最後の儒家・荀子の思想とその系譜。秦帝国出現前夜の激動の時代を生きた荀子。性悪説で名高い人間観をはじめ自然観、国家観、歴史観等、異彩を放つその思想の全容と、思想史上の位置を明らかにする。

1394

木田 元著（解説・保坂和志）
反哲学史

新たな視点から問いなおす哲学の歴史と意味。哲学を西洋の特殊な知の様式と捉え、古代ギリシアから近代への歴史を批判的にたどる。講義録をもとに平明に綴った刺激的哲学史。学術文庫『現代の哲学』の姉妹篇。

1424

《講談社学術文庫　既刊より》

哲学・思想・心理

孔子
金谷《かなや》 治《おさむ》著

人としての生き方を説いた孔子の教えと実践。二千年の歳月を超えて、今なお現代人の心に訴える孔子の魅力とは何か。多年の研究の成果をもとに、聖人ではない人間孔子の言行と思想を鮮明に描いた最良の書。

935

エコエティカ 生圏倫理学入門
今道友信著

人類の生息圏の規模で考える新倫理学の誕生。今日の高度技術社会の中で、生命倫理や医の倫理などすべての分野で倫理が問い直されている。今こそ人間の生き方に関わる倫理の復権が急務と説く注目の書き下し。

946

現代の哲学
木田 元著

現代哲学の基本的動向からさぐる人間存在。激動する二十世紀の知的状況の中で、フッサール、メルロ＝ポンティ、レヴィ＝ストロースら現代の哲学者達が負った共通の課題とは？ 人間の存在を問う現代哲学の書。

968

淮南子《えなんじ》の思想 老荘的世界
金谷 治著（解説・楠山春樹）

無為自然を道徳の規範とする老荘の説を中心に、周末以来の儒家、兵家などの思想をとり入れ、処世や政治、天文地理から神話伝説まで集合した淮南子の人生哲学の書。諸子から戦国時代までを網羅した中国思想史。

1014

探究Ⅰ・Ⅱ
柄谷行人著（解説・野家啓一）

闘争する思想家・柄谷行人の意欲的批評集。本書は《他者》あるいは《外部》に関する探究である。著者自身をふくむこれまでの思考に対する「態度の変更」を意味すると同時に知の領域の転回までも促す問題作。

1015・1120

精神としての身体
市川 浩著（解説・中村雄二郎）

人間の現実存在は、抽象的な身体でなく、生きた身体を離れてはありえない。身体をポジティブなものとして把え、心身合一の具体的身体の基底からの理解をめざす。身体は人間の現実存在と説く身体論の名著。

1019

福沢諭吉著／伊藤正雄校注
学問のすゝめ

「天は人の上に人を造らず人の下に人を造らず」近代日本を代表する思想家が本書を通してめざした精神革命。自由平等・独立自尊の思想、実学の奨励を平易な文章で説く不朽の名著に丁寧な語釈・解説を付す。

1759

西田幾多郎著／小坂国継全注釈
善の研究　全注釈

日本最初の本格的な哲学書『善の研究』。西洋思想と厳しく対決し、独自の哲学体系を構築した西田幾多郎。人間の意識を深く掘り下げ、心の最深部にある真実の心は何かを追究した代表作を噛み砕き読み解く。

1781

中沢新一著
森のバロック

生物学・民俗学から宗教学まであらゆる不思議に挑んだ南方熊楠。森の中に、粘菌の生態の奥に、直感される「流れるもの」とは？　南方マンダラとは？　後継者を持たない思想が孕む怪物的子供の正体を探る。

1791

長尾龍一著
法哲学入門

知の愛である哲学が非常識の世界に属するのに対し、法学は常識の世界に属する。両者の出合うところに立ち上がる人間存在の根源的問題。正義の根拠、人間性と秩序、法と実力など、法哲学の論点を易しく解説。

1801

柄谷行人著
日本精神分析

資本、国家、ネーションの三位一体が支える近代国家。芥川、菊池、谷崎の短編を手がかりに、近代日本のナショナリズムと天皇制、民主主義、貨幣を根源的に問い、近代国家を乗り越える道筋を示す画期的論考。

1822

加地伸行全訳注
孝経

大文字版

この小篇は単に親孝行を説く道徳書ではない。中国人の死生観・世界観が凝縮されている。『女孝経』「法然上人母へのことば」など中国と日本の資料も併せ、精神的紐帯としての家族を重視する人間観を分析する。

1824

「講談社学術文庫」の刊行に当たって

これは、学術をポケットに入れることをモットーとして生まれた文庫である。学術は少年の心を養い、成年の心を満たす。その学術がポケットにはいる形で、万人のものになることは、生涯教育をうたう現代の理想である。

こうした考え方は、学術を巨大な城のように見る世間の常識に反するかもしれない。また、一部の人たちからは、学術の権威をおとすものと非難されるかもしれない。しかし、それはいずれも学術の新しい在り方を解しないものといわざるをえない。

学術は、まず魔術への挑戦から始まった。やがて、いわゆる常識をつぎつぎに改めていった。学術の権威は、幾百年、幾千年にわたる、苦しい戦いの成果である。こうしてきずきあげられた城が、一見して近づきがたいものにうつるのは、そのためである。しかし、学術の権威を、その形の上だけで判断してはならない。その生成のあとをかえりみれば、その根は常に人々の生活の中にあった。学術が大きな力たりうるのはそのためであって、生活をはなれた学術は、どこにもない。

開かれた社会といわれる現代にとって、これはまったく自明である。生活と学術との間に、もし距離があるとすれば、何をおいてもこれを埋めねばならない。もしこの距離が形の上の迷信からきているとすれば、その迷信をうち破らねばならぬ。

学術文庫は、内外の迷信を打破し、学術のために新しい天地をひらく意図をもって生まれた。文庫という小さい形と、学術という壮大な城とが、完全に両立するためには、なおいくらかの時を必要とするであろう。しかし、学術をポケットにした社会が、人間の生活にとってより豊かな社会であることは、たしかである。そうした社会の実現のために、文庫の世界に新しいジャンルを加えることができれば幸いである。

一九七六年六月　　野間省一

渡邊二郎（わたなべ　じろう）

1931～2008。東京大学文学部哲学科卒業，同大学大学院人文科学研究科哲学専門課程博士課程単位取得退学。東京大学名誉教授，放送大学名誉教授。日本哲学会で会長を務める。専攻は西洋近現代哲学，現象学。著書に『ハイデッガーの実存思想』『構造と解釈』『現代の哲学』，訳書にハイデガー『存在と時間』，フッサール『イデーンⅠ』などがある。

講談社学術文庫

定価はカバーに表示してあります。

ハイデガー「存在《そんざい》と時間《じかん》」入門《にゅうもん》

渡邊《わたなべ》二郎《じろう》 編

2011年11月10日　第1刷発行
2024年6月10日　第9刷発行

発行者　森田浩章
発行所　株式会社講談社
　東京都文京区音羽2-12-21 〒112-8001
　電話　編集（03）5395-3512
　　　　販売（03）5395-5817
　　　　業務（03）5395-3615

装　幀　蟹江征治
印　刷　株式会社広済堂ネクスト
製　本　株式会社国宝社
本文データ制作　講談社デジタル製作

ISBN978-4-06-292080-3

岡本宏正（おかもと　ひろまさ）

1939年生まれ。東京大学文学部卒業。元鳥取大学教育学部教授。

寺邑昭信（てらむら　あきのぶ）

1946年生まれ。東京大学文学部卒業。現在，鹿児島大学教授。

三冨　明（みとみ　あきら）

1951年生まれ。東京大学文学部卒業。現在，中央大学教授。

細川亮一（ほそかわ　りょういち）

1947年生まれ。東京大学文学部卒業。現在，九州大学教授。

本書の原本は一九八〇年八月、有斐閣より、有斐閣選書の一冊として刊行されました。

（岡本宏正氏の消息をご存じの方は、出版部までお知らせいただければさいわいです。）

用語索引

（ゴシック体は重要個所）

あ 行

曖昧性　157, **161**, **162**
証し　**209**, 210, 221, 223, 228
明るみ　**127**, 142
　存在の――　**43**, 183
現われ　**59-61**
　単なる――　59, **61**
アレーテイア　**63**, **64**, **148**
居心地がよくない　**169**
今・時間　**291**, **292**, **294-296**, **298**
意味　**50**, **146-148**, 153, 228-**232**
運命　**276**
遠隔性　109
押しつけがましさ　**99**, **100**
恐れ　**134**, **135**, 166, 253-255
　――の時間性　**253**, **254**
おのれに先んじて（存在すること）　**171**, 173, **190**, 192, 195, 199, 230, 237
終わりへとかかわる存在　198, 199

か 行

開示性　76, 113, **127-130**, 135, 136, 139, 142, 152, 153, 157, 172, 176, **181-183**, 217, 218, 220, 246, 258, 259
　――の時間性　**246**, **258**, **259**
解釈　**68**, **143-146**, **149-154**, 157, 158
解釈学　**47**, **68**, **69**
　――的現象学　46-48, 56, 67, 68
解釈学的トシテ　151
かかわる（かかわりゆく）存在　76, 128
仮象　**59**, 61
語り　126, **157-159**, 210, **217**, **218**, 246, **258**
　――の時間性　**258**
可能性　**137-141**, 168, 200-202, 204-207, 216, 227, 228
可能存在　79, **137**, 168
環境世界　88, 89
聞くこと　**155**, **156**, 210, **213**
既在（性）　**234**, 236-238, 248, 249, 253-256, 264, 265, 273, 274, 276, 277, 281
　非本来的な――（＝忘却, 保有）　**250**
　本来的な――（＝取り返し）　**249**
基礎存在論　**40**, **41**, 45, 68
気遣い　**49**, 75, 90, **173**, 174-177, 190-192, 199, 200, 207, 210, 212, 213, **215**, **216**, 224, 228-230, 235-237, **258-260**, 269, 300
企投　**139**, 140-143, 153, 165,

172, **215**, **216**, 217, 218
基盤　148
気分　**129–134**, 172
不機嫌な——　133
究極目的　102, 103, 140
共現存在　113
共世界　113
共存在　**112**, 113, **275**
距離　110
空間　106, 110, 111
空間性　106
空談　**158**, **159**, 160–163
決意　**219**, 234
決意性　**218–220**, 221, 223–228
言語（言葉）　152–154, 156
現在　**235**, **248**, 264, 265, 273, 274
非本来的な——（＝非本来的な現成化）　**248**, **249**
本来的な——（＝瞬視）　**248**, **249**
現事実性　**132**, 170, 172
現象　**58–62**
現象概念　61, 62, 66, 67
形式的な——　**61**, 66
現象学的な——　**62**, **66**
通俗的な——　**62**, **66**, **67**
現象学　19, 20, 22, 25, 48, 56, 58, **65–70**
——的解釈作用　95
——的存在論　13, 22, 69
——の予備概念　58
——の理念　58
現成化　**235**, 236–238, **248**, **249**, 252, 254–258, 260, 261, 263, **285–287**, 288–294
非本来的な——　**249**
現存在　**34**, 36, 37, 40, **41–43**, **76–80**, **126–131**, **137–140**, 147, 156, 157, 163–165, 170–172, 183, 184
——の実存論的分析論　**41**, 44–47, 68, 299, 300
——の存在（＝気遣い）　**49**, **50**
——の存在の意味（＝時間性）　**50–52**, **231**
——とされるにふさわしくない（ではない）存在者　45, 80
好奇心　157, **160**, 161–163, **256**, **257**
公共化　287
公共性　284, 287, 290, 291, 297
公共的世界　98
交渉　90
顧視　142
顧慮的な気遣い　**114**, **115**, 173

さ　行

差し向けられていること　86
視　**87**, 97, 100, **142**, 157, 160
死　190–194, 196–200, **201–203**, 204, 205, 223–228, 233, 234, **236**, 247, 249, 268, 269, 274–276, 279, 287, **296**, **297**
——へとかかわる存在　**198**, 199–201, 207, 226
——への先駆　**204–207**, 275, 277, 282
時間　**51**, 54, 284, **285**, 286–

290, **292–297**, **301**
根源的な――　197, 295, **298**
通俗的な――概念　236, 237, 266, 267, 284, **291–293**, **295**, **297**, **298**
時間性　**50**, 51, 52, 174, **231–239**, 246, **251**, **252**, **258**, **259**, 263, 264, 266, 267, 269, 273, **276**, **277**, 281, **284**, 286, 287, 290, **295–298**, 300, 301
根源的な――　**235–237**, 251, 252, **298**
根源的かつ本来的な――　237, 238
非本来的な――　237, 239, **251**, **252**, 259, 260, 267, 285, 288
本来的な――　236–239, **251**, **252**, 259, 267
時間内部性　**284**, **290**, 293
時間内部的存在者　292
自己（性）　**228–230**
非本来的――（＝世人自己）　**117**, **230**, **231**
本来的――　**117**, **230**
自己の不断の自立性　117, **230**, **231**
自己の不断の非自立性　**117**, 231, **279**
指示　**96**, **97**, 101–103
時熟　**235**, 238, 239, **250–252**
事象そのものへ　22, 25, **57**, **65**
自然　98
実在性　**175–177**, 229, 300
実存　**41–43**, **47**, **79**, 83, 139, 192, 230, 263, 269
――性　79, 165, 170, 230
――的　**44**, **45**, 48, **209**, **210**, 223
――の真理　**181**
――範疇　**44**, **80**
――論的　**44**, 48, 89, 208, 209, 221–223
実体性　229
事物的存在者　84, 87, **90–93**, 150, 151, 157, 176, 194, 195, 229, 230, 261, 263, 278
事物的存在性　**47**, **68**, **91**, **92**, 94, 175, 268, 295
終焉　193
宿命　**275**, **276**
主題化　263
循環　**36**, **37**, 148, 149
瞬視　**248**, **249**, 255, 257, 276
状況　**219**, 234, 247, 274
情状性　126, **129–132**, 134–136, 153, 157, 172, 207, 217, 246, **253–256**, 258, 259
――の時間性　**253–256**
根本――（＝不安）　135, **165**, 166, 213, **254**
非本来的――（＝恐れ）　**253**
本来的――（＝根本――＝不安）　**254**
伸張性　284, **286**, 291, 295, 297
真理　57, 58, **63**, **64**, 174, **177–184**, **220**, 263, **267**
非――　64, **181**, **267**
すでに存在している　**172**, **173**,

237
生起　269–271, 274, 275
生成　195
生の連関　268, 269, 279
製品　97, 98
世界　**88**, **89**, **103–105**, 126, 129, 133, 134, 139, 140, **167**, 172, 259, **263–266**, 272, 278
"世界"　**89**, **162**, 200, 207, 211, 218, 219
世界時間　284, **288–292**, 294, 295, 297, 298
世界性　84, 88, 89, **104**, **105**, 140, 284, **287**, **288**, 291, 295, 297
世界的　89
世界適合性　100
世界内存在　22, 25, **83–87**, 90, 104, 106, 107, 126–128, 134, 135, 153, **168–170**, **173**, 259, 263, 272, **275**, **278**, 299
世界内部的（存在者）　**89**, **90**, 106, 134, 140, 166, 167, **169**, **200**, **259**, **263–266**, 273, **278**
世人　**113**, **115–117**, 126, 157, 159, 162, 163, 172, 201, 203, 205, 211, 216, 218, 226, **230**, **231**, 247, 274, 296
切迫　197
責めあり（ある存在）　**214**, **216**, 221–223, 225–227
先駆　**204–207**, **208–210**, 223, 224, **226–228**, 247–249, **274–276**
先駆的決意性　**225**, **228**, 231, 232, **234–239**, 247, 249, **274–276**, 287
前存在論的　**44**, **45**, 47, 76
全体性　268
全体存在　**190**, **192**, **197–199**, 207, 208, 223
相互共存在　114
そのつど私のもの（おのれ自身）であること　**78**, **81**, 83, 192
存在　**29–32**, 33, 34, 39, 76, 77, 177, 183, 301
——の意味　**33**, 148
——の意味への問い　15, **28**, 32, **33**, **51**, 57
——への問い　15, 22, **28**, **33**, **34**, 38, 40, 50, 53, 54
——への問いの超越論的地平　52
存在一般　300, 301
——の意味　39, **50**, **51**, 57, 68
——の意味への問い　68, 300
存在しうること　102, 103
存在者　**31–34**, 36, 38, 62
——の存在　**62**, **65–68**
存在的　38, 40, 44–46, 88
存在問題　13, **28**, 32, 37, 45, 300
——の存在的優位　40
——の存在論的優位　40
存在了解　**35**, **36**, 37, **44**, **68**, 301
——の地平　27, 51
存在論　**39**, **40**, 45, 51, 54, 57, **68**
——的差異　33

——の歴史の破壊　**54, 56**
存在論的　39, 44, 47, 89

た　行

頽落　**47**, 53, 68, 158, **162–165**, 170–172, 181, 203, 216, 217, 219, 220, 222, 227, 230, 246–249, 258, 259, 292, 294–297
——の時間性　**256**
脱自（的, 態）　**238**, 247, 248, **258**, **264**, 286
誕生　268, 269, 279, 287
近さ　106
力ずく　47, 68
地平的図式　**264, 265**
超越　**265, 266**, 289
現存在の——　264
世界の——　**264**, 266, 289
超越論的　**69**
陳述　**149–151**
沈黙　**156, 213**
適所性　**102, 103**
適所全体性　102, 103
哲学　69
——的人間学　49
手向かい　**100**
転回　55, 301
テンポラリテート　**51**, 54
問いかけられるもの　33
問いたしかめられるもの　33
道具　95–98
——全体性　96
道具的存在者（性）　**87**, **90–95**, **100–105**, 126, 150, 194, **261**, **263**, 272, 278, 290
等根源的　**126**, 136, 152, 153
透視性　142
到来　**233–239**, 247, 253, 255, 264, 265, 273–277, 282
非本来的な——（＝予期）　**247**
本来的な——（＝先駆）　**247**
遠ざかり（の奪取）　**107–110**
時計　290–293
トシテ構造　**145, 146**, 150
取り返し　**249, 250**, 254, 255, **276, 277, 282**
問われているもの　**33**

な　行

内存在　84, **127**, 128, 129
何々するため（手段性）　**96, 97**
何のため（用途性）　97
日常性　**82**, 157, **160–164**, 168, 246, **266–268**
平均的——　**49, 82, 83**
認識作用　**85–87**, 94, 95
伸び拡がり　268

は　行

配視　**97**, 100, 142, 160
配慮的な気遣い　**90**, 173, 259, 260, 263, 284, 285, 287, 288, 290, 292, 293
——の時間性　**259, 260**
——の変様　**260–263**
範疇　80
日付け可能性　284, **285**, **286**, 288, 290, 291, 295, 297
被投性　**132**, 138, 153, 154,

165, 172, **215-217**, 234, 247, 254, 255, 274, 276, 277
非本来性（的） **41**, **81-83**, 141, **162-164**, 169, 170, **181**, 216, **247-252**, 259, **267**, 299
非力さ **214-219**, **225**, **226**, 234
不安 134, 135, 165, **166-172**, 199, 200, 202, 207, 217, 253, **254**, **255**
——の時間性 **254**, **255**
不気味さ **169**, 172
文法学 157
平均性 **82**, **83**
忘却 **250**, 257, 258, 260, 286, 287
派生的な—— 250
方向の切り開き 107
保有 **250**, 260, 261, 285, 288, 290, 293
本来性（的） **41**, **81-83**, 141, 163, 168, 170, **181**, 210, 218, 219, **247-252**, 254, 255, 259, **267**, 299
本来的な全体存在 225, 231

ま 行

未済 **194**, **195**, 197
未了 **190**, 193-196, 202, 206, 224
無 **167**, **168**
無限（性） 239, **295-297**
命題的トシテ 151
目立つこと **100**
目的のために（目的性） 102
黙秘 156, 210, 218
もとでの存在 **85**, **173**, 200, 207, 216, 217, 237

や 行

有意義性 **103-105**, 126, 139, 140, 288, 295
有限（的, 性） **239**, 277, **295-297**
予握 146
予期 **247**, 253, 256-258, 261, 263, 285-288, 290, 293
予構造 146
予視 146
予持 146
呼び返し **213**, 217
呼びかけ **211**, **212**
呼び声 **210-212**, 217, 218, 221, 224, 226, 227
呼び進め **213**, 217
呼び開き **211-213**

ら 行

落命 193
了解 103, 126, 132, **135-137**, **139**, **140**, 142-144, 146, 147, 150, 152, 153, 155, 157, 158, 160, 161, 170, 171, 207, 217, 218, 224-226, 231-234, **246-248**, 253, 255, 258, 259
——の時間性 **246-252**
非本来的な—— 141, **251**
本来的な—— 141, **251**, **252**
良心 **209-213**, 217, 220-224, 226, 227
良心を持とうと意志すること

217, **218**
歴史　269-271
世界・——　**278**
世界・——的なもの　**273**, 278
歴史学　270, **280-283**
歴史性　53, 54, 266, 267, **269-272**, **274**, 280-282
非本来的——　274, **277-279**
本来的——　274-277, 279, 282, 283
狼狽　254, 255
ロゴス　58, **62-65**, 151, 152, 157
露呈　**179-181**
被——性　180, 220
論理学　157